# TRICOLORE Total

## 3

KU-015-597

Heather Mascie-Taylor

Michael Spencer

Sylvia Honnor

Nelson Thornes

Text © Heather Mascie-Taylor, Michael Spencer and Sylvia Honnor 2011
Original illustrations © Nelson Thornes Ltd 2011

The right of Heather Mascie-Taylor, Michael Spencer and Sylvia Honnor to be
identified as authors of this work has been asserted by them in accordance with
the Copyright, Designs and Patents Act 1988.

All rights reserved. No part of this publication may be reproduced or transmitted
in any form or by any means, electronic or mechanical, including photocopy,
recording or any information storage and retrieval system, without permission in
writing from the publisher or under licence from the Copyright Licensing Agency
Limited, of Saffron House, 6–10 Kirby Street, London, EC1N 8TS.

Any person who commits any unauthorised act in relation to this publication may
be liable to criminal prosecution and civil claims for damages.

Tricolore Stage 3 first published in 1982 by E. J. Arnold and Son Ltd

Encore Tricolore Stage 3 first published in 1994 by Thomas Nelson and Sons Ltd

Encore Tricolore 3 nouvelle édition first published in 2002 by Nelson Thornes Ltd

Tricolore Total 3 published in 2011 by:
Nelson Thornes Ltd
Delta Place
27 Bath Road
CHELTENHAM
GL53 7TH
United Kingdom

11 12 13 14 15 / 10 9 8 7 6 5 4 3 2

A catalogue record for this book is available from the British Library

ISBN 978 1 4085 1515 0

Cover photograph by B2M Productions/Getty
Illustrations by Ilias Arahovitas and Tim Oliver
Page make-up by Hart McLeod Ltd, Cambridge
Printed and bound in Spain by GraphyCems

**Acknowledgements**

p.6 tl ©Tabitha Patrick/iStockphoto, tr © Peeter Viisimaa /iStockphoto, bl ©Dave G. Houser/Corbis, br ©Juanmonino /iStockphoto; p.7 t Heather Mascie-Taylor, b ©Elena Elisseeva/iStockphoto; p.8 Heather Mascie-Taylor; p.9 l Heather Mascie-Taylor, r ©Digital Vision (NT) Photodisc; p.11 ©Leslie Banks/iStockphoto; p.12 ©Kristian Sekulic/iStockphoto; p.14 A ©Donna Coleman/iStockphoto, B ©4x6/iStockphoto, C ©Juanmonino/iStockphoto, D ©IndigoBetta/iStockphoto, E ©Juergen Hasenkopf/Alamy, F ©Pixoi Ltd/Alamy; p.18 l ©Robert Harding Productions/Getty Images, r ©Patrick Frilet/Rex Features, b ©Chris Schmidt/ iStockphoto; p22 1 ©Yuri Hnilazub/iStockphoto, 2 ©Phil Augustavo/iStockphoto, 3 ©Fotosearch/Photo Library, 4 ©Cristina Ciochina/iStockphoto, 5 ©S. Greg Panosian/iStockphoto, 6 ©Fotografie K.J. Schraa/iStockphoto, 7 ©Shaun Dodds/ iStockphoto, 8 ©Ingenui/iStockphoto, 9 ©Jean-Marc Truchet/Getty Images, 10 ©Patrick Escudero/Hemis/Corbis; p.23 l ©Johnny Greig/iStockphoto; p.23 r ©Chris Schmidt/iStockphoto; p.24 tr ©Getty Images, p.24 a ©Glenn Harper/Alamy, b ©Fotosearch/Photo Library, c © abbesses/iStockphoto, d ©Neil Lukas/Dorling Kindersley/Getty Images, e ©Danita Delimont/Gallow Images/Getty Images, f ©Patrice Latron/Corbis, g ©S.Greg Panosian/iStockphoto, h ©Patrick Escudero/ Hemis/Corbis, i ©Rosine Mazin/Photo Library, j ©MATTES Ren/hemis.fr/Getty Images, k © jan888/iStockphoto; p.26 A ©tillsonburg/iStockphoto, B ©Bruce Bi/ Photo Library, C ©Shaun Dodds/iStockphoto, D © Marc Garanger/CORBIS; p.28 l ©Fotosearch/Photo Library, r © sugar0607 /iStockphoto; p.30 l ©hans magelssen/iStockphoto, r ©Patrick Breig/iStockphoto; A-G Heather Mascie-Taylor; p.31 ©Remus Eserblom/iStockphoto; p32 tr ©David Simson B-6490 Septon Dasphotogb, bl ©Danita Delimont/Gallow Images/Getty Images, br ©David Simson B-6490 Septon Dasphotogb; p.33 ©David Simson B-6490 Septon Dasphotogb; p.34 A ©Horacio Villalobos/epa/Corbis, B © Katherine Jensen/iStockphoto, C © Cristina Ciochina/iStockphoto; p.36 t ©Technotr/iStockphoto, c ©Amriphoto/ iStockphoto, b David Simson B-6490 Septon Dasphotogb; p37 tl ©Hergé/ Moulinsart 2011,bl ©SND/Everett/Rex Features, tr ©Lucky Comics, used with kind permission, cr ©Marsu 2011 by Franxuin - www.gastonlagaffe.com, br Les Schtroumpfs, ©Peyo 2011, Licence IMPS (Bruxelles); p.38 A ©Moodboard RF/ Photo Library, B ©Nicole Hill/Rubberball/PhotoLibary, C ©Jill Kyle/iStockphoto, D ©Gordana Sermek/iStockphoto, E ©Chris Poletti/iStockphoto, F ©Cindy Singleton/ iStockphoto; p41 top ©fStop Images/the Agency Collection/Getty Images. A ©Hulton, Archive/Getty Images, B ©Constance Bannister Corp/Getty Images, C ©George Marks/Retrofile RF/Getty Images, D ©Matthew Ward/Dorling Kindersley/ Getty Images, E ©Gamma-Keystone via Getty Images; p.42 tl Corel (NT); tr ©Rex Features, c ©Ron Giling/Lineair/Photo Library, b ©Nic Bothma/epa/Corbis; p.43 and p.44 top ©UNICEF (www.unicef.org); p.44 cl Corel (NT), bl ©Ron Giling/Lineair/ Photo Library; p.45 ©Ignatius Wooster/Fotolia.com; p.46 t-b ©Beretta/Sims/Rex Features, ©TM & copyright 20th Century Fox/Rex Features, ©BuenaVist/Everett/Rex Features, ©CW Network/Everett/Rex Features, ©fotoVoyager/ iStockphoto, Le Miroir d'ambre, à la croisée des mondes/III, Philip Pullman, used with kind permission of Gallimard Jeunesse, ©Christian Lohman/iStockphoto; p.47 tl ©Chris Schmidt/iStockphoto, tr © Linda Kloosterhof /iStockphoto, c ©ImagesEurope/Alamy, b Photograph Franck Juery, Je ne t'aime pas, Paulus, Agnès Desarthe, ©1991, l'École des loisirs, Paris, used with kind permission; p.48 A© TODAY/Rex Features, B ©Sipa Press/Rex Features , C ©Bettmann/CORBIS,

D ©Time & Life Pictures/Getty Images; p.50 A ©Sylvie DeLeu/Fotolibra, B ©Lambert/Getty Images, C ©Peeter Viisimaa/iStockphoto; p.54 C ©Tony Tremblay/ iStockphoto, D ©mountainberryphoto/iStockphoto, F ©Tony Tremblay/iStockphoto, G ©Tony Tremblay/iStockphoto, H ©Canadian Press/Rex Features; p.56 1 Michael Spencer, 2 Corel (NT), 3 Corel (NT), 4 Corel (NT); p.57 t © Catchlight Visual Services/ Alamy, b © Cultura RM/Alamy; p.58 a Heather Mascie-Taylor, b ©Steve White/ Rex Features, c Corel (NT); p.60 t © JS Callahan/tropicalpix/Alamy, main ©Claudia Dewald/iStockphoto; p.62 l ©Sergiy Serdyuk/iStockphoto, r ©Manor Photography/ Alamy; p.64 A ©Alan Marsh/Getty Images, B © Hans Klamm/iStockphoto; p66 a Credit: Impression: Sunrise, 1872 (oil on canvas), Monet, Claude (1840-1926)/ Musee Marmottan, Paris, France/Giraudon/The Bridgeman Art Library, b Corel (NT), c Corel (NT), d Credit: Mont Sainte-Victoire, 1900 (oil on canvas), Cezanne, Paul (1839-1906)/Hermitage, St. Petersburg. Russia/The Bridgeman Art Library ; p67 a The Red Room: Harmony in Red by Henri Matisse , IMAGE: ©Archives Matisse, ARTWORK ©Succession H. Matisse/DACS London 2011 , b L'escargot IMAGE ©Tate, London 2011, ARTWORK ©Succession H. Matisse/DACS London 2011; p.68 t ©Jacques Loic/Photo Library.com, bl ©Jacques Loic/Photo Library.com, br © Robert Fried/Alamy; p.69 ©Jeff McDonald/iStockphoto; p.70 ©Pamela Moore/iStock- photo; p.74 ©Jason Stitt/Fotolia; p.76 t ©Josh Webb/iStockphoto, b ©Mangostock/ iStockphoto; p.78 ©Denis Pepin/iStockphoto; p.79 tr ©INTERFOTO/ Alamy, cl ©INTERFOTO/Alamy, cr ©Ozgür Güvenç/fotolia, b ©abbesses/iStockphoto; p.80 A ©Yellow Dog Productions/Image Bank/Getty Images, B ©Chris Schmidt/iStockphoto; p.84 and p.85 all Futuroscope; p.86 both Futuroscope; p.87 Futuroscope; p.88 Gilles Lougassi/Fotolia.com; p.91 l ©Steve Gray/iStockphoto, r ©blackwaterimages/ iStockphoto; p.94 Keith Gibson/www.photosfromfrance.co.uk; p.96 A ©David Fisher/Rex Features, B ©Nicolas Thibaut/photolibrary, C ©Robert Fried/Alamy; p.98 ©Mark Dadswell/Getty Images Sport; p.99 ©Maria Toutoudaki/iStockphoto; p.102 ©Alberto Guglielmi/Getty Images; p.103 A ©Maria Toutoudaki/iStockphoto, B ©kgfoto/ iStockphoto, C ©Angelo Gilardelli/iStockphoto, D ©Nicole Branan/ iStockphoto, E ©Ivan Kmit/iStockphoto, F ©Daniel Loiselle/iStockphoto, G ©Yasonya/iStockphoto, H ©Torbjorn Lagerwall/iStockphoto, I ©only_fabrizio/ iStockphoto, J ©ac_bnphotos/iStockphoto, K ©Eduardo Leite/iStockphoto, L ©ZoneCreative/iStockphoto, M ©YinYang/iStockphoto, N ©Ivaylo Ivanov/ iStockphoto, O ©HelleM/iStockphoto, P ©Joe Potato Photo/iStockphoto, Q ©Danny Hooks/iStockphoto, R ©Susan Trigg/iStockphoto; p.104 ©Willie B. Thomas/iStock- photo, b © Ed Bock/CORBIS; p108 tr ©Ruddy Gold/Photo Library, br ©Belmonte Belmonte/Photo Library; p.109 ©Michael Haegele/Photo Library; p.110 A David De Lossy/Getty Images, B ©Bart Broek/iStockphoto; p.114 tr ©STOCKFOLIO®/Alamy, cl ©Frank Mark Serge/iStockphoto, cr ©Pascal Rondeau/Allsport/Getty Images, b ©Paul Shawcross/Alamy; p.117 t-b ©Jeremy Edwards/iStockphoto, ©Phoenix Photos, ©Alibi Productions/Alamy, ©Wouter van Caspel/iStockphoto, ©Stephan Zabe/iStockphoto, ©Rex Features, ©ImagesEurope/ Alamy; p.119 ©Stockcam/ iStockphoto; p.122 A ©Yvon-Lemanour/Photo Library, B ©Catherine Yeulet/iStock- photo, C ©Directphoto.org/Alamy; p.125 l ©Jasmin Merdan/Fotolia, r ©Dobresum/ iStockphoto; p.128 ©monregard/Fotolia; p.131 ©Paul Chiasson/Associated Press/PA Photos; p.135 ©Domen Colja/iStockphoto; p.139 ©Rex Features

## Les pays et les régions francophones

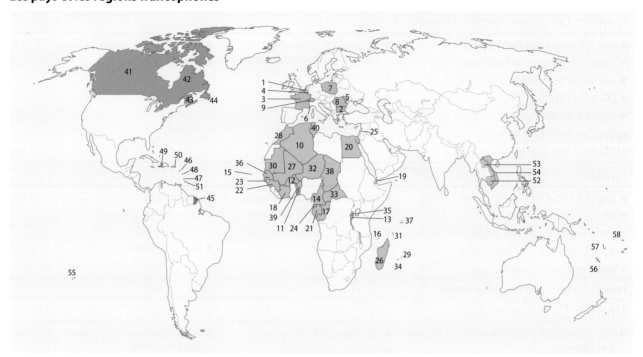

Le français est parlé et compris dans ces pays mais il n'est pas toujours la langue officielle.

### En Europe
1 la Belgique
2 la Bulgarie
3 la France
4 le Luxembourg
5 la Moldavie
6 Monaco
7 la Pologne
8 la Roumanie
9 la Suisse

### En Afrique
10 l'Algérie
11 le Bénin
12 le Burkina Faso
13 le Burundi
14 le Cameroun
15 le Cap-Vert
16 les Comores
17 le Congo
18 la Côte d'Ivoire
19 Djibouti
20 L'Égypte
21 le Gabon
22 la Guinée
23 la Guinée-Bissau
24 la Guinée équatoriale
25 le Liban
26 Madagascar
27 le Mali
28 le Maroc
29 l'île Maurice
30 la Mauritanie
31 l'île Mayotte
32 le Niger
33 la République centrafricaine
34 la Réunion
35 le Rwanda
36 le Sénégal
37 les Seychelles
38 le Tchad
39 le Togo
40 la Tunisie

### En Amérique du Nord
41 le Canada
42 le Québec
43 le Nouveau-Brunswick
44 Saint-Pierre-et-Miquelon

### En Amérique du Sud et aux Caraïbes
45 la Guyane Française
46 la Guadeloupe
47 la Martinique
48 la Dominique
49 Haïti
50 La République démocratique de Saint-Thomas-et-Prince
51 Sainte-Lucie

### En Asie
52 le Cambodge
53 le Laos
54 le Vietnam

### En Océanie
55 la Polynésie Française
56 la Nouvelle-Calédonie
57 Vanuatu
58 Wallis-et-Futuna

# Table des matières

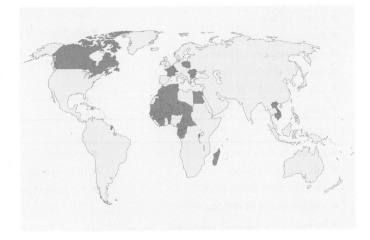

## Le monde francophone

Il y a 160 millions de personnes dans environ 50 pays et régions du monde qui parlent français. (Voir la carte page 3.) On appelle ces pays les pays francophones. Beaucoup de ces pays sont d'anciennes colonies françaises, comme le Sénégal en Afrique. D'autres régions, comme la Martinique et la Guadeloupe aux Caraïbes, font partie de la France; ce sont des départements d'outre-mer (les DOM).

## 1 Salut!

Lis les textes et fais les activités.

**Céline**

Je me présente: je m'appelle Céline et j'ai 14 ans. J'habite à Genève, en Suisse. La Suisse se trouve au centre de l'Europe. Les langues principales sont le français, l'allemand et l'italien. Le français est ma langue maternelle et j'apprends l'allemand au collège. Je comprends un peu l'italien mais pas beaucoup. Genève est une grande ville située au bord d'un lac. On n'est pas loin des Alpes où on peut faire du ski, et moi j'adore ça. J'aime tous les sports: je pratique la natation et le tennis, et je fais aussi du roller. Je commence à faire du skate, mais je n'arrive pas à faire beaucoup de figures; enfin, j'apprends.

**Ibrahim**

Je m'appelle Ibrahim et j'ai 14 ans. Mon anniversaire est le 19 septembre. J'habite à Dakar, au Sénégal. Le Sénégal est situé sur la côte ouest de l'Afrique. Le Sénégal est près de l'équateur, alors il y fait très chaud.

Moi aussi, j'aime le sport. Je fais de la natation et je joue au foot et au basket. Mais j'aime aussi les activités plus calmes: j'aime aussi lire, écrire et dessiner.

**Laura**

Salut, je suis Laura et j'habite en Martinique. C'est une île tropicale qui est très loin de la France, mais elle fait partie de la France. Donc je suis de nationalité française. À la maison nous parlons français (bien sûr) et j'apprends l'anglais au collège. Au collège, les cours commencent tôt et finissent à une heure et demie parce qu'il fait très chaud ici, l'après-midi.

Je vais avoir mes 15 ans le 21 novembre. J'aime danser, aller au cinéma avec mes amis, surfer sur Internet, faire de nouvelles rencontres, etc. J'adore écouter de la musique de tous les genres. Je fais du piano depuis cinq ans. Ma couleur préférée est le bleu.

**Nicolas**

Je me présente: je m'appelle Nicolas, j'ai 15 ans et j'habite à Bordeaux, en France. Je suis assez grand, j'ai les yeux bruns et les cheveux châtains.

J'aime surfer sur Internet et jouer aux jeux en ligne. J'aime aussi faire du théâtre. Le week-end, j'aime aller au cinéma ou regarder un DVD.

# 1 Salut!

**a** C'est vrai (**V**), faux (**F**) ou pas mentionné (**PM**)?

**Exemple: 1 V**

1 Céline habite en Europe.
2 Sa langue maternelle est l'allemand.
3 Ibrahim a une sœur et trois frères.
4 Il aime le sport.
5 Laura aime sortir.
6 Elle n'aime pas rencontrer des gens.
7 Nicolas a les yeux bleus et les cheveux blonds.
8 Il commence à jouer de la guitare.

**b** Écris les initiales (ou le nom) des personnes qui correspondent à chaque phrase.

**Exemple: 1 C (Céline) et I (Ibrahim).**

1 Qui est très sportif/sportive?
2 Qui va fêter son anniversaire en novembre?
3 Qui habite en Afrique?
4 Qui aime faire des jeux sur Internet?
5 Qui est française mais n'habite pas en Europe?
6 Qui s'intéresse beaucoup à la musique?
7 Qui apprend à faire du skate?
8 Qui préfère la couleur bleue?

# 2 Deux conversations

Écoute et choisis les bonnes réponses.

**Exemple: 1 a (en Guadeloupe)**

**A Bruno**

1 Bruno habite
  **a** en Guadeloupe
  **b** en Suisse
  **c** en Belgique
2 Comme langue maternelle, il parle
  **a** anglais
  **b** espagnol
  **c** français
3 Le week-end, il aime
  **a** jouer sur l'ordinateur
  **b** aller au cinéma
  **c** danser
4 Comme sports, il pratique
  **a** le football et le volley
  **b** la natation et la planche à voile
  **c** le basket et le rugby

**B Marion**

1 Marion habite
  **a** au Maroc
  **b** au Sénégal
  **c** au Canada
2 Comme langue maternelle, elle parle
  **a** français
  **b** anglais
  **c** allemand
3 À l'école, elle apprend
  **a** l'espagnol
  **b** l'arabe
  **c** l'anglais
4 Le week-end, elle aime
  **a** jouer de la guitare
  **b** faire les magasins
  **c** faire du vélo

# 3 Des questions et des réponses

**a** Complète les questions avec des mots de la case.

**Exemple: 1 Où est-ce que vous habitez?**

1 Où est-ce que vous …
2 Qu'est-ce que tu …
3 Qu'est-ce que …
4 Qu'est-ce que tu pratiques …
5 Est-ce que tu joues …

apprends comme langues?

comme sports?

tu aimes faire le week-end?

d'un instrument de musique?

habitez?

**b** Complète les réponses avec la bonne forme des verbes.

**Exemple: a Je joue de la trompette.**

**a** Je (jouer) de la trompette.
**b** Nous (habiter) à Paris.
**c** Comme sports, je (jouer) au football et au tennis.
**d** J'(apprendre) l'allemand et l'espagnol.
**e** J'(aimer) retrouver mes amis. On (écouter) de la musique ou quelquefois on (regarder) un film.

**c** Trouve les paires.

**Exemple: 1 b**

> **Stratégies**
>
> In the present tense the *tu* form of a verb usually ends in which letter?
>
> And how about the *nous* and the *vous* forms of regular verbs?

 # 4 À toi!

**a** Travaillez à deux. Posez des questions et répondez à tour de rôle.

■ Qu'est-ce que tu pratiques, comme sports?
  *(Je joue au/aux … Je fais du/de la/de l' …)*

**b** Écris tes réponses aux questions de l'activité 4a.

## 1 Le français – une langue internationale

Devine les bonnes réponses. Puis écoute pour vérifier.

1 Beaucoup de gens, qui n'habitent pas en France, sont francophones – c'est-à-dire qu'ils parlent français. Dans le monde entier, il y a environ combien de francophones?
   **a** 50 millions **b** 100 millions **c** 160 millions

2 Ils habitent dans environ combien de pays différents?
   **a** 25 **b** 50 **c** 75

3 Beaucoup de personnes parlent français, mais le français est seulement la neuvième langue parlée dans le monde.
   Quelle est la première langue parlée au monde?
   **a** l'anglais **b** l'hindi **c** le mandarin

4 La langue française compte plus de 85 000 mots, mais on en utilise environ combien, normalement?
   **a** 1 000–2 000 **b** 2 000–3 000 **c** 4 000–5 000

5 Voici des mots anglais. Lesquels sont d'origine française?
   **a** *chef* **b** *gateau* **c** *circle* **d** *rendezvous* **e** *town*

## 2 Après l'école

Trouve les paires.

**Exemple: 1** *Moi, je rentre à quatre heures et demie.*

| | |
|---|---|
| 1 Moi, je rentr… | a …ent en ville. |
| 2 Pour me relaxer, j'écout… | b …e si elle va être en retard. |
| 3 Mes parents travaill… | c …e de la musique. |
| 4 Ils rentr… | d …ons la télé ensemble. |
| 5 Ma mère téléphon… | e …es faire le soir? |
| 6 Normalement, nous mange… | f …e à 4 heures et demie. |
| 7 Après le dîner, je commenc… | g …ent vers 6 heures. |
| 8 Puis nous regard… | h …ez beaucoup à table? |
| 9 Est-ce que vous discut… | i …ons à 7 heures. |
| 10 Qu'est-ce que tu préfèr… | j …e mes devoirs. |

### Dossier-langue — Grammaire p149

#### Regular verbs

The present tense is used:
– to describe things that do not change
– to say what usually happens
– to say what is happening at the current time

Regular verbs form the present tense in one of three ways:

| infinitive | -er | -re | -ir |
|---|---|---|---|
| | jouer | répondre | finir |
| je | joue | réponds | finis |
| tu | joues | réponds | finis |
| il/elle/on | joue | répond | finit |
| nous | jouons | répondons | finissons |
| vous | jouez | répondez | finissez |
| ils/elles | jouent | répondent | finissent |

Look back at **Salut!** (activity 1, page 6) and find:

5 or more examples of regular **-er** verbs

2 examples of regular **-re** verbs

1 example of a regular **-ir** verb.

Many verbs are regular **-er** verbs, but a few **-er** verbs, like **acheter**, **préférer** and **manger** are slightly different (see page 154).

## 3 Des conversations

Complète les conversations.

**Exemple: 1** *Tu attends, Elle perd*

1 – Tu … ta sœur? (*attendre*)
   – Oui, elle cherche son cahier. Elle … toujours quelque chose. (*perdre*)

2 – Est-ce que vous … des timbres ici? (*vendre*)
   – Non, désolé, mais on … des timbres au tabac en face. (*vendre*)

3 – Vous … vos enfants? (*attendre*)
   – Oui, ils … à leurs e-mails. (*répondre*)
   Ils … avec beaucoup de jeunes sur Internet. (*correspondre*)

4 – Nous … ici? (*descendre*)
   – Oui, tout le monde … ici, c'est le terminus. (*descendre*)

5 – Tu m'… ? (*entendre*)
   – Non, j'… très mal. Parle un peu plus fort. (*entendre*)

6 – Tu … quelqu'un? (*attendre*)
   – Oui, j'… mes amis. (*attendre*)
   Ils … des livres à la bibliothèque. (*rendre*)

## 4 Des dessins

Complète les bulles avec la bonne forme du verbe.

**Exemple: 1** *Je remplis*

Ça va, maman. Je … le verre. (*remplir*)

Tu … bientôt? (*finir*)

Elle … facilement. (*rougir*)

Nous … des baskets. (*choisir*)

Vous … Qu'est-ce qu'il y a? (*pâlir*)

Ils … , tes chiens. (*grandir*)

## 5 La Guyane

J'habite à Cayenne, en Guyane française. La Guyane fait partie de la France, mais elle se trouve à 7 000 km de la France, en Amérique du Sud. La plupart de la population …(**1**)… comme nous sur la côte. Mon père est pêcheur. On …(**2**)… beaucoup de crevettes. Mmm, j'…(**3**)… ça. Il fait très chaud et très humide ici, car nous ne sommes pas loin de l'équateur. Le pays est assez plat avec beaucoup de rivières. On …(**4**)… de la canne à sucre, du maïs et des patates douces.

95% de notre pays est couvert par la forêt d'Amazonie. Quelquefois, nous …(**5**)… dans la forêt quand nous allons visiter le village de mes grands-parents. On voit des oiseaux et des animaux magnifiques, mais il faut toujours marcher avec prudence. Pour s'orienter, on …(**6**)… des signes pour indiquer le chemin du retour. La forêt …(**7**)… vite et on peut se perdre facilement. On doit faire attention aux odeurs et aux bruits. Et on ne doit jamais oublier qu'on peut se trouver face à face avec un crocodile ou un serpent.

le maïs    la canne à sucre    une patate douce

**a** Lis le texte. Choisis le bon verbe pour chaque blanc, puis écoute pour vérifier.

> adore  change  cultive  entrons
> habite  laisse  pêche

**b** Trouve les paires.

**Exemple: 1** *d*

| | |
|---|---|
| 1 La Guyane est | a habitent sur la côte. |
| 2 Beaucoup de personnes | b est importante. |
| 3 La pêche | c est recouverte de forêt. |
| 4 Le climat est | d en Amérique du Sud. |
| 5 La plus grande partie du pays | e voit des animaux et des oiseaux |
| 6 Dans la forêt, on | f tropical: chaud et humide. |

■ *talk about technology and the internet*

## 1 Lexique informatique

Trouve les paires.

| | |
|---|---|
| 1 un moteur de recherche | a *discussion group* |
| 2 un mot de passe | b *file* |
| 3 un fichier | c *search engine* |
| 4 un forum | d *key (on keyboard)* |
| 5 rechercher | e *password* |
| 6 un lien | f *to search* |
| 7 en ligne | g *to download* |
| 8 l'écran | h *nickname* |
| 9 télécharger | i *online* |
| 10 un pseudo | j *link* |
| 11 déconnecter | k *screen* |
| 12 une touche | l *to log off* |

### Stratégies

Cognates are words, which look the same in French and English, such as **Internet, le Web, une page**. However they may be pronounced very differently. Look at this list and decide which words sound different in French:

**DVD, film, groupe, table, rose, judo, train, orange.**

Look out for more cognates as you work through this spread and try to find two that sound the same and two which sound different.

## 2 Surfons en français

Trouve le mot qui manque.

**Exemple: 1** *accueil*

accueil    aide    cliquer    fenêtre    lien    menu    page    rechercher

**Surfer sur Internet en français n'est pas difficile, parce qu'on utilise beaucoup d'expressions en anglais. Quand même (*All the same*), il est utile de comprendre quelques mots clés en français.**

Le point de départ de beaucoup de sites web, c'est la page d'…(1)… . Quelquefois, il faut …(2)… sur une image pour entrer, ou sélectionner un thème dans un …(3)… . Si tu ne sais pas quoi faire, il y a peut-être un bouton '…(4)…'. Si tu cherches des renseignements spécifiques tu peux taper un mot dans la case '…(5)…'. Si un site te dirige vers un autre site, il y a un …(6)… – tu cliques dessus, et la nouvelle page s'ouvre (peut-être dans une nouvelle …(7)…). Si le lien est vieux et que la page n'existe plus, on dit que la …(8)… est indisponible.

## 3 Quand tu vas en ligne …

a Trouve une bonne réponse à chaque question.

b Écoute pour vérifier.
Quelle est l'autre question qu'on entend, mais qui n'est pas écrite ici?

c Relis les réponses et trouve le français pour ces expressions.

1 sometimes
2 never
3 if I have time
4 quite often

**Des questions**
1 Quels sont tes sites préférés?
2 Est-ce que tu regardes des films ou des émissions en ligne?
3 Tu lis des blogs? Si oui, de qui?
4 Tu mets des photos en ligne?
5 Est-ce que tu télécharges de la musique?
6 Tu fais des jeux en ligne?
7 Est-ce que ta famille fait des achats en ligne?

**Des réponses**
a Quelquefois, je fais un jeu avec un copain sur Internet.
b Oui, de temps en temps, je regarde une émission de télé.
c Non, jamais – je préfère acheter des CD.
d Moi, non, mais ma sœur met des photos sur son blog.
e Oui, j'ai un copain américain qui a un blog. Si j'ai le temps, je le lis.
f Oui, assez souvent. Mes parents aiment acheter des provisions en ligne.
g J'aime bien les sites sur la technologie et sur la musique.

## 4 Forum des jeunes: L'internet

a Choisis un titre pour chaque contribution.

a Alerte aux dangers
b Choisis bien ton pseudo
c Le téléchargement
d Les jeux en ligne
e On dialogue avec tout le monde
f Un journal accessible par tous
g Une mine d'or d'infos

b Trouve le français.

1 it's not always easy
2 sometimes there are mistakes
3 the whole world
4 everyone
5 readers

## forum *des jeunes*

**Est-ce que tu aimes surfer le Net? Qu'est-ce que tu fais principalement?**

`edit`  `Ajouter un commentaire`  Haut de page ↑

**1** Pour les devoirs, le Net est super. On peut rentrer quelques mots dans un moteur de recherche et voilà! On trouve de tout, mais ce n'est pas toujours facile de trouver les bonnes infos dans les millions de pages disponibles (*available*).

Et il y a parfois des erreurs. Alors, j'essaie de vérifier les infos sur une autre source; une page Web différente ou un livre, par exemple. — **Lucas**

`edit`  `Ajouter un commentaire`  Haut de page ↑

**2** Sur Internet, on peut communiquer avec des personnes dans le monde entier. Il y a des forums sur tous les sujets imaginables. On peut facilement poster un commentaire sur un forum public, mais il ne faut pas oublier que tout le monde peut lire ses contributions. — **Maxime**

`edit`  `Ajouter un commentaire`  Haut de page ↑

**3** Quand je choisis un pseudo pour discuter sur les tchats ou les forums, je ne mets pas de renseignements trop personnels et je fais attention aux nouveaux contacts. — **Alex**

`edit`  `Ajouter un commentaire`  Haut de page ↑

**4** J'aime lire les blogs de mes amis, mais moi, je n'ai pas de blog. Le blog est un site où on peut écrire des réflexions sur tout. Mais, souvent les blogs sont ouverts à tous les lecteurs: parents, profs, inconnus (*unknown people*), etc. Moi, je préfère mon journal intime. — **Sarah**

`edit`  `Ajouter un commentaire`  Haut de page ↑

**5** J'écris souvent des e-mails et j'aime bien les recevoir mais il y a souvent du spam. Normalement, les spams sont des e-mails publicitaires, mais quelquefois ils contiennent des virus. Heureusement, nous avons un nouvel antivirus qui se renouvelle régulièrement. — **Hugo**

`edit`  `Ajouter un commentaire`  Haut de page ↑

 5 **À toi!**

a À deux. Posez et répondez aux questions. Utilisez les questions de l'activité 3 aussi.

- Tu passes combien d'heures par semaine en ligne?
- Qu'est-ce que tu fais principalement?
  (*J'écris des e-mails, je bavarde avec mes amis et ma famille, je fais des recherches*, etc.)
- À ton avis, est-ce que c'est utile pour le travail scolaire?

b Écris quelques phrases pour décrire comment tu utilises l'internet.

**Exemple:**

Moi, je vais assez souvent en ligne le week-end. J'utilise surtout Internet pour le mail. Je lis mes messages et j'écris des réponses. J'ai un copain de vacances qui habite en Guadeloupe et un autre en Suisse. C'est bien de rester en contact avec eux.

J'aime écouter de la musique mais je ne télécharge pas de musique, parce que ça coûte assez cher. Quelquefois, je fais des recherches pour mon travail scolaire, par exemple pour un devoir d'anglais. J'aime bien regarder le site de la BBC.

- *exchange information about families*
- *use some irregular verbs (avoir, être, etc.)*

Toutes les familles sont différentes. Il y a des familles nombreuses, avec beaucoup d'enfants, et des familles plus petites, avec un seul enfant. Et il y a aussi des familles recomposées avec des demi-frères et des demi-sœurs.

### 1 Tu as des frères et sœurs?

Écoute bien et complète les renseignements en anglais.

**Exemple: 1** *Her brother is* <u>17</u> *and her sister is* <u>11</u> *and goes to the same* <u>school</u>.

1 Her brother is … and her sister is … and goes to the same … .
2 He has no brothers or sisters but gets on well with three … who live in the same … .
3 He has a twin … and a half-sister who is only … .
4 She has … brothers and … sisters, but in her country a large family is not unusual.
5 He has two … but they don't live together and he doesn't get on with them.
6 There are three generations in this house: a …, two parents, … children.

### 2 Notre famille

Trouve le bon mot pour compléter le texte.

**Exemple: 1** *e (mère)*

À la maison, nous sommes cinq: quatre enfants et ma …(**1**)… . Nous avons aussi deux …(**2**)… . J'ai une …(**3**)… et deux frères. Ma sœur est plus …(**4**)… que moi. Elle a 20 ans. Mes frères ont …(**5**)… et …(**6**)… ans, donc ils sont plus jeunes. J'ai aussi un demi-frère, mais il n'habite pas avec nous. Mes parents sont divorcés et mon père s'est remarié. Mon demi-frère est encore un bébé. Il a cinq mois. J'ai aussi des grands-parents. Je ne les vois pas souvent parce qu'ils …(**7**)… loin d'ici, mais je leur envoie souvent des …(**8**)… .

| **a** âgée | **b** chats | **c** e-mails | **d** habitent |
|---|---|---|---|
| **e** mère | **f** neuf | **g** onze | **h** sœur |

**Dossier-langue** Grammaire p149

#### Irregular verbs

Some common verbs are irregular in the present tense. How many can you think of? Check these in **Les verbes** (page 154). *Avoir* and *être* are the two most common verbs and they are both very irregular. Look for some examples in activity 2 and complete the table.

| *avoir* to have | *être* to be |
|---|---|
| *j'…* | *je suis* |
| *tu as* | *tu es* |
| *il/elle/on a* | *il/elle/on …* |
| *nous …* | *nous …* |
| *vous avez* | *vous êtes* |
| *ils/elles ont* | *ils/elles …* |

### 3 Des questions et des réponses

**a** Complète les questions et les réponses avec la bonne forme des verbes **avoir** ou **être**.

**Exemple: 1** *tu as*

**b** Trouve les paires.

**Exemple: 1** *f*

1 Est-ce que tu … des frères et des sœurs?
2 Il … comment ton frère, physiquement?
3 Et ta sœur, elle … quel âge?
4 Est-ce que vous … des animaux?
5 Vous … de Paris?
6 Tu … un ordinateur dans ta chambre?

**a** Non, nous … de Martinique, mais nous … français.
**b** Non, nous n'… pas d'animaux, mais mes cousins … un chien.
**c** Elle … 16 ans.
**d** Il … assez grand. Il … les cheveux blonds et les yeux bleus.
**e** Non, mais nous … un ordinateur dans la salle à manger.
**f** Oui, j'… un frère et une sœur.

### 4 La famille

À deux, posez et répondez aux questions.

- Il y a combien de personnes dans ta famille?
  (*Il y a cinq personnes: mon père, ma mère, mon frère, ma sœur et moi.*)
- Comment s'appellent-elles? (*Mon demi-frère/Ma petite sœur, etc. s'appelle …*)
- Ton frère, il a quel âge?
- Ta sœur, quel âge a-t-elle?
- Tu as des grands-parents? Où habitent-ils?
- Tu as des cousins? Est-ce qu'ils habitent tout près?
- Vous avez un animal?

## 5 Une sœur ou un frère au même collège

Lis les lettres. C'est vrai (**V**), faux (**F**) ou pas mentionné (**PM**)?

**Exemple: 1** *V*

**1** Sophie et sa sœur vont au même collège.
**2** Sophie est plus âgée que sa sœur.
**3** Sophie a aussi un frère aîné.
**4** Mathieu a un frère qui est plus jeune que lui.
**5** Il se dispute souvent avec son frère au collège.
**6** À son avis, le problème de Sophie n'est pas très grave.
**7** Il comprend le problème et propose une solution.

> J'ai 13 ans et je suis en 4ᵉ. Depuis septembre, ma petite sœur, Lucie, va dans le même collège que moi. Elle est en 6ᵉ et elle me cherche toujours pendant la récréation. Ça m'énerve et je l'évite tout le temps. Mes parents ne sont pas contents. Qu'est-ce que je dois faire?
>
> Sophie

> Moi aussi, mon petit frère arrive dans mon collège cette année, mais ce n'est pas si grave. Il a son propre groupe d'amis et il ne vient pas tout le temps me retrouver. Cependant, si mon petit frère a un problème, je l'aide. Parle simplement avec ta sœur, et dis-lui que c'est ta vie et que tu veux qu'elle garde un peu ses distances. C'est tout.
> Mathieu

## 6 Je n'aime pas entendre ça!

Voici des choses qu'on n'aime pas entendre.

**a** Qui parle? À ton avis, c'est un parent (**p**) ou un adolescent (**a**)?

**Exemple: 1** *a*

1 Je m'ennuie. Qu'est-ce que je peux faire?
2 Tu passes trop de temps sur l'ordinateur.
3 Range ta chambre, s'il te plaît.
4 Je peux regarder ce film qui commence à onze heures ce soir?
5 Tu fais tes devoirs?
6 Je vais faire mes devoirs plus tard.
7 Tu te lèves, enfin?
8 Tu peux laver ce jean pour ce soir?
9 C'est à la mode, les jeans comme ça?
10 Mais tous mes amis ont ça.

**b** Écris deux phrases que tu n'aimes pas entendre et deux phrases que tes parents n'aiment pas entendre.

## 7 Je ne m'entends pas avec ma mère

Lis le texte et fais les activités.

**a** Trouve le français.

**1** I get on well with my father
**2** I spend too much time in front of the TV
**3** I like to stay in bed
**4** She says that I'm lazy
**5** after all

**b** Choisis la bonne réponse.

**1** David s'entend bien avec
  **a** son père
  **b** sa mère
  **c** son grand-père
**2** Il ne s'entend pas si bien avec
  **a** son frère
  **b** sa sœur
  **c** sa mère
**3** Il aime
  **a** faire ses devoirs
  **b** regarder la télé
  **c** ranger sa chambre
**4** En semaine, il se lève
  **a** avant 7 heures
  **b** après 7 heures
  **c** à 11 heures
**5** Le dimanche matin, il préfère
  **a** faire du sport
  **b** aller au cinéma
  **c** rester au lit
**6** Selon sa mère, il est
  **a** travailleur
  **b** paresseux
  **c** parfait

> Moi, je m'appelle David et j'ai 15 ans. J'ai un problème: je m'entends bien avec mon père, mais avec ma mère, c'est souvent difficile. Elle s'intéresse trop à mon travail scolaire. Elle trouve que je passe trop de temps devant la télé ou sur l'ordinateur.
>
> En semaine, je me lève toujours à sept heures moins le quart, mais le dimanche matin, j'aime rester au lit. Normalement, je me lève vers onze heures, mais ma mère n'est pas contente. Elle dit que je suis paresseux. Puis on se dispute au sujet de ma chambre. Elle trouve que c'est la pagaille chez moi. C'est vrai que ma chambre est un peu en désordre, mais je l'aime comme ça. Et puis, après tout, personne n'est parfait!
>
> David

c'est la pagaille – *it's a mess*
personne n'est parfait – *nobody's perfect*

## 8 À toi!

Écris quelques phrases sur ta famille (frères, sœurs, grands-parents, cousins, animaux, etc.).

■ *talk about and describe friends and other people*
■ *use adjectives*

## 1 On parle de ses amis

Écoute les descriptions et choisis l'image qui correspond.

**Exemple: 1** *B*

Fatima Boucher

Jonathan Leblanc

Émilie Bernard

Mathieu Legrand

Stéphanie Laforêt

Louis Dubois

### Stratégies

Il y a beaucoup de noms de famille différents. Certains ont, comme origine, le nom d'un lieu (M. Dupont), d'un aspect physique (Mme Petit, Mlle Lebrun), d'un métier (M. et Mme Boulanger), ou d'un prénom (La famille Thomas). 'Martin' est le nom de famille le plus commun.

Trouve un nom de famille de chaque catégorie parmi les noms de l'activité 1.

### Dossier-langue   Grammaire p144

#### Adjectives

Many adjectives describing character are cognates, e.g. **patient**, **sociable**, **responsable**. Look out for these as you work through this area.

In French, adjectives must agree with the nouns they describe. Regular adjectives follow a standard pattern. These are the most common patterns:

| singular | | plural | |
|---|---|---|---|
| masculine | feminine | masculine | feminine |
| *grand* | *grande* | *grands* | *grandes* |
| *actif* | *active* | *actifs* | *actives* |
| *curieux* | *curieuse* | *curieux* | *curieuses* |

- Adjectives which end in **-e** (with no accent) stay the same for masculine and feminine:
  *Claire est un peu timide, mais son frère est très timide.*
- Adjectives which end in **-s** stay the same for singular and plural:
  *Ma grand-mère a les cheveux gris et elle a un chat gris.*

Some adjectives are irregular:

**bon (bonne)** good

**blanc (blanche)** white

**fou (folle)** mad

Others are invariable, therefore they don't change:

**marron** brown.

## 2 Trouve des adjectifs

Dans la case, trouve:

**12** adjectifs pour décrire la personnalité
 **7** adjectifs pour décrire les cheveux
 **3** couleurs pour les yeux
 **2** adjectifs qui indiquent la taille

sérieux    bavard    raide

grand    patient    noir

bleu    impulsif

sociable

petit    amusant

marron    sportif    blond

sympa

généreux    court

frisé

roux    long

fou

timide    vert

paresseux

## 3 Des amis

Complète les descriptions avec un adjectif de la case (activité 2). Pour t'aider, regarde le **Dossier-langue**.

**Exemple: A1** *grand*

**A**

J'ai un très bon copain qui s'appelle Djamel. Il est assez (**1** *tall*). Il a les cheveux (**2** *short*) et (**3** *black*) et les yeux (**4** *brown*). Nous sommes dans la même classe au collège. Comme moi, il est très (**5** *sporty*). Il est très (**6** *nice*).

**B**

J'ai une amie qui s'appelle Élodie. Je la connais depuis l'école primaire. Elle est (**1** *small*) et elle a de (**2** *long*) cheveux (**3** *black*) et (**4** *straight*), et les yeux (**5** *brown*). Nous allons souvent aux magasins ensemble. Elle est (**6** *generous*), mais quelquefois un peu (**7** *shy*).

**C**

Un de mes meilleurs copains s'appelle Luc. Il n'est pas très (**1** *tall*), il a les cheveux (**2** *ginger*) et (**3** *curly*) et les yeux (**4** *green*). Il est très (**5** *talkative*). Quelquefois, il est complètement (**6** *mad*), mais il est toujours (**7** *fun*).

**D**

Ma meilleure amie s'appelle Claire. Elle est de taille moyenne. Elle a les cheveux bruns et les yeux (**1** *blue*). Elle est très (**2** *sociable*), mais quelquefois un peu (**3** *lazy*). On s'amuse bien ensemble.

## 4 C'est qui?

Travaillez à deux (**A** et **B**).

**A** Choisit une personne de l'activité 3.

**B** Pose des questions pour identifier la personne.

**A** Répond seulement **Oui** ou **Non**.

**Exemple:**

**B** C'est une fille?
**A** Non.
**B** Ah, c'est un garçon. Est-ce qu'il a les cheveux noirs?
**A** Oui.
**B** Est-ce qu'il est sportif?
**A** Oui.
**B** C'est Djamel?

### Stratégies

Look out for adjectives which follow similar patterns. Complete the tables, following the examples.

| Anglais | Français |
|---|---|
| **Ex. dangerous** | *dangereux/-euse* |
| curious | |
| nervous | |

Find two more adjectives, which follow this pattern in activity 2.

| Anglais | Français |
|---|---|
| **Ex. amusing** | *amusant(e)* |
| | *intéressant(e)* |
| charming | |
| | *dégoûtant* |

Look at these examples. What do you notice about the position of most adjectives in English and in French?

black hair **les cheveux noirs**

a dangerous sport **un sport dangereux**

a French-speaking country **un pays francophone**

## 5 Une description

Écris une description d'un(e) ami(e), d'un(e) petit(e) ami(e) ou d'un membre de ta famille. (Nom, aspects physiques, caractère, quelque chose que vous faites ensemble.)

**Exemple:**

Ma petite amie s'appelle Hélène. Elle a les cheveux courts et bruns, et les yeux marron. Elle est un peu bavarde, mais elle est très sympa. Nous sortons ensemble depuis deux semaines.

**Voir aussi L'amitié, c'est important pour toi?** (page 124).

### Pour t'aider

| Mon | (petit) ami frère père | est n'est pas | assez très | grand(e). petit(e). |
|---|---|---|---|---|
| | | | de taille moyenne. mince. | |
| Ma | (petite) amie sœur mère | | | |
| Il a Elle a | les cheveux courts, etc. et les yeux bleus, etc. | | | |
| Il Elle | est | sympa. amusant(e). sociable, etc. | | |
| Nous jouons au badminton ensemble. Nous allons au même club de gym. | | | | |

- understand and describe aspects of daily life
- use reflexive verbs

### ⊙ 1 Les jeunes au micro

Lis le texte et devine les mots qui manquent. Puis écoute pour vérifier.

**①**

Je m'entends bien avec ma …(1)… aînée, mais avec mon petit …(2)…, c'est différent. Nous nous disputons souvent (surtout pour des …(3)… idiotes), mais au fond, on s'aime bien.

**a** choses  **b** frère  **c** sœur

**②**

Je connais ma meilleure amie depuis l'…(1)… primaire. Maintenant, on va dans des écoles différentes, mais on se voit assez …(2)… le week-end et pendant les vacances. On parle beaucoup au … (3)… et on se dit tout. Si l'une ou l'autre se dispute avec ses …(4)… ou si on a des problèmes au collège, on se téléphone.

**a** école  **b** parents  **c** souvent  **d** téléphone

**③**

Mon frère, Luc, et moi sommes …(1)…, mais on ne se ressemble pas. Luc s'intéresse beaucoup au …(2)… . Il se lève tôt le dimanche matin et il va à la …(3)… avec ses amis. Moi, je me lève tard. Je reste au …(4)…, j'écoute de la musique et je me relaxe.

**a** jumeaux  **b** lit  **c** piscine  **d** sport

**④**

Je m'intéresse beaucoup au …(1)… . Le samedi après-midi, je sors avec mes amis. On se retrouve en …(2)… et on va voir un film. On s'amuse bien. Le samedi soir, je me couche plus …(3)… que d'habitude. Le dimanche matin, je me repose un peu, donc je me lève tard – vers …(4)… heures et demie.

**a** cinéma  **b** dix  **c** tard  **d** ville

---

**Dossier-langue**  **Grammaire p152**

### Reflexive verbs

Can you remember how to recognise a reflexive verb?

How many can you find in activity 1?

Are most of them -**er**, -**re** or -**ir** verbs?

Reflexive verbs are listed in a dictionary with the pronoun **se** in front of the infinitive, e.g. **se lever**. The **se** means 'self', and these verbs often express the idea of doing something to oneself or to each other:

**je me lève** I get (myself) up

**on se dit tout** we tell each other everything

Many reflexive verbs are regular -**er** verbs, e.g. **se laver** to wash (oneself) / to get washed:

| | |
|---|---|
| **je me lave** | **nous nous lavons** |
| **tu te laves** | **vous vous lavez** |
| **il se lave** | **ils se lavent** |
| **elle se lave** | **elles se lavent** |
| **on se lave** | |

The highlighted words are called reflexive pronouns. They nearly always go immediately before the verb itself:

**je m'entends bien avec …** I get on well with …

**on se ressemble** we are similar

**nous nous disputons** we argue

### 2 Les jeunes et leurs parents

Trouve les paires.

**Ⓐ**

1 En général, les jeunes s'…
2 Normalement, mon père et moi, nous …
3 Il s'…
4 Alors moi, je …
5 Elle …

**a** nous entendons bien, sauf au sujet d'internet.
**b** entendent bien avec leurs parents.
**c** énerve facilement.
**d** s'inquiète trop et je n'aime pas ça.
**e** m'entends bien avec ma mère, mais moins bien avec mon père.

**Ⓑ**

6 Tu …
7 Non, je me …
8 Mais après un peu de discussion, on s'…
9 Ma mère s'énerve si …
10 Elle s'énerve surtout le dimanche si je …

**f** arrange plus ou moins.
**g** je passe trop de temps à bavarder avec mes amies.
**h** dispute assez souvent avec mes parents, surtout à propos des devoirs.
**i** me lève tard.
**j** t'entends bien avec tes parents?

## 3 On se dispute

Quelquefois, les jeunes se disputent avec leurs parents sur les points suivants. Écoute et note le point qui correspond.

**Exemple: 1** *c*

a le travail scolaire
b la télé
c la chambre
d le téléphone
e Internet
f l'heure de se coucher
g l'heure de se lever

## 4 Les jeunes Français

Complète les textes.

**Exemple: 1** *les élèves français* <u>*se lèvent*</u>

Les jours scolaires, les élèves français (*se lever*) tôt, en moyenne, à six heures moins le quart.

Ils (**a** *s'habiller*) de préférence en jean et en sweat. Selon les adultes, les jeunes (**b** *se ressembler*) beaucoup.

Le soir, ils (**a** *s'occuper*) de leurs devoirs et puis ils (**b** *se détendre*).

Ils (*se téléphoner*) souvent.

Le week-end, ils (**a** *s'amuser*). Ils (**b** *s'intéresser*) souvent au sport et à la musique.

De temps en temps, ils (*se reposer*) et ils lisent des magazines.

Ils (*se coucher*) à dix heures et demie, en moyenne.

## 5 On se parle

À deux, posez des questions et répondez. Notez les réponses.

1 Pendant la semaine, tu te lèves avant ou après 7 heures? (*Je me lève …*)
2 Tu te couches avant ou après 10 heures? (*Je me couche …*)
3 Pendant les vacances, tu te lèves à quelle heure?
4 Tu te couches à quelle heure, en général?
5 Tu t'entends bien avec qui? (ton père, ta mère, ton frère, ta sœur, tes grands-parents, etc.) (*En général, je m'entends bien avec …, sauf au sujet de/du/de la/de l'/des …*)
6 Tu t'intéresses à quoi? (au sport, au cinéma, à l'informatique, à la musique, etc.) (*Je m'intéresse surtout au/à la/à l'/aux …*)

## 6 Une journée scolaire

Écoute et choisis la bonne réponse.

1 Normalement, je me réveille à
  a 6h30
  b 6h45
  c 7h
2 Je me lève et je me prépare. Pour l'école, je m'habille
  a en uniforme scolaire
  b en jean et en sweat
  c en pantalon et en pull
3 Je vais au collège
  a en voiture
  b en bus
  c à pied
4 Les cours commencent à
  a 8h
  b 8h30
  c 9h
5 On s'arrête pour déjeuner à
  a 12h
  b 12h15
  c 12h30
6 Pendant la pause-déjeuner, je retrouve mes amis. On
  a joue au football
  b se promène dans la cour
  c travaille
7 Les cours finissent à
  a 15h
  b 16h
  c 17h
8 Le soir, je me couche
  a avant 10h
  b à 10h
  c après 10h

## 7 À toi!

Décris ta journée scolaire. Tu peux adapter les réponses de l'activité 6.

**Exemple:** Normalement, je me réveille à 7 heures et demie (etc.).

## Les images

Choisis une image et réponds aux questions.

C'est la photo d'une ville en France ou en Afrique?
Qu'est-ce qu'on voit sur la photo?

Ça se passe où?
Qu'est-ce qu'on voit?

Il y a combien de personnes sur la photo?
Décris une personne.

## Le Web et toi

Trouve un site sur un pays ou une région francophone (mais pas la France). Note des renseignements sur une fiche.

**Exemple:**

**Nom:** Le Sénégal

**Situation:** À l'extrême-ouest de l'Afrique, au nord de l'équateur

**Population:** 9,4 millions d'habitants

**Langues principales:** le français (langue officielle), le wolof

**Climat:** tropical avec deux saisons distinctes:
la saison des pluies (de juin à octobre): 30°C
la saison sèche (de novembre à mai): entre 24 et 27°C.

**Capitale:** Dakar

**Monnaie:** Le franc CFA (*Central African franc – used in several African countries*)

**Fuseau horaire** (*time zone*)**:** Quand il est 12h à Londres, il est 12h au Sénégal. (Le Sénégal est à l'heure GMT.)

**Activités sportives:** la natation, le football, la randonnée à pied

# Sommaire

## Now I can …

### ■ ask questions

| | |
|---|---|
| *Comment t'appelles-tu?* | What's your name? |
| *Comment ça s'écrit?* | How is it spelt? |
| *Quel âge as-tu?* | How old are you? |
| *Où est-ce que tu habites?* | Where do you live? |
| *Quelles langues parles-tu?* | Which languages do you speak? |
| *Qu'est-ce que tu aimes faire le week-end?* | What do you like doing at weekends? |
| *Qu'est-ce que tu pratiques, comme sports?* | Which sports do you do? |
| *C'est quand, ton anniversaire?* | When is your birthday? |
| *Tu as des frères et sœurs?* | Do you have brothers and sisters? |
| *Quels sont tes passe-temps?* | What are your hobbies? |

### ■ give personal information

| | |
|---|---|
| *Je m'appelle …* | I'm called … |
| *J'ai … ans.* | I'm … years old. |
| *Comme langues, je parle …* | The languages I speak are … |
| *Comme passe-temps …* | For hobbies … |
| *Le week-end, j'aime …* | At the weekend, I like … |
| *Comme sports, je pratique …* | For sports, I practise … |
| *Je joue au/à la/à l'/aux …* | I play … |
| *Je fais du/de la/de l'…* | I do … |

### ■ talk about technology and the internet

| | |
|---|---|
| *un baladeur MP3* | MP3 player |
| *brancher* | to plug in |
| *un cam* | web-cam |
| *un clavier* | keyboard |
| *un écran* | screen |
| *un e-mail* | e-mail |
| *effacer* | to delete |
| *en ligne* | online |
| *fermer* | to shut down |
| *un fichier* | file |
| *une imprimante* | printer |
| *un lecteur MP3* | MP3 player |
| *un lien* | link |
| *marquer* | to highlight |
| *un mot de passe* | password |
| *un moteur de recherche* | search engine |
| *numérique* | digital |
| *un ordinateur* | computer |
| *un pseudo* | nickname |
| *rechercher* | to search for |
| *une souris* | mouse |
| *surfer sur Internet* | to surf the net |
| *taper* | to type |
| *tchater* | to chat online |
| *la technologie* | technology |
| *télécharger* | to download |
| *une touche* | key |

### ■ talk about families

| | |
|---|---|
| *J'ai … frères / … sœurs.* | I have … brothers / … sisters. |
| *Je n'ai pas de frères et sœurs.* | I don't have any brothers and sisters. |
| *J'ai un demi-frère / une demi-sœur.* | I have a half-brother / stepbrother / half-sister / stepsister. |

| | |
|---|---|
| *Je suis enfant / fils / fille unique.* | I'm an only child. |
| *Mon père / Ma mère est mort(e).* | My father / mother is dead. |
| *Mes parents sont divorcés.* | My parents are divorced. |
| *un beau-père* | stepfather, father-in-law |
| *une belle-mère* | stepmother, mother-in-law |
| *un(e) cousin(e)* | cousin |
| *un demi-frère* | stepbrother, half-brother |
| *une demi-sœur* | stepsister, half-sister |
| *un(e) enfant* | child |
| *une famille nombreuse* | big family (5 children or more) |
| *une femme* | wife, woman |
| *une fille / un fils (unique)* | (only) daughter / son |
| *un frère* | brother |
| *une grand-mère* | grandmother |
| *un grand-père* | grandfather |
| *les grands-parents* | grandparents |
| *un jumeau(x) / une jumelle(s)* | twin(s) |
| *le mari* | husband |
| *la mère* | mother |
| *un oncle* | uncle |
| *un parent* | parent, relation |
| *le père* | father |
| *les petits-enfants* | grandchildren |
| *une sœur* | sister |
| *une tante* | aunt |

### ■ talk about pets

| | |
|---|---|
| *un chat* | cat |
| *un cheval* | horse |
| *un chien* | dog |
| *un lapin* | rabbit |
| *un oiseau* | bird |
| *un perroquet* | parrot |
| *une perruche* | budgerigar |
| *une poisson rouge* | goldfish |
| *une souris* | mouse |

### ■ talk about friends

| | |
|---|---|
| *un(e) ami(e)* | friend |
| *un(e) camarade* | colleague, classmate |
| *un copain / une copine* | friend |
| *mon (ma) meilleur(e) ami(e)* | my best friend |
| *un(e) petit(e) ami(e)* | boyfriend / girlfriend |
| *le sens de l'humour* | sense of humour |

### ■ use adjectives *(see also page 14)*

| | |
|---|---|
| *Mon frère est grand avec les cheveux blonds et les yeux bleus.* | My brother is tall with blond hair and blue eyes. |
| *Ma sœur est petite avec les cheveux noirs et frisés, et les yeux marron.* | My sister is small with black, curly hair and brown eyes. |
| *Elle est complètement folle.* | She's completely mad. |

### ■ use reflexive verbs *(see page 152 for list)*

| | |
|---|---|
| *Je m'entends bien avec …* | I get on well with … |
| *Je me dispute assez souvent avec mon frère / ma sœur / mes parents.* | I often argue with my brother / my sister / my parents. |
| *En semaine, je me lève à …* | In the week, I get up at … |
| *En général, je me couche à …* | Usually I go to bed at … |

## Tips for learning vocabulary

- Organise and list words in alphabetical order under topics, using different colours for masculine and feminine words.
- Make mental visual links between words and their meanings – the more ridiculous, the better!
- Use word shapes to help you:
  Visualise words, e.g. write out adjectives in a way that helps you to memorise their meaning
  (**gros**; maigre)
  Write clothing words as though they are being worn by a stick figure.
- Copy out words without the vowels. Then try to recognise them, e.g. family: m_r_, gr_nd-p_r_.
- Learn irregular adjectives and verbs in a phrase, e.g. ***Il raconte une longue histoire ennuyeuse.***

## 1 C'est quel mot?

Trouve un mot de la liste pour chaque catégorie.

**Exemple: 1 *e* (la natation)**

| | |
|---|---|
| **1** un sport | **a** l'Asie |
| **2** un mois | **b** l'espagnol |
| **3** une couleur | **c** juillet |
| **4** un instrument de musique | **d** la Martinique |
| **5** une langue | **e** la natation |
| **6** un continent | **f** la Suisse |
| **7** un pays francophone en Europe | **g** la trompette |
| **8** une région francophone en Amérique du Nord | **h** le Québec |
| **9** une île francophone | **i** le Sénégal |
| **10** un pays francophone en Afrique | **j** le vert |

## 2 Complète les phrases

**a** Trouve les paires.

**b** Invente une terminaison différente.

| | |
|---|---|
| **1** Comme langue maternelle, je … | **a** apprenons le français et l'espagnol. |
| **2** Au collège, nous … | **b** habitent au Rwanda, en Afrique. |
| **3** Le vendredi, les cours … | **c** aimes les jeux vidéo? |
| **4** Mes grands-parents … | **d** adore aller au parc. |
| **5** Est-ce que tu … | **e** finissent à trois heures. |
| **6** Mon chien … | **f** parle anglais. |

## 3 Dix verbes utiles

Complète les listes.

| Français | Anglais |
|---|---|
| allumer | to switch on |
| bloquer | to … |
| | to click |
| déconnecter | to … |
| | to delete |
| imprimer | to … |
| sauvegarder | to … |
| | to surf |
| taper | to … |
| télécharger | to … |

## 4 Masculin–féminin

Écris les mots dans les bonnes listes.

| Masculin | Féminin |
|---|---|
| beau-père | |
| | |

beau-père   belle-mère   cousin   demi-sœur
femme   fille   fils   frère   grand-père   mari
mère   oncle   père   sœur   tante

## 5 Au contraire

Trouve les contraires.

**Exemple: 1 *h***

| | |
|---|---|
| **1** grand | **a** blanc |
| **2** noir | **b** court |
| **3** frisé | **c** dernier |
| **4** long | **d** difficile |
| **5** vieux | **e** impatient |
| **6** premier | **f** jeune |
| **7** bon | **g** mauvais |
| **8** actif | **h** petit |
| **9** facile | **i** paresseux |
| **10** patient | **j** raide |

## 6 Français–anglais

Complète les listes.

| Français | Anglais |
|----------|---------|
| **1** bavard(e) | *talkative* |
| **2** joli(e) | |
| **3** marron | |
| **4** moyen(ne) | *average* |
| **5** paresseux/-euse | |
| **6** roux / rousse | *red-haired* |
| **7** sympa | *nice* |
| **8** timide | |

## 7 Chasse à l'intrus

Trouve le mot qui ne correspond pas.

**1** l'allemand, l'étudiant, l'espagnol, l'italien
**2** jaune, rouge, petit, vert
**3** quand, qui, où, vieux
**4** un crocodile, un lapin, un pays, une souris
**5** une copine, une nièce, une sœur, une tante
**6** bavard, cliquer, généreux, sympa

### Stratégies

**Des mots en famille**

Use the words you already know to help you guess the meanings of new words.

| Français | Anglais |
|----------|---------|
| **1** le père Noël | |
| un chant de Noël | |
| le sapin de Noël | |
| un cadeau de Noël | |
| **2** jouer | |
| un joueur | |
| un jouet | |
| un jeu | |
| **3** acheter | |
| un acheteur | |
| un achat | |
| **4** vendre | |
| un vendeur | |
| une vente | |

**Les terminaisons**

These words all end in the same letters in French. What ending do they have in English?

**1** *exactement* **2** *gentiment* **3** *rarement*
**4** *régulièrement* **5** *uniquement*

## 8 Des mots en groupes

**a** Trouve le mot qui va avec chaque groupe.

**b** Ajoute un autre mot à chaque groupe.

**Exemple: 1** *le père, la sœur, le frère, la mère + la grand-mère*

**1** le père, la sœur, le frère, …
**2** vert, bleu, rouge, …
**3** un cheval, un lapin, une souris, …
**4** le basket, le judo, le tennis, …
**5** jouer, travailler, regarder, …
**6** petit, grand, long, …
**7** se lever, se coucher, se relaxer, …
**8** une page Web, un site, le curseur, …

court   un chien   se disputer   écouter
jaune   un lien   la mère   le volley

## 9 Un jeu de définitions

Lis la définition et identifie l'animal.

**Exemple: 1** *b (un cheval)*

**1** C'est un grand animal qu'on cherche quand on veut faire de l'équitation.
**2** Cet animal a de longues oreilles et une toute petite queue. Il est végétarien.
**3** Il est petit et il vit dans l'eau. Il est souvent rouge, mais il peut être très coloré.
**4** C'est un oiseau qui se nourrit de graines. Il est originaire des pays chauds.
**5** Il est assez petit, mais plus gros qu'une souris. Il est originaire d'Amérique du Sud.
**6** Il est de taille moyenne et il peut être noir, gris, blanc ou tigré. Il est très populaire comme animal domestique.
**7** C'est un petit animal de couleur jaune. Il est nocturne, c'est-à-dire qu'il dort pendant la journée et il se réveille la nuit. Il se nourrit de graines.
**8** Il y a beaucoup de races différentes de cet animal. Ils peuvent être petits ou grands, noirs ou blancs, bruns ou jaunes. Cet animal est souvent très fidèle à son maître et on dit que c'est le meilleur ami de l'homme.

**a** un chat
**b** un cheval
**c** un chien
**d** un cochon d'Inde
**e** un hamster
**f** un lapin
**g** une perruche
**h** un poisson rouge

# unité 2
## Bienvenue à Paris!

2A | ## Découvrir Paris
- *find out about some Paris sights*
- *describe places of interest*

**Nadine**

**Pierre**

##  1 Paris – une visite virtuelle

Nadine et Pierre sont parisiens. Écoute la visite virtuelle de leur ville et regarde les photos (**1–10**). Trouve le bon texte (**A–J**) pour chaque photo.

**A La tour Eiffel**

C'est le plus célèbre monument de Paris et l'un des plus hauts. Elle mesure 320 mètres.

**B Notre-Dame de Paris**

Cette belle cathédrale est située sur l'Île de la Cité, en plein centre de Paris.

**C Le Sacré-Cœur**

Cette église blanche est construite sur une colline à Montmartre. On peut prendre un funiculaire pour monter jusqu'au sommet de la colline.

**D L'Arc de Triomphe**

Ce monument célèbre commémore les victoires de Napoléon. C'est là qu'on peut voir le tombeau du soldat inconnu.

**E Le stade de France**

C'est un bâtiment énorme situé au nord de Paris, construit en 1998 pour des événements sportifs et de grands spectacles.

**F La Grande Arche**

Ce monument énorme se trouve dans le quartier de La Défense. Il a été construit en 1989 pour célébrer le bi-centenaire de la Révolution française.

**G La Mosquée de Paris**

Ce bâtiment fascinant est richement décoré de sculptures et de mosaïques musulmanes. Le minaret fait 33 mètres de haut et il y a un très beau jardin.

**H La Seine**

La Seine est un fleuve qui divise Paris en trois parties: la Rive Droite, la Rive Gauche et l'Île de la Cité.

**I Le Louvre**

Aujourd'hui, c'est un grand musée, mais autrefois, c'était le palais des rois. Devant le Louvre, il y a une construction moderne, la Pyramide.

**J Le Centre Pompidou**

C'est un des monuments les plus populaires de Paris. Situé dans le quartier Beaubourg, c'est un grand centre d'art et de culture.

## 2 Vrai ou faux?

C'est vrai (**V**), faux (**F**) ou pas mentionné (**PM**)?

**Exemple: 1 *V***

1 La cathédrale de Notre-Dame se trouve au centre de Paris.
2 À Paris, il y a un fleuve qui s'appelle la Seine.
3 Le Sacré-Cœur est un funiculaire.
4 À la Mosquée, il y a une bibliothèque et un restaurant.
5 Autrefois, la Pyramide était un palais des rois.
6 Le tombeau de Napoléon se trouve à l'Arc de Triomphe.
7 Le centre de la Grande Arche est assez grand pour y mettre la cathédrale de Notre-Dame.
8 La tour Eiffel n'est pas célèbre.
9 Un des centres d'art de Paris s'appelle le Centre Pompidou.
10 Le stade de France n'est pas très grand.

> **Stratégies**
>
> Prepositions are useful to help describe where things are in a photo. How many prepositions can you think of? Make a list, e.g. ***dans*, *près de*, *sur*, …**

## 3 C'est quelle photo?

Travaillez à deux. Personne **A** décrit une photo, personne **B** doit dire le nom de la photo. Puis changez de rôle.

**Exemple: A** *C'est ... grande cathédrale près de la Seine.*
**B** *C'est la cathédrale de Notre-Dame.*

la rive – *(river) bank*

# Paris-Jeunesse

À Paris, il y a beaucoup de choses à voir et à faire.
En voici une petite sélection – surtout pour les jeunes.

## Vivre le passé!

### Le musée Grévin

**M** **Grands Boulevards**

Voyez toute l'histoire de France dans un seul endroit. Les grands personnages en cire! *Ouvert tlj, même les jours fériés.*

### Le Louvre

**M** **Palais-Royal**

Le célèbre musée d'art, avec sept départements pour tous les goûts. Entrée par la fantastique Pyramide. *Ouvert tlj sauf mar.*

Après la visite, relaxez-vous dans le jardin des Tuileries ou visitez la place de la Concorde – au milieu de cette grande place se trouve l'Obélisque, un monument égyptien très ancien.

## Voyager dans l'avenir!

### Le Palais de la découverte

**M** **Champs-Élysées-Clemenceau**

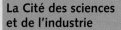

Comment ça éclaire, une ampoule? Ça parle, les animaux? Il y a quoi dans l'espace? Pour répondre à ces questions, passez une journée scientifique au palais – tant de choses à faire: expériences scientifiques, expositions, planétarium. *Fermé le lun.*

### La Cité des sciences et de l'industrie

**M** **Porte de la Villette**

Conférences, aquarium, cinéma en relief, cités des enfants, des métiers, de la santé, expositions sur les grandes innovations techniques, médiathèque, planétarium, ateliers …: comptez au moins un jour pour tout voir! *Ouverte tlj sauf lun.*

la cire – *wax*

## Voir le présent!

**M** **Champs-Élysées-Clemenceau, Palais-Royal**

**Les Champs-Élysées**

Visitez les beaux magasins de la rue de Rivoli et de l'avenue des Champs-Élysées, la plus belle et la plus célèbre avenue de Paris. On y trouve des cafés, des magasins, des cinémas et l'office de tourisme de Paris pour tout renseignement.

### La tour Eiffel

**M** **Bir-Hakeim** **RER** **Champ de Mars**

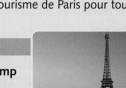

Toujours très populaire! Accès 1er, 2e et 3e étages par ascenseur. Du 3e étage, vue très étendue sur la Seine et tout Paris. Accès au 1er et 2e étage possible par l'escalier. *Ouverte tlj de 9h30 à 23h.*

### Le stade de France

**M** **Porte de Paris**

**RER** **St-Denis, La Plaine**

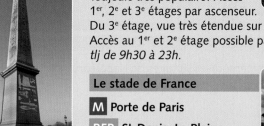

Une visite fascinante – on peut voir la pelouse, les tribunes, etc. *Ouvert tlj hors manifestations: 10h à 18h.* Et en face, il y a un centre commercial où se trouve le plus grand magasin de sports de France!

### Le Sacré-Cœur

**M** **Anvers**

De cette église historique, on a un panorama exceptionnel sur Paris dans un rayon de 50 km. Accès possible par le funiculaire dans le quartier de Montmartre. *Ouvert tlj.*

### Le Centre Pompidou

**M** **Rambuteau**

Du toit et des tubes transparents extraordinaires, on a une belle vue sur Paris. À l'intérieur, on voit de l'art moderne. *Ouvert du mer. au lun. de 11h à 22h, fermé le 1er mai (jour férié).*

### La Défense

**M** **RER** **La Défense**

On ne peut plus monter jusqu'au toit de la Grande Arche, mais elle est quand même impressionnante. Il y a un centre commercial populaire et sous l'arche il y a souvent des spectacles.

# 1 Jeu de définitions

Regarde **Paris-Jeunesse**. Trouve la bonne définition.

Exemple: **1** *c (un jardin public)*

| | |
|---|---|
| **1** le jardin des Tuileries | **a** un monument |
| **2** le Louvre | **b** une église |
| **3** le Sacré-Cœur | **c** un jardin public |
| **4** les Champs-Élysées | **d** un musée |
| **5** la tour Eiffel | **e** un fleuve |
| **6** la Seine | **f** un stade |
| **7** le stade de France | **g** une avenue |

**Stratégies**

It is important to understand some key aspects of tourist brochures and websites.

• They often have abbreviations. Find the abbreviations for these words and phrases:

*tous les jours; lundi; mardi; mercredi; kilomètre(s); heure(s); premier; deuxième; troisième.*

• The 24-hour clock is used, and notice how times are written, e.g. 9h30.

What is the French for the equivalent of a 'bank holiday'?

Find the French for 'except'. To give you a clue, it is sometimes shortened to *sf*.

# 2 Une visite scolaire

Des jeunes regardent l'Internet pour préparer une visite à Paris.
Trouve la bonne réponse à chaque question.

Exemple: **1** *e*

**1** Qu'est-ce qu'il y a à voir à La Défense?
**2** Je m'intéresse aux grands personnages de l'histoire.
**3** Est-ce qu'il y a un musée des sciences au centre de Paris?
**4** Nous aimons l'art et la sculpture.
**5** Est-ce qu'on peut visiter un monument sportif?
**6** J'aime les panoramas, mais je déteste les ascenseurs.
**7** Où est-ce qu'il faut aller pour le plus beau panorama?

**a** Allez au Louvre – il y a des tableaux et des objets datant de plusieurs siècles.
**b** Il y a le Palais de la découverte.
**c** Allez au stade de France. C'est ouvert tous les jours pour une visite.
**d** Visitez le musée Grévin – on peut y voir toute l'histoire de France.
**e** Il y a un centre commercial et la Grande Arche.
**f** Allez au Sacré-Cœur. On peut monter à pied.
**g** Allez au troisième étage de la tour Eiffel.

# 3 Qu'est-ce que tu veux voir?

Écoute ces jeunes qui discutent de leur visite projetée.

**a** Tu entends ces expressions dans quel ordre?

Exemple: **3**, …

**1** ça m'intéresse beaucoup
**2** au nord-est de la ville
**3** c'est un monument très célèbre
**4** près de la station de métro Bir-Hakeim
**5** c'est fermé le mardi
**6** je veux visiter la tour Eiffel
**7** ce n'est pas loin des Champs-Élysées
**8** il y a des expositions intéressantes
**9** je m'intéresse à l'histoire
**10** à mon avis, c'est trop loin du centre

**b** Réponds en anglais.

**1** Which monument is near Bir-Hakeim metro station?
**2** Which attraction is in the north-east of Paris?
**3** What kind of museum is the Palais de la découverte?
**4** On which day can they not see 'La Joconde' (*Mona Lisa*)?
**5** On which days is the Grévin waxworks museum open?

# 4 À toi!

**a** Travaillez à deux. Posez des questions et répondez à tour de rôle.

■ Qu'est-ce que tu veux voir à Paris?
■ C'est comment?
 (*C'est un grand bâtiment / une belle cathédrale / un musée intéressant / …*)
■ C'est où exactement?
 (*près de la station de métro Bir-Hakeim / à Montmartre / au centre / …*)
■ C'est ouvert quand?
 (*C'est ouvert tous les jours. / C'est fermé le lundi.*)
■ Qu'est-ce qui t'intéresse surtout à Paris? Pourquoi?
 (*La Cité des sciences / Le musée Grévin / … m'intéresse beaucoup parce qu'il y a … / parce que j'aime …*)

**b** Écris tes réponses aux questions.

### 1 Messages de Paris

Deux jeunes Suisses, Thomas et Audrey, passent une semaine de vacances à Paris.

Lis les messages, puis complète leur programme d'activités.

**Exemple: 1** *une promenade en bateau*

**A**

Salut!

C'est samedi et nous voilà à Paris! Nous avons pris le TGV de Genève ce matin et notre hôtel est près de la gare. Cet après-midi, il a fait très chaud et nous avons fait une promenade en bateau sur la Seine. Du bateau, on a vu Notre-Dame, le Louvre et beaucoup d'autres monuments.
À plus!
Thomas

**B**

Chère Lucie,

Bien arrivés à Paris. Dimanche, on a visité la tour Eiffel. On a fait l'ascension au deuxième étage par l'escalier. Ouf! C'était fatigant, mais on a vu tout Paris. La tour m'intéresse beaucoup et j'ai acheté une tour Eiffel comme souvenir – mais plus petite, bien sûr! L'après-midi, il a plu, alors on a visité les égouts. On est descendus sous terre, puis on a pris un bateau pour explorer le Paris souterrain. C'était très intéressant.

Audrey

**C**

Chers Mamie et Papy,

Bonjour de Paris, où je passe des vacances merveilleuses! Lundi, il a fait beau et on a visité Montmartre. On a pris le funiculaire pour monter au Sacré-Cœur. Puis le soir, on a fait une excursion en car pour voir Paris la nuit. C'était très beau.
À bientôt!
Audrey

**D**

[boutons: ◀ 📬 📥 📄 🖇 Aa]

[Envoyé par Antonin]
Hé Thomas – c'est quoi, la photo sur ton profil? C'est bizarre!

[Envoyé par Thomas]
C'est la Grande Arche.
Aujourd'hui, il a fait froid, alors on a pris le métro jusqu'à La Défense, un quartier moderne à l'ouest de Paris. Là, il y a un centre commercial et ce monument énorme. Entre les deux murs de la Grande Arche, il y a un espace aussi large que les Champs-Élysées et on pourrait mettre tout Notre-Dame à l'intérieur.

| Programme d'activités | | | |
|---|---|---|---|
| | **matin** | **après-midi** | **soir** |
| **samedi** | Arrivée en TGV | (**1**) | libre |
| **dimanche** | (**2**) | (**3**) | libre |
| **lundi** | (**4**) | | (**5**) |
| **mardi** | (**6**) | | libre |
| **mercredi** | Le musée d'Orsay ou la Cité des sciences et de l'industrie | | |
| **jeudi** | Le Centre Pompidou + Le Forum des Halles | | un concert |
| **vendredi** | musée du chocolat | Le Louvre | libre |
| **samedi** | Départ en TGV pour Genève | | |

les égouts – *sewers*

## Dossier-langue    Grammaire p149

Look at the messages in activity 1. Here are some of the verbs used – they talk about things that **have happened** and are over now. What tense are they?

*Nous avons pris le TGV. Il a fait très chaud. On a visité la tour Eiffel.*

What two parts do you need to form the perfect tense in French?

Here's a reminder of the present tense of *avoir* (to have) – it's called the **auxiliary** verb:

| | |
|---|---|
| *j'ai* | *nous avons* |
| *tu as* | *vous avez* |
| *il/elle/on a* | *ils/elles ont* |

Regular verbs form the **past participle** with the following endings:

| | |
|---|---|
| *-er verbs* | → *-é* |
| *-re verbs* | → *-u* |
| *-ir verbs* | → *-i* |

Work out the past participles of *travailler*, *attendre* and *finir*.

Now work out how to say 'I have finished', 'they waited', 'we worked'.

Many verbs have irregular past participles (like *pris* and *fait* in the examples above). These are listed in **Les verbes** (page 155).

## 4 À toi!

**a** Travaillez à deux. Qu'est-ce que vous avez fait samedi après-midi et samedi soir? Posez des questions et répondez à tour de rôle.

**Exemple: A** Qu'est-ce que tu as fait samedi après-midi?

**B** J'ai fait du shopping en ville.

**A** Qu'est-ce que tu as fait samedi soir?

**B** J'ai regardé un film au cinéma.

**b** Écris quelques phrases pour décrire le week-end dernier.

### Pour t'aider

| | |
|---|---|
| J'ai | joué au football / sur l'ordinateur / de la guitare. |
| On a | mangé au restaurant. |
| | regardé la télé / un film. |
| Nous avons | fait du sport / du shopping. |
| | lu un livre / un magazine. |
| | écouté de la musique. |

## 2 Maintenant ou hier?

Lis les phrases et décide si c'est maintenant (**M**) ou hier (**H**).

1 Je finis mes devoirs.
2 Il a acheté un nouveau CD.
3 Ils ont choisi un cadeau pour Florence.
4 Elle fait une promenade sur les Champs-Élysées.
5 Nous avons pris l'ascenseur jusqu'au sommet de la tour Eiffel.
6 Mes sœurs ne sont pas là, elles sont au Centre Pompidou.
7 Charlotte a fait du shopping au centre commercial.
8 Malika a vu le spectacle au stade de France.

## 3 Samedi à Paris

Écoute ces jeunes Parisiens. Ils parlent de samedi dernier. Combien de personnes ont fait chaque activité? Copie le tableau et coche (✓) les réponses.

Attention! On n'a pas fait toutes les activités. Qu'est-ce qu'ils n'ont pas fait?

## 5 Des messages

Tu passes des vacances à Paris. Écris un message ou une carte postale à un(e) ami(e) français(e). Choisis une phrase dans chaque section. Voici des idées:

| Cher/Chère … / Salut, … | |
|---|---|
| Le matin, on a visité | la tour Eiffel. |
| | l'Arc de Triomphe. |
| | la Grande Arche, etc. |
| J'ai acheté | un t-shirt. |
| | une petite tour Eiffel. |
| | des cartes postales, etc. |
| L'après-midi, on a fait | une promenade. |
| | une excursion en bateau / en car. |
| | du shopping, etc. |
| Amitiés / Amicalement / À bientôt, … | |

| | | | | | | | |
|---|---|---|---|---|---|---|---|
| | | | | | | | |
| | | | | | | | |

■ *say what has happened and what you have done*

## 1 Art et chocolat

Lis les messages et trouve le français.

1 not really
2 works (of art)
3 we really enjoyed
4 we tasted
5 a workshop
6 we learnt to draw
7 a chocolate (sweet)

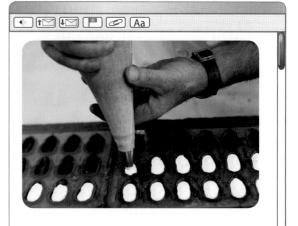

J'ai passé un après-midi très intéressant au Louvre – normalement, je n'aime pas tellement les musées! Je suis entré vers 14h par la Pyramide et j'étais dans un groupe avec un prof qui sait beaucoup de choses sur l'art. Nous sommes sortis (enfin!) vers 18h et j'ai même acheté un livre sur les œuvres du Louvre.
@+ Thomas

Ce matin, je suis allée au musée du chocolat: Choco-Story. C'était super! Aléa et moi, nous sommes entrées les premières, bien sûr! Tu sais, on a bien apprécié l'arôme du chocolat! D'abord, on a visité le musée – maintenant je connais un peu l'histoire et les méthodes de fabrication du chocolat – et on a goûté des produits (délicieux!). Puis on est descendus dans un atelier. On a appris à dessiner avec du chocolat et à fabriquer une praline. Je suis sortie du musée avec ma petite praline … mais elle n'est pas restée longtemps entière!
À plus, Audrey

### Dossier-langue    Grammaire p150

In activity 1 there are some verbs which form their perfect tense with the auxiliary *être* + the past participle. Find the seven examples and look at the past participles. What is special about the past participles of *être* verbs?

Here is the perfect tense of *aller* in full:

| | | | |
|---|---|---|---|
| je suis | allé(e) | nous sommes | allé(e)s |
| tu es | allé(e) | vous êtes | allé(e)(s) |
| il est | allé | ils sont | allés |
| elle est | allée | elles sont | allées |
| on est | allé(e)(s) | | |

When you form the perfect tense with *être*, the past participle agrees with the person doing the action (the subject):

• add *-e* if the subject is feminine.

• add an extra *-s* if the subject is plural.

Which other verbs form their perfect tense with *être*? You might remember the 13 main verbs with the phrase 'MRS VAN DE TRAMP' – each letter stands for a different verb. For a full list, see **Grammaire** (page 150).

## 2 Des touristes à Paris

Trouve les paires.

**Exemple: 1** *d*

| | |
|---|---|
| 1 M. Valois est | a allées aux Champs-Élysées. |
| 2 Mme Valois est | b pas montés par l'escalier. |
| 3 Les enfants ne sont | c est partis de bonne heure. |
| 4 Ma sœur et moi, nous | d allé à la tour Eiffel. |
| 5 Nathalie et Sylvie sont | e es descendu dans les égouts! |
| 6 Quelle horreur! Tu | f pas revenu avant minuit. |
| 7 Pour aller à La Villette, on | g restée au café en bas. |
| 8 C'était super! Je ne suis | h sommes allés à La Défense. |

 ### 3 Hier à Paris

Tu es allé(e) à Paris. Choisis trois endroits que tu as visités.

■ le matin: un musée ou un monument
■ l'après-midi: un marché, un parc ou un jardin
■ le soir: un endroit d'où il y a un panorama sur Paris

Travaillez à deux. Posez des questions à tour de rôle pour deviner où votre partenaire est allé(e).

**Exemple: A** Le matin, es-tu allé(e) au Louvre?
  **B** Non, je ne suis pas allé(e) au Louvre.
  **A** Es-tu allé(e) à Notre-Dame?
  **B** Oui, je suis allé(e) à Notre-Dame.

## 4 Malik et Julie

**a** Malik a pris un bus touristique pour visiter Paris. Mets les phrases dans le bon ordre.

**Exemple: 1** *B*

**A** Le bus est arrivé à 9h35.
**B** Malik est parti de l'hôtel à 9h.
**C** Il est arrivé à la tour Eiffel à 10h.
**D** Il est allé au premier arrêt au Trocadéro.
**E** Il est monté dans le bus à 11h30 pour continuer le tour.
**F** Il est monté dans le bus. Le bus est parti.
**G** Il est revenu au Trocadéro à 13h.
**H** Il est descendu du bus pour visiter Notre-Dame à 10h30.
**I** Il est arrivé à l'Arc de Triomphe à 12h40 et il est resté dans le bus.

**b** Julie, une copine, a accompagné Malik. Raconte ce qu'elle a fait.

**Exemple:** *Julie est partie de l'hôtel à 9 heures. Le bus …*

Julie

**c** Qu'est-ce que Malik dit pour raconter sa journée?

**Exemple:** *Je suis parti de l'hôtel à …*

## 5 C'était quand?

**a** Trouve les paires.

**Exemple: a 4**

| | | | |
|---|---|---|---|
| **a** | hier | **1** | *the day before yesterday* |
| **b** | hier soir | **2** | *last night* |
| **c** | hier matin | **3** | *last month* |
| **d** | avant-hier | **4** | *yesterday* |
| **e** | vendredi dernier | **5** | *last year* |
| **f** | la semaine dernière | **6** | *last Friday* |
| **g** | le mois dernier | **7** | *yesterday morning* |
| **h** | l'année dernière | **8** | *last week* |

**b** Écoute les conversations. C'est quelle phrase (**a–h**)?

**Exemple: 1** *e*

## 💬 6 À toi!

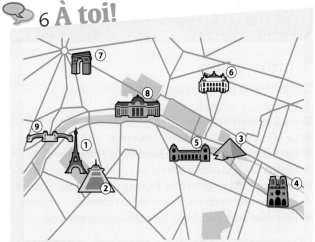

| | |
|---|---|
| **1** tour Eiffel | **6** Opéra |
| **2** Champ de Mars | **7** Champs Élysées-Étoile |
| **3** Louvre | **8** Grand Palais |
| **4** Notre-Dame | **9** Trocadéro |
| **5** Orsay | |

**a** Travaillez à deux. Regardez le plan du bus touristique et inventez un itinéraire. Vous pouvez descendre et remonter plusieurs fois! Répondez aux questions.

- Tu es parti(e) à quelle heure?
- Tu es resté(e) tout le temps dans le bus? (*Non, je ne suis pas resté(e) dans le bus.*)
- Tu es descendu(e) où? Pourquoi? (*Je suis descendu(e) à … pour visiter … / pour faire une promenade / … etc.*)
- Tu es remonté(e) où et à quelle heure?
- Tu es revenu(e) à quelle heure?

**b** Écris tes réponses aux questions.

**Le métro**
- 14 lignes
- environ 300 stations de métro
- 213 kilomètres de lignes de métro
- 62 correspondances avec RER et SNCF
- environ 4 millions de voyageurs par jour
- 1 tarif unique dans le centre de Paris

 **RER**
- ça veut dire le Réseau Express Régional
- c'est comme le métro, mais plus rapide, et il va plus loin
- la ligne A est très pratique pour visiter Disneyland Paris
- on prend la ligne B pour aller à l'aéroport Charles de Gaulle

**Des astuces**
- il est important de savoir le nom de la station à la fin de la ligne de métro/RER; sinon, on risque d'aller dans le mauvais sens!
- avec 1 ticket, on peut faire un voyage de 2, de 20 ou même de 50 stations
- 1 carnet de 10 tickets est plus économique
- on peut souvent prendre le métro et le bus avec le même ticket

## 1 Infos-métro

Complète les phrases avec les mots de la case.

1 Le métro, c'est pratique et ce n'est pas …
2 Il y a environ trois cents …
3 Le RER est comme le métro, mais plus …
4 Pour aller à l'aéroport ou à Disneyland Paris, prenez le …
5 Le nom de la station à la fin d'une … indique la direction du train.
6 Il y a …, alors on peut faire un long voyage pour le même prix qu'un court voyage.
7 Il est plus économique d'acheter un carnet de … tickets.
8 Pour aller du métro à une gare SNCF, on prend une …

**a** rapide
**b** dix
**c** ligne
**d** cher
**e** stations de métro
**f** correspondance
**g** un tarif unique
**h** RER

## 2 C'est quel panneau?

Choisis le bon panneau. Attention! Il y a plus de panneaux que de phrases.

**Exemple: 1** *C*

1 Tu veux prendre le métro.
2 Tu veux acheter un carnet ou un ticket.
3 Tu veux prendre la direction La Défense.
4 Tu veux changer de ligne.
5 Tu veux prendre un train de la SNCF.
6 Tu veux quitter le métro.

A DIRECTION → (M) (1) LA DÉFENSE

B SORTIE AÉROGARE DES INVALIDES

C MÉTRO

D BILLETS

E SNCF

F ← CORRESPONDANCE BALARD – CRÉTEIL

G RER

**Stratégies**

The French transport system can sometimes be affected by a strike (**la grève**), so watch out for notices about that. The word **grève** also refers to a beach or river bank – see if you can find the connection with not working.

## 3 Le sais-tu?

Complète le texte. Choisis les mots de la case, puis écoute pour vérifier.

- Le métro est devenu un des …**(1)**… de Paris.
- On a commencé à discuter du projet du métro …**(2)**… au milieu du 19ᵉ siècle parce qu'il y avait trop de …**(3)**… dans les rues.
- On a ouvert la …**(4)**… ligne environ 50 ans plus …**(5)**… en 1900.
- Les …**(6)**… de métro ont des noms de personnes …**(7)**… et de lieux historiques ou importants.
- Certaines stations 'culturelles' ont un …**(8)**… particulièrement original; par exemple, Louvre-Rivoli a des copies de …**(9)**… du musée du Louvre.
- Au début de la Seconde …**(10)**… mondiale, on a fermé la plupart des stations.
- Le métro de Paris a quelques 'stations fantômes' – ce sont des stations …**(11)**… au public. Elles sont un peu …**(12)**…! Pour deux de ces stations, il est impossible d'entrer de la rue.

| |
|---|
| célèbres |
| chefs-d'œuvre |
| circulation |
| fermées |
| Guerre |
| mystérieuses |
| parisien |
| première |
| stations |
| style |
| symboles |
| tard |

## 4 Le voleur du métro

Lis les articles et fais les activités.

### Attaque du matin

Hier matin, vers 6h, un homme masqué a attaqué un facteur près de la bouche de métro à Passy. Il a volé le sac du facteur et s'est échappé dans le métro. 'C'est sans doute le mystérieux voleur du métro,' a dit l'inspecteur de police du quartier.

### Un voleur qui aime les fleurs?

Hier matin, vers 9h, une vendeuse de fleurs près de la bouche de métro à Charles de Gaulle-Étoile, a été victime d'une attaque. Un homme lui a acheté un gros bouquet de roses rouges, puis, tout à coup, il a saisi son argent et a disparu dans le métro – avec les roses! On soupçonne le 'voleur du métro'.

### C'est encore le 'voleur du métro'?

Hier, à midi, tout près d'une bouche de métro à Châtelet, un homme a volé de l'argent à une vendeuse de journaux. L'homme s'est approché du kiosque, a acheté *France-Soir*, puis il a volé la caisse qui était sur le comptoir. Comme il s'est échappé dans le métro, on pense que c'est encore le 'voleur du métro'.

### Le voleur du métro, est-ce qu'il va gagner à la Loterie?

Hier après-midi, vers 15h30, un monsieur inconnu s'est présenté devant le kiosque d'un vendeur de billets de la Loterie Nationale, place de la République. Il a acheté deux billets, puis, soudain, il a saisi au moins cent billets de loterie et des billets de 50 euros. Comme il est entré tout de suite dans le métro, on pense que c'est encore le 'voleur du métro'.

> la bouche = l'entrée/la sortie
> soupçonner – *to suspect*

**a** Trouve le français.

**Exemple: 1** *un homme masqué*

1 a masked man
2 the metro entrance
3 mysterious
4 victim of an attack
5 a big bunch of roses
6 he seized
7 an unknown man
8 the National Lottery

**b** C'est vrai (**V**) ou faux (**F**)?

**Exemple: 1** *F*

1 Le voleur du métro a attaqué un inspecteur de police à Passy.
2 À Charles de Gaulle-Étoile, il a acheté des fleurs.
3 Il s'est échappé dans le métro avec une vendeuse de fleurs.
4 À Châtelet, il a demandé le journal *France-Soir*.
5 Il est descendu dans le métro avec la caisse de la pauvre vendeuse.
6 À République, il a gagné à la Loterie Nationale.

**c** Écoute l'extrait des actualités et complète ce résumé.

Le …**(1)**… du métro est très …**(2)**… . Hier, à sept heures du …**(3)**…, il a volé …**(4)**… à la gare du Nord et, plus tard, vers …**(5)**… du soir, il a volé …**(6)**… dans un cabaret à …**(7)**… . Chaque fois, …**(8)**… le vol, il …**(9)**… dans le …**(10)**… .

Voici le portrait-robot du voleur du métro. Si vous avez vu cet homme, téléphonez tout de suite à la police.

## 5 À toi!

**a** Travaillez à deux. Regardez un plan du métro et décrivez un voyage. Posez des questions et répondez à tour de rôle.

- Tu es entré(e) où?
- Tu es sorti(e) où?
- Qu'est-ce que tu as fait?
- Tu es rentré(e) à quelle station?

**b** Écris tes réponses aux questions.

- *describe a recent event*
- *give opinions*

## 1 Une journée à la Cité des sciences

Écoute la conversation. Dans quel ordre ont-ils fait ces activités?

**Exemple: *h*, …**

a Nous avons regardé un film à la Géode.
b Nous avons déjeuné au café Croq'Cité.
c Nous sommes entrés dans le sous-marin.
d Nous sommes descendus dans le jardin.
e Nous avons fait des expériences avec l'eau.
f Nous avons acheté des cartes postales.
g Nous sommes allés au Planétarium.
h Nous sommes montés dans la grande salle 'Explora'.
i Nous avons écouté des sons et de la musique.
j Nous avons visité l'exposition 'Jeux de lumière'.

La Cité des sciences

La Géode

L'Argonaute

**Dossier-langue** **Grammaire p149**

### Asking and answering questions in the perfect tense

You have met many ways of asking questions in the perfect tense:

- change the tone of your voice: *Tu as fini tes devoirs?*
- add *Est-ce que …*: *Est-ce que tu as fini tes devoirs?*
- turn the auxiliary verb round and add a hyphen (-):
  *As-tu fini tes devoirs? Et Nadège, a-t-elle fini ses devoirs? Es-tu sorti(e) hier soir?*

  (Why is there an extra *-t* when you turn round *il a* or *elle a*?)
- use a question word: *Qui a fini ses devoirs? Quand as-tu fini tes devoirs?*

Look back in this unit and find examples of each type.

To answer that you **haven't** done something, where do you put *ne/n'… pas*? Work it out from these examples:

*Je n'ai pas fini mes devoirs. Je ne suis pas sorti(e).*

Now make these sentences negative.

1 *J'ai visité le musée.*
2 *Nous sommes allés à la tour Eiffel.*
3 *Elles sont entrées dans le café.*
4 *Il a regardé le film.*

## 2 Que pensez-vous de la Cité des sciences?

On a posé cette question aux visiteurs de La Villette. Voilà une sélection des réponses. C'est une opinion positive (✓) ou négative (✗)?

**Exemple: 1 ✓**

1 La Cité des sciences, je la trouve très intéressante.
2 Je n'aime pas tellement La Villette. Il y a trop de monde.
3 Moi, j'aime surtout l'exposition 'Océan'.
4 Je déteste l'architecture: c'est bizarre.
5 Moi, je suis venu avec ma famille, mais j'ai horreur des musées. C'est fatigant.
6 J'aime bien ce centre scientifique et technique. C'est très animé.
7 Je m'intéresse beaucoup à l'espace, alors je suis surtout venu pour les expositions 'Espace' et 'Étoiles et galaxies' – je les trouve excellentes.
8 La Géode, c'est bien. J'adore regarder les films sur l'immense écran.
9 Moi, je trouve que la Géode est très chère.

## 3 À toi!

**a** Travaillez à deux. Posez des questions et répondez à tour de rôle pour décrire une visite récente (vraie ou imaginaire).

**Exemple:** **A** C'était quand, la visite?

**B** C'était le mois dernier.

**A** Qu'est-ce que vous avez fait?

**B** Nous sommes allés au château de Versailles.

**b** Écris la description d'une visite. Pour t'aider, change les mots en couleur.

**Exemple:**

### Un voyage scolaire à Versailles

Le mois dernier, je suis allé(e) au château de Versailles avec ma classe. Nous avons voyagé en RER.

Le château de Versailles est un monument historique très célèbre avec des jardins magnifiques. Nous avons visité le château. Nous avons vu des peintures et des sculptures. Puis nous avons visité les jardins.

Pour le déjeuner, nous avons fait un pique-nique. Nous sommes restés là-bas toute la journée. Nous sommes rentrés au collège à 16 heures. C'était intéressant, mais un peu long.

---

**C'était quand?**

le mois dernier

la semaine dernière

mercredi / samedi / dimanche dernier

pendant les vacances, etc.

---

**Où êtes-vous allés?**

la Tour de Londres

HMS Victory

le musée des Sciences

le château d'Édimbourg, etc.

---

**Avec qui?**

avec ma classe

mes ami(e)s

mes parents

ma famille, etc.

---

**Comment avez-vous voyagé?**

en car

en train

en bus

en métro

en bateau, etc.

---

**Description**

la Tour de Londres est un monument historique très célèbre …

HMS Victory est un très vieux bateau …, etc.

---

**Qu'est-ce que vous avez fait?**

nous avons visité …

nous avons vu …

---

**Qu'est-ce que vous avez fait pour le déjeuner?**

nous avons fait un pique-nique

nous sommes allés au café

à la cantine, etc.

---

**Pour combien de temps?**

le matin

l'après-midi

toute la journée

pendant deux / trois heures, etc.

---

**C'était comment, la visite?**

| C'était | très | bien / amusant. |
| J'ai trouvé ça | assez | intéressant / fascinant. |
| | | fatigant / ennuyeux. |
| | magnifique / fantastique. | |
| | génial / extra. | |
| | super / excellent / marrant. | |
| | affreux / horrible / nul. | |
| J'ai bien aimé … | | |
| Je n'ai pas aimé … | | |

---

**Stratégies**

Always be ready to give opinions, saying why you do or do not like something. Use phrases like *à mon avis, …*; *je trouve que …*; *je pense que …*; *j'aime / je n'aime pas …*; *ça (ne) m'intéresse (pas)* and give reasons with connectives such as *parce que* and *car*.

### Les images

Choisis une image et réponds aux questions.

Qu'est-ce qu'on voit sur la photo?

Tu aimes le style du décor? Pourquoi?

Pourquoi les visiteurs aiment monter sur la tour Eiffel?

Qu'est-ce qu'on peut voir de la tour?

C'est quel fleuve?

Quels monuments parisiens sont près de ce fleuve?

Qu'est-ce qu'on voit sur le fleuve?

Comment s'appelle la structure qu'on prend pour traverser un fleuve?

### Le Web et toi

Choisis A, B ou C.

**A** Trouve un site sur un monument parisien.
Note des renseignements sur une fiche.

**Exemple:** La tour Eiffel (www.tour-eiffel.fr)

Construit en 1889

Hauteur: …

Nombre de visiteurs: … etc.

Essaie de trouver des informations un peu extraordinaires, par exemple des événements sportifs, artistiques ou bien un peu idiots qui ont eu lieu à ce monument!

**B** Trouve le site de la RATP ou un site qui explique l'histoire du métro.

• Choisis une ligne et trouve des lieux intéressants à visiter sur cette ligne.

• Recherche le prix des tickets.

• Choisis quelques stations et recherche leur nom.

**Exemple:** Franklin D. Roosevelt – En 1946, cette station a pris le nom du célèbre président des États-Unis.

**C** Trouve le site de Choco-Story. Recherche l'histoire du chocolat.

• Qui a découvert le chocolat? Dans quel pays?

• Qui l'a introduit en Europe?

• Quels sont les ingrédients principaux du chocolat?

# Sommaire

## Now I can ...

### ■ talk about places in a town or city

| | |
|---|---|
| Notre-Dame, c'est une cathédrale. | Notre-Dame is a cathedral. |
| Le Louvre, c'est un musée. | The Louvre is a museum. |
| au milieu de | in the middle of |
| une avenue | avenue |
| une cathédrale | cathedral |
| célèbre | famous |
| un centre commercial | shopping centre |
| une colline | hill |
| une église | church |
| un fleuve | river (flowing into the sea) |
| un funiculaire | funicular railway |
| un grand magasin | department store |
| une île | island |
| un jardin public | public gardens, park |
| un marché | market |
| un monument | monument |
| un musée | museum |
| une place | square |
| un quartier | district |
| situé(e) | situated |
| se trouver | to be situated |

### ■ understand information in tourist materials

| | |
|---|---|
| ouvert(e) | open |
| fermé(e) | closed |
| sauf (sf) | except |
| tous les jours (tlj) | every day |
| un jour férié | public holiday |

### ■ say what the weather was like

| | |
|---|---|
| il a fait beau | it was fine |
| chaud | hot |
| froid | cold |
| mauvais | bad (weather) |
| il y a eu du soleil | it was sunny |
| du brouillard | foggy |
| du vent | windy |
| il a plu | it rained |
| il a neigé | it snowed |

### ■ travel by metro

| | |
|---|---|
| Pour la tour Eiffel, c'est quelle station? | What station is it for the Eiffel Tower? |
| Pour Bir-Hakeim, c'est quelle direction? | What direction is it for Bir-Hakeim? |
| Est-ce qu'il faut changer? | Do I have to change? |
| Prenez la direction Pont de Sèvres ... | Go towards Pont de Sèvres ... |
| puis changez à Trocadéro et prenez la direction Nation. | then change at Trocadéro and follow signs for Nation. |
| Excusez-moi, je descends ici. | Excuse me, I'm getting off here. |
| Direction Nation, c'est par où, s'il vous plaît? | Where do I get the train for Nation? |
| C'est par là, où vous voyez 'Correspondance'. | Over there, where it says 'Connections'. |

| | |
|---|---|
| un carnet | book of tickets |
| un panneau | sign |
| la sortie | exit |
| la station de correspondance | interchange, connecting station |
| une station de métro | metro station |
| un tarif unique | flat-rate fare |
| un ticket | ticket |

### ■ describe what I did, etc. using the perfect tense with avoir

| | |
|---|---|
| J'ai visité ... | I visited ... |
| On a pris ... | We took ... |
| Nous avons vu ... | We saw ... (see also page 27) |

with être

| | |
|---|---|
| Je suis allé(e) à ... | I went to ... (see also page 28) |

### ■ use expressions of past time (see Vocabulaire et expressions utiles page 142 section 5)

### ■ talk or write about a place I have visited recently (see also page 33)

| | |
|---|---|
| Hier / Samedi / La semaine dernière, | Yesterday / On Saturday / Last week |
| On a visité ... | We visited ... |
| On a voyagé en ... | We travelled by ... |
| L'après-midi, on ... | In the afternoon we ... |
| Nous sommes restés là tout l'après-midi. | We stayed there all afternoon. |
| C'était (très / assez / pas) ... bien / intéressant / amusant / ennuyeux / fatigant / génial / affreux / horrible / nul | It was (very / quite / not) ... good / interesting / enjoyable / boring / tiring / great / terrible / awful / rubbish |
| Nous sommes rentrés à ... | We came back at ... |
| J'ai horreur de ... / Je déteste ... | I hate ... |

### ■ ask and answer questions about what I did or what happened (see also page 32 and Grammaire, page 149)

| | |
|---|---|
| As-tu passé un bon week-end? | Did you have a good weekend? |
| Où es-tu allé(e)? | Where did you go? |
| Je suis allé(e) ... | I went ... |
| Qu'est-ce que tu as fait? | What did you do? |
| Tu as aimé? | Did you like / enjoy it? |
| Oui / Non, c'était ... | Yes / No, it was ... |
| Pierre, a-t-il visité le Louvre? | Has Pierre visited the Louvre? |

### ■ use the perfect tense in the negative (see also page 32)

| | |
|---|---|
| Je n'ai pas pas visité le Louvre. | I didn't visit the Louvre. |
| Nous ne sommes pas rentrés avant minuit. | We didn't get back before midnight. |
| Qu'est-ce que tu n'as pas aimé? | What didn't you like? |

## Les sports d'hiver

### Le ski

- En Norvège on a trouvé des gravures anciennes qui montrent des personnes qui portent des planches très longues et un seul bâton. Évidemment, les hommes préhistoriques ont inventé le ski – sans doute, pour les aider à attraper leur nourriture.
- En norvégien, le mot 'ski' veut dire 'bûche'*. Autrefois les skis étaient faits en bois, mais maintenant on utilise des produits artificiels, comme le plastique.
- Le ski moderne, pratiqué pour le plaisir, est né au début du 20$^e$ siècle quand on a construit les premières remontées mécaniques. Maintenant le ski est devenu très populaire dans le monde entier.
- Il y a le ski alpin (quand on descend les pentes en vitesse) et le ski de fond quand on fait une promenade à ski.

### Les classes de neige

- Dans certaines écoles et collèges en France on organise des classes de neige.
- Un groupe d'élèves part à la montagne avec leurs professeurs pour une période de une à deux semaines. Les élèves passent une partie de la journée à faire du ski et l'autre à suivre les cours habituels.

### Le snowboard

- Le snowboard est né dans les années soixante aux États-Unis.
- Plusieurs autres sports ont influencé ce nouveau sport, notamment le surf, le skate et le ski .
- De plus en plus populaire dans les années 1990, le snowboard est devenu un sport olympique aux Jeux Olympiques de 1998.

## Un sport d'été

### Le tennis

- Le mot 'tennis' vient du verbe français 'tenez'.
- L'origine du jeu moderne était le jeu de paume, joué en France avec la paume de la main et une balle.
- Le Grand Chelem* réunit les quatre tournois les plus importants du monde. Ils sont:
  - L'Open d'Australie qui a lieu en janvier à Melbourne sur un terrain dur.
  - Le tournoi de Roland Garros qui a lieu en mai-juin à Paris sur un terrain de terre battue.
  - Le tournoi de Wimbledon (le plus célèbre du monde) qui a lieu en juin-juillet à Londres sur un terrain en gazon.
  - Le tournoi de Flushing Meadow qui a lieu en août-septembre à New York, aux États-Unis, sur un terrain dur.

## 1 Tu as bien compris?

Réponds en anglais.

**a** Le ski

1 In which country were ancient cave carvings found, showing some early skiers?
2 What is the original meaning of the word 'ski'?
3 What were the first skis made of?
4 What invention, in the early 1900s, led to skiing becoming a modern sport?

**b** Le snowboard

1 In which country did snowboarding begin?
2 Besides skiing, which other sports influenced snowboarding?
3 What was a significant change in the importance of snowboarding in 1998?

**c** Le tennis

1 In the early days of tennis what was used to hit the ball?
2 Which is the only Grand Slam tennis tournament played on grass?
3 In which countries are the first and last Grand Slam tennis tournaments played?

(une) bûche – *log*   (une bûche de Noël – *a chocolate yule log*)   Le Grand Chelem – *The Grand Slam*

# La tradition de la bande dessinée

Presque tout le monde connaît Tintin et Astérix. Ce sont les personnages principaux du genre 'BD' dans les pays francophones, mais ce ne sont pas les seuls.

## C'est quoi exactement, une BD?

C'est une histoire en images, avec le texte dans des bulles. Les BD sont imprimées dans un journal ou sous forme d'albums.

## Quelles sont les origines de la BD?

C'est peut-être dans les grottes de Lascaux que le genre a commencé, ou bien en Égypte. La tapisserie de Bayeux (1077) est un bon exemple d'une histoire en images avec un texte pour commentaire.

## Qui a créé Tintin?

Le 10 janvier 1929, dans un journal à Bruxelles en Belgique, Hergé a commencé la publication des aventures du jeune reporter Tintin et de son chien Milou.

© Hergé/Moulinsart 2011

- Hergé est le pseudonyme de Georges Remi – ce sont ses initiales inversées: RG.
- Il a publié 23 histoires de Tintin avant sa mort en 1983.

## Et Astérix?

Astérix, Obélix et leurs amis Gaulois sont la création de deux Français: René Goscinny a écrit les scénarios, Albert Uderzo a fait les dessins. Astérix est né en 1956 et il est devenu un succès énorme.

- Il y a plus de trente volumes d'Astérix.
- On a vendu plus de 300 millions d'albums.
- On peut lire Astérix en environ 80 langues ou dialectes.

## Quelles sont les autres BD?

Il y a un grand nombre de BD francophones. Voici quelques personnages classiques et toujours très populaires:

- Morris (encore un Belge) a créé en 1947 le cow-boy Lucky Luke

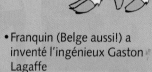

- Franquin (Belge aussi!) a inventé l'ingénieux Gaston Lagaffe

© Marsu 2011 by Franquin www.gastonlagaffe.com

- Peyo a inventé les fameux Schtroumpfs en 1958

Le genre BD continue et il y a toujours de nouveaux auteurs, de nouvelles bandes dessinées à lire. Amusez-vous bien!

Les Schtroumpfs, ©Peyo 2011, Licence IMPS (Bruxelles)

- On peut visiter des musées de la bande dessinée à Angoulême et à Bruxelles.
- Il y a un festival de la bande dessinée chaque année à Angoulême.

## 2  C'est quel nom?

Cherche les noms dans le texte.

1 Ici, il y a une vieille tapisserie célèbre.
2 Ici, on trouve des dessins préhistoriques.
3 Son vrai nom est Georges Rémi.
4 C'est le chien de Tintin.
5 Une ville française où on fête la BD.
6 Ce Français a dessiné Astérix.
7 Un héros de BD qui habite dans l'ouest de l'Amérique.
8 Trois auteurs belges – Hergé, Morris et …
9 Ce jeune homme fait des 'gaffes' – des calamités.
10 Des personnages bleus de BD, inventés par Peyo.

## 1 Mes loisirs

Écoute et lis les textes. C'est quelle image?

Exemple: 1 *E*

### 1 Rémi

Ma passion, c'est le rugby. Il y a trois ans, mon père était dans l'équipe de Lille et toute la famille le regardait jouer chaque semaine. C'était fantastique. Maintenant, c'est moi qui joue chaque semaine dans un club et mon père est l'entraîneur. Je rêve de jouer un jour dans l'équipe de France.

### 2 Karima

Je m'intéresse à la musique. J'écoute surtout de la musique pop, mais j'aime aussi la musique classique de Debussy et de Beethoven. Je fais partie d'un groupe au club des jeunes – je joue de la guitare électrique et du clavier – et chaque samedi soir, on répète ensemble. À Noël, on a fait un grand concert au club. C'était super!

### 3 Paméla

Moi, j'adore les ordinateurs et les jeux vidéo. J'ai tous les derniers jeux et je joue souvent avec mes amis ou je m'amuse seule. Quelquefois, je joue sur Internet avec une amie en Guadeloupe. Ça, c'est intéressant. S'il y a un bon film, j'aime aller au cinéma avec mes copains. J'aime les feuilletons à la télé et j'adore les films! En plus, je lis chaque semaine des magazines.

### 4 Raj

Quand j'avais 10 ans, mes parents m'ont donné un appareil photo. C'était un appareil très simple, mais je faisais souvent de bonnes photos et cet été, j'ai gagné un concours avec une photo de mon chien. Le prix, un nouvel appareil numérique! J'étais ravi! Maintenant, je fais des photos tous les jours et je sauvegarde les bonnes. C'est mon journal en images.

### 5 Estelle

La natation seule est assez ennuyeuse, alors j'ai décidé d'essayer le pentathlon. Je fais cinq sports: le tir au pistolet, l'escrime, la natation, l'équitation et la course à pied! Être pentathlète, c'est dur, mais c'est très varié et j'adore ça. Je m'entraîne régulièrement et un jour, j'espère participer aux Jeux Olympiques.

### 6 Julien

On dit que la danse, c'est seulement pour les filles. Moi aussi, je pensais ça, mais ce n'est pas vrai! Je fais de la danse moderne deux fois par semaine et, le week-end, il y a quelquefois des concours. C'est fatigant, c'est une vraie activité sportive, c'est amusant – et en plus, on est entouré de filles! Alors, les garçons, ne tardez pas!

## 2 Trouve le français

Relis les textes et trouve ces expressions en français.

**Exemple: 1** *il y a trois ans*

1 three years ago
2 every week
3 I dream of playing
4 we rehearse together
5 It was great!
6 the latest games
7 when I was 10
8 a new digital camera
9 every day
10 it's hard
11 I hope to take part
12 twice a week

## 3 Vrai ou faux?

Lis les textes. C'est vrai (**V**), faux (**F**) ou pas mentionné (**PM**)?

**Exemple: 1** *F*

1 Rémi joue chaque semaine pour l'équipe de rugby de Lille.
2 Le groupe de Karima joue le samedi soir.
3 Quand elle était petite, Paméla habitait en Guadeloupe.
4 Paméla ne s'intéresse pas aux magazines.
5 Raj était content de gagner un appareil numérique.
6 Estelle s'entraîne trois fois par semaine.
7 Selon Julien, la danse est une activité uniquement pour les filles.
8 Julien a des concours de danse tous les week-ends.

**selon – *according to***

## 4 Des phrases

**a** Trouve les paires pour faire des phrases.

**Exemple: 1** *c*

**b** Qui parle à chaque fois?

**Exemple: 1** *Paméla*

| | |
|---|---|
| 1 Je fais souvent des | a semaine dans un club. |
| 2 Je prends des | b cinq sports régulièrement. |
| 3 Je fais de la | c jeux avec des amis. |
| 4 Je joue chaque | d on joue ensemble. |
| 5 Chaque samedi soir, | e danse deux fois par semaine. |
| 6 Je m'entraîne en | f photos tous les jours. |

## 5 À toi!

**a** Travaillez à deux. Posez ces trois questions et répondez à tour de rôle.

**Exemple: A** Quels sont tes loisirs?
**B** Je joue au basket.
**A** Tu fais ça souvent?
**B** Tous les mardis après les cours.
**A** Pourquoi est-ce que tu aimes ça?
**B** J'adore ça parce que … (etc.)

**b** Réponds aux questions pour écrire un paragraphe sur tes loisirs.

**Exemple: Tous les mardis après les cours, je joue au basket. J'adore ça parce que c'est un bon exercice physique et ça me détend. (etc.)**

## Pour t'aider

| Je joue | au rugby, etc.<br>du clavier, etc.<br>de la guitare, etc.<br>sur l'ordinateur | chaque jour /<br>lundi<br>chaque semaine /<br>mois / année | régulièrement<br>tous les jours<br>tous les lundis /<br>mardis, etc.<br>souvent |
|---|---|---|---|
| Je regarde | des films, etc. | | |
| J'écoute | de la musique | | |
| Je fais | du sport<br>de la photo, etc. | une / deux fois | par jour /<br>semaine /<br>mois / an |
| Je m'entraîne<br>Je danse<br>Je répète | | le samedi | matin<br>après-midi<br>soir |
| C'est<br>Ce n'est pas | fantastique / super / sympa<br>rigolo / amusant<br>dur / facile / sportif<br>très varié / intéressant<br>ennuyeux / barbant / casse-pieds (*boring*)<br>nul<br>sensass / génial / excellent<br>passionnant | | |
| Ça me détend (*It relaxes me*) | | | |

**Stratégies**

Expressions of time and frequency can be added into sentences to make it clear when or how often you do something.

Look at the phrases in **Pour t'aider** and try to use them often, regularly, every day …

You can also use ***avant*** (before) and ***après*** (after) with nouns, e.g. ***avant le petit déjeuner*** ***après les cours***.

# C'est mon rêve

**Camille rêve de devenir actrice internationale.**

"J'adore le théâtre, ça me passionne vraiment. C'est mon rêve d'être comédienne célèbre. Quand j'étais petite, j'aimais faire du théâtre avec mes amis. J'ai commencé quand j'avais 7 ans, je suis allée à un club de théâtre avec une copine. C'était super! J'y vais toujours. Quelquefois, il y a des auditions et j'ai déjà joué dans un drame à la télé; j'ai dit deux mots! Même pour les stars, le début est difficile!"

**Le rêve de Fabien est de participer aux Jeux Olympiques.**

"Quand j'avais 5 ans, j'ai reçu des rollers. J'avais un bon sens de l'équilibre et j'ai appris très vite. Un an plus tard, j'ai essayé le patinage sur glace et c'était très facile pour moi. J'étais passionné de patinage. Maintenant, je m'entraîne à la patinoire chaque matin avant le collège et je participe souvent à des concours de patinage. Le week-end dernier, j'étais en Suède et en mai, il y a eu un concours important à Moscou. Ça, c'était vraiment passionnant!"

## 1 C'est mon rêve

Lis l'article. C'est vrai (**V**) ou faux (**F**)?

**Exemple: 1 F**

1 Camille est très célèbre maintenant.
2 Elle est passionnée de théâtre.
3 À l'âge de 7 ans, elle faisait du théâtre dans un club.
4 Elle n'est jamais passée à la télé.
5 On a donné des rollers à Fabien quand il était jeune.
6 Il a commencé à faire du patinage quand il avait 7 ans.
7 Le matin avant l'école, il fait du roller.
8 Il a participé à des concours internationaux.

## 2 Trouve le français

Relis l'article et trouve ces expressions en français.

1 a famous actress
2 when I was little
3 a drama club
4 the start is difficult
5 when I was five
6 one year later
7 I was really interested in skating
8 there was a competition

## Stratégies

A *faux ami* is a French word that looks like an English word but doesn't mean the same. *Comédienne* is one of those words; it simply means 'actress' and is another way of saying *actrice* (which is a 'cognate', a word that looks similar to an English word and means the same).

How many other *faux amis* can you think of? (For example, think of the French for 'coach', 'crisps', 'reading', etc.)

Dossier-langue    Grammaire p150

### The Imperfect tense

The imperfect (*l'imparfait*) is a past tense. It is used to describe what someone or something was like and to say what someone used to do.

What endings do the imperfect tense verbs have in the singular?

Sur la photo, j'avais 7 ans et toi, Luc, tu avais 9 ans. Mon chat s'appelait Minou.

## 3 Quand j'étais petit

**a** Écoute le grand-père de Marie. Mets les images dans le bon ordre.

**Exemple:** *C*, …

A

Les 24-heures du Mans

B

C

D

Ma première voiture

E

**b** Trouve les paires.

**Exemple: 1 *c***

| | |
|---|---|
| 1 Quand j'étais petit, | a devenir pilote de course. |
| 2 J'étais assez grand | b s'appelait Philippe. |
| 3 J'aimais faire | c j'habitais au Mans. |
| 4 Mon meilleur ami | d pas une voiture de course. |
| 5 Je regardais chaque année | e pour mon âge. |
| 6 C'était mon rêve de | f avais une voiture. |
| 7 Dans les années soixante, j' | g les 24-heures du Mans. |
| 8 Ma première voiture n'était | h du vélo. |

## 4 Mon enfance

Complète les verbes à l'imparfait.

**Exemple: 1 *étais***

– Quand j'ét… (**1**) petite, j'habit… (**2**) avec mes grands-parents.
– Tu habit… (**3**) où?
– Dans un petit village, mais j'all… (**4**) à l'école à Évreux.
– Tu ét… (**5**) comment quand tu av… (**6**) six ans?
– J'av… (**7**) les cheveux blonds et j'ét… (**8**) très petite.

 ## 5 À toi!

**a** Travaillez à deux. Posez les questions et répondez à tour de rôle.

■ Tu habitais où quand tu avais 7 ans?
■ Tu allais à quelle école?
■ Qu'est-ce que tu aimais faire quand tu étais petit(e)? (*j'aimais … / je jouais … / je faisais … / j'allais …*)
■ Tu étais comment? (*j'étais grand(e) / petit(e) pour mon âge; j'avais les cheveux blonds*, etc.)

**b** Écris tes réponses aux questions.

- compare past and present
- use the imperfect tense (all parts)

### 1 Du Sénégal à la France

Jabu est sénégalaise. Il y a trois ans, elle a déménagé en France. Écoute son témoignage et mets les phrases dans l'ordre.

Exemple: *f* …

**a** Au collège, ça ne change pas beaucoup. Ici, nous commençons à 8 heures et demie; à Dakar, les cours commençaient à 8 heures et on y parlait français aussi.

**b** Dakar, où j'habitais avant, était une grande ville comme Lyon, mais Lyon est plus moderne.

**c** À la maison, nous mangeons comme au Sénégal, mais la nourriture à la cantine était bien différente à Dakar. Là-bas, on mangeait plus de plats épicés.

**d** Le jour du déménagement, j'étais très triste parce que je quittais tous mes amis.

**e** Mes passe-temps restent les mêmes. Au Sénégal aussi, je jouais au tennis et j'allais au cinéma.

**f** Ma mère avait un nouvel emploi à Lyon et nous allions y habiter.

**g** Et une grande différence: il fait assez beau à Lyon, mais il faisait très beau à Dakar!

**h** Maintenant, j'ai beaucoup de bons amis, mais au début, c'était difficile.

**i** À Dakar, il n'y avait pas de tramway et on voyait même des chevaux en ville.

**j** Au début, c'était très difficile et je voulais retourner au Sénégal, mais maintenant, ça va mieux.

### 2 Trouve le français

Relis le texte et trouve le français.

1 I was leaving all my friends
2 the weather was very nice
3 my mother had a new job
4 we used to eat more spicy dishes
5 we were going to live there
6 lessons used to begin

---

**Dossier-langue** **Grammaire p151**

In the text in activity 1 there are several verbs in the **imperfect tense**. From your answers to activity 2, pick out examples of most parts of the imperfect tense. Look at the endings and complete the table below for the imperfect of the verb *faire*.

| | | |
|---|---|---|
| *je* | *fais___* | I used to do, I was doing |
| *tu* | *fais<u>ais</u>* | |
| *il/elle/on* | *fais___* | |
| *nous* | *fais___* | |
| *vous* | *fais<u>iez</u>* | |
| *ils/elles* | *fais___* | |

These endings are the same for **all** verbs.

The first part of the verb is called the **stem**. All verbs (except one) form the stem in the same way:

- take the **nous** part of the present tense, e.g. **nous faisons**
- remove the **-ons** ending, e.g. (nous) **fais~~ons~~**
- add on the imperfect endings: *je* **fais<u>ais</u>**, etc.

The only exception is *être*. This has *ét-* as its stem (*j'étais*, etc.).

## 3 Ma vie au Tchad

*Mayanar va au lycée en France, mais à l'âge de 13 ans, elle vivait avec sa mère et sa grand-mère dans un camp de réfugiés au Tchad. Écoute son témoignage, puis complète les phrases avec la bonne forme des verbes à l'imparfait.*

Normalement à quatre heures du matin, j'**all…** (**1**) à l'école coranique. Après ça, je **rentr…** (**2**) à la maison, je **fais…** (**3**) du feu pour préparer le thé et la boule (un plat de pain accompagné de sauce, traditionnel au Tchad). Je **réveill…** (**4**) mes deux frères et nous **all…** (**5**) à l'école du camp. Les cours **commenç…** (**6**) à sept heures. Avant l'entrée en classe, les élèves **nettoy…** (**7**) tous ensemble la cour de l'école. On **appren…** (**8**) les mathématiques, l'éducation à l'environnement, la géographie et la langue arabe.

On **retourn…** (**9**) à la maison pour le petit déjeuner (la boule) entre 9 et 10 heures. Il **fais…** (**10**) très chaud, alors à midi, je **fais…** (**11**) une courte sieste (mais il n'y **av…** (**12**) pas de déjeuner), puis j'**all…** (**13**) chercher de l'eau pour ma mère. Ensuite, je **fais…** (**14**) mes devoirs. Le deuxième et dernier repas de la journée (encore la boule) **ét…** (**15**) à six heures du soir et puis il y **av…** (**16**) une heure d'enseignement coranique. Ma longue journée **finiss…** (**17**) à 10 heures du soir.

J'ai de la chance d'aller à l'école. Mon rêve, c'est de devenir médecin et de retourner dans mon pays d'origine.

## 4 Tu as changé d'école

a On te pose des questions sur ta dernière école. Complète les questions et prépare tes réponses. (Tu peux parler de ton école primaire ou d'une école imaginaire.)

**Exemple: 1** *Tu étais à quelle école?*

1 Tu ét… à quelle école? (*J'étais à …*)
2 C'ét… une école mixte? (*C'était …*)
3 Est-ce que tu aim… ton ancienne école? (*Oui, j'aimais … / Non, je n'aimais pas …*)
4 Vous ét… combien d'élèves dans ta classe? (*Nous étions …*)
5 Qu'est-ce qu'on fais… comme sports? (*Nous faisions … / Nous jouions au …*)
6 Tu déjeun… au collège? (*Je déjeunais …*)
7 Tu voul… rester à ton école? (*Je voulais … / Je ne voulais pas …*)
8 Tu aim… quelles matières? (*J'aimais surtout …*)
9 Qu'est-ce que vous av… comme équipement – des ordinateurs, des laboratoires, etc.? (*Il y avait …*)

b Travaillez à deux. Posez les questions 1–9 et répondez à tour de rôle.

c Écris tes réponses aux questions.

■ *make comparisons*
■ *say how life has changed*

## 1 Ici, c'est différent

Écoute et lis les commentaires, puis complète les phrases avec des mots de la case.

> Au Tchad, il faisait …(1)… qu'en France. Moi, j'aimais la chaleur, mais en France les problèmes d'eau et de nourriture sont beaucoup …(2)… qu'au Tchad!
>
> J'aime la musique et le sport. Je trouve que les chanteurs français sont …(3)… que les chanteurs africains. Par contre, le foot et les équipes de foot sont …(4)… au Tchad qu'en France.

Mayanar

Jabu

> En France, ça ne change pas beaucoup au collège. Par exemple, la journée scolaire est …(5)… qu'au Sénégal. Mais mon prof de maths est …(6)… que le prof à Dakar; maintenant je suis …(7)… en maths et mes notes sont meilleures. Une chose m'étonne: les ordinateurs au collège sont …(8)… qu'au Sénégal – là-bas nous avions beaucoup plus d'ordinateurs dans les salles de classe.

| aussi longue | aussi populaires | moins importants |
| moins nombreux | plus forte | plus chaud |
| plus intéressant | plus populaires |

**Dossier-langue**   Grammaire p144

### The comparative

Look at activity 1 and find the words that you can use with an adjective or adverb to make comparisons (more … than, less … than, as … as).

> La tortue est plus rapide que le lièvre.

> Le lièvre est moins intelligent que la tortue.

> Les reporters sont aussi fatigués que les concurrents.

FIN

Look at the cartoon and the statements. Why do the adjectives sometimes have different endings?

Use the table to invent some more statements.

| le … | est | plus | rapide(s) | que … |
| la … | | moins | intelligent(e)(s) | |
| les … | sont | aussi | fatigué(e)(s) | |

Find a word meaning 'better' in the texts. Note that you don't need **plus** in front of it, but it still needs to agree with the noun.

## 2 Vrai ou faux?

Relis les commentaires de Mayanar et Jabu.
C'est vrai (**V**), faux (**F**) ou pas mentionné (**PM**)?

**Exemple: 1 *PM***

1 Mayanar est plus contente en France qu'au Tchad.
2 À son avis, la vie était plus difficile au Tchad.
3 La musique américaine est moins populaire au Tchad.
4 Jabu trouve les maths plus difficiles en France.
5 Ses amies françaises sont aussi fortes en maths qu'elle.
6 Les ordinateurs étaient plus nombreux dans son collège sénégalais.

## 3 Dakar et Lyon

Jabu parle de choses qui sont différentes maintenant.

**a** Choisis le bon mot pour compléter le texte.

**Exemple: 1** *grand*

Autrefois, nous habitions un petit appartement à Dakar et je partageais une chambre avec ma sœur. En revanche, j'habite un plus …(**1**)… appartement à Lyon.

Ma chambre était …(**2**)… grande que maintenant et je n'avais pas d'ordinateur dans ma chambre. Je suis plus …(**3**)… de ma chambre à Lyon.

Autrefois, on allait à l'école primaire. Elle était plus …(**4**)… que le collège à Dakar, mais elle était plus intéressante. Pourtant, je trouve que mon collège à Lyon est encore plus …(**5**)… .

À Dakar, le foot était très populaire et à Lyon c'est …(**6**)…: le foot est aussi populaire qu'à Dakar.

En France, je …(**7**)… au cinéma presque tous les week-ends, tandis qu'à Dakar, j'…(**8**)… très rarement au cinéma.

Quand j'étais petite, mes parents choisissaient mes vêtements. Cependant, maintenant, je peux choisir mes propres vêtements. Ils sont …(**9**)…, mais ils sont plus …(**10**)… qu'autrefois.

| allais | chers | contente | grand | intéressant | meilleurs | moins | pareil | petite | vais |
|---|---|---|---|---|---|---|---|---|---|

**b** Trouve le français.

**1** formerly
**2** on the other hand
**3** however (2 words)
**4** almost
**5** whereas / whilst

## 4 À toi!

**a** Travaillez à deux. Inventez des phrases à tour de rôle pour dire comment votre vie a changé depuis votre enfance. Dans le tableau, il y a des idées. N'oublie pas de compléter les verbes à l'imparfait.

**Exemple:** Maintenant, je vais au cinéma presque tous les week-ends, tandis que quand j'étais petit(e), j'allais très rarement au cinéma, par exemple pour fêter mon anniversaire.

**b** Écris quelques phrases pour décrire les changements dans ta vie.

## Pour t'aider

| Maintenant, … | | quand j'étais petit(e) … |
|---|---|---|
| ma maison est grande / petite, | | ma maison …**ait** plus / moins grande / petite. |
| je vais au cinéma presque tous les week-ends, | | j'…**ais** très rarement au cinéma. |
| nous habitons en ville, | | nous …**ions** dans un village. |
| pour les vacances, nous allons à l'étranger, | mais | nous …**ions** toujours au bord de la mer. |
| au collège, je fais … | alors que/qu' | à l'école primaire, je …**ais** … |
| les cours finissent à … heures d'habitude, | tandis que/qu' | les cours …**aient** à … heures. |
| les cours sont intéressants / ennuyeux / … | par contre, | les cours …**aient** plus / moins / aussi intéressants / ennuyeux / … |
| je choisis les émissions que je veux regarder à la télé, | en revanche, cependant, | mes parents …**aient** les émissions que je …**ais** regarder à la télé. |
| je sors avec mes copains, | pourtant, | nous …**ions** souvent en famille. |
| je suis rarement malade, | | j'…**ais** souvent malade. |
| je m'intéresse à/au/aux …, | | je m'…**ais** à/au/aux … |
| j'aime les légumes et le café, | | j'…**ais** les bonbons et la limonade. |

cependant; pourtant – *however*

par contre; d'autre part; en revanche – *on the other hand*

tandis que; alors que – *whereas, whilst*

■ *talk about TV, cinema and books*
■ *understand and give a short review (plot, opinion, etc.)*

# Vu et lu!

**Qu'est-ce que tu as vu? Qu'est-ce que tu as lu? Raconte-nous comment c'était!**

## ⊣ FILM

Je suis fana de Harry Potter et je connais tous les livres. Je les lisais déjà à l'âge de 9 ans, et les films étaient super aussi. Les personnages étaient exactement comme je les imaginais. C'était top!

Sika

J'adore le film *Avatar*! C'est un très bon film avec des effets visuels extraordinaires. L'histoire de la découverte du monde des Na'vi est assez simple, mais il y a des acteurs et des effets spéciaux au top. Un film à voir et revoir plusieurs fois.

Thomas

Moi, j'adore les dessins animés et je trouve que la série *Toy Story* représente les meilleurs films de ce genre. Ce n'est pas seulement pour les petits: j'ai toute la collection et je les regarde au moins quatre fois par an! Pour moi, la partie la plus drôle, c'est quand Buzz et les autres traversent la rue pour trouver Woody.

Jérôme

## ⊣ TÉLÉ

Quand j'étais petite, j'aimais les contes de fées, mais maintenant, j'ai 14 ans! Alors, attention aux vampires! *Journal d'un Vampire* est ma série préférée! J'aime regarder ces créatures aux dents longues! Si tu ne connais pas *Journal d'un Vampire*, tu n'es pas cool!

Laure

*Koh-Lanta* (TF1): on dit que c'est le jeu du moment! Les participants (huit femmes et huit hommes) vivent deux mois sur une île déserte, sous le regard des caméras. Eh bien, moi, je trouve que c'est ennuyeux! La vie des autres ne m'intéresse pas. C'est bien fait, mais c'est nul!

Khaled

## ⊣ LECTURE

Mon choix de livre: *Le miroir d'ambre* de Philip Pullman. Je connaissais déjà les deux premiers livres dans la trilogie *À la croisée des mondes* et je voulais savoir si Lyra et Will pouvaient sauver les mondes parallèles qui étaient menacés par des forces obscures! C'est un livre plein de sorcières et de drôles de personnages, et c'est vraiment super. Suspense, humour, aventure … tout y était.

Yannick

Si tu aimes les histoires classiques pleines de choses à discuter, tu dois lire *La ferme des animaux* de George Orwell. D'un côté, c'est l'histoire assez simple de quelques animaux (surtout du cochon Napoléon), mais d'un autre côté, c'est une parodie puissante de la Révolution russe … Malheureusement, moi, je n'aime pas ce genre d'histoire! Ce n'était pas du tout de mon goût.

Nadia

# 1 Au cinéma et à la télé

Lis les opinions des films et des émissions de télé, puis lis les phrases suivantes.
C'est vrai (**V**) ou faux (**F**)? Corrige les phrases qui sont fausses.

**1 a** Pour Sika, les personnages dans le film étaient meilleurs que dans le livre.
  **b** Elle a vu le film il y a neuf ans.
**2 a** Selon Thomas, *Avatar* était trop compliqué.
  **b** Il trouve que les effets spéciaux du film étaient nuls.
**3 a** Pour Jérôme, les ados sont trop âgés pour les dessins animés.
  **b** Il regarde souvent les films de *Toy Story*.
**4 a** Selon Laure, l'émission sur les vampires était bien.
  **b** Les vampires ont des dents plus longues que d'habitude.
**5 a** Selon Khaled, la vie des autres gens est très intéressante.
  **b** Il y avait 16 participants dans le jeu télévisé.

# 2 C'est qui?

Lis les textes de Yannick et Nadia (LECTURE).
Qui parle? Écris **Y** ou **N**.

**1** C'était une histoire classique.
**2** Les personnages principaux devaient sauver deux mondes.
**3** Le personnage principal était un cochon.
**4** L'auteur voulait critiquer la situation en Russie.
**5** J'ai adoré ce livre.
**6** Je n'aime pas ce genre de livre.

# 3 Une critique

J'ai lu *Je ne t'aime pas, Paulus* d'Agnès Desarthe. J'ai adoré l'humour de Julia, le personnage principal. Cette fille intelligente se trouvait moche et quand on lui a dit que Paulus Stern, le garçon le plus beau de la classe, était amoureux d'elle, elle a refusé fermement d'y croire. Mais, vrai ou pas vrai, elle pensait à Paulus tout le temps! C'est un roman plutôt féminin mais mon copain pouvait aussi s'identifier facilement à l'histoire. J'ai trouvé la fin un peu décevante; pourtant, je suis pressée de lire la suite: *Je ne t'aime toujours pas, Paulus*.

Lis la critique d'un livre, puis trouve le français.

**1** the main character
**2** the best looking boy
**3** in love with her
**4** a rather feminine novel
**5** a bit disappointing
**6** the sequel

# 4 Une présentation

Écris la description d'un film, d'une émission de télé ou d'un livre. Utilise des phrases de cette page. Donne des opinions.

## Pour t'aider

J'ai (bien) aimé / Je n'ai pas (tellement) aimé …
ce livre / ce film / cette émission
L'auteur / Le réalisateur / Le présentateur s'appelle …
C'est l'histoire de/d'…
Ça se passe … (où? quand?)
c'est/c'était super / top / passionnant / pas bien / (très) ennuyeux / nul, etc.
c'est/c'était (ce n'est/n'était pas) de mon goût.
j'ai détesté … / j'ai trouvé (que) …, etc.
le personnage principal / le héros / l'héroïne
(très) sympa / égoïste / (complètement) fou (folle) / idiot(e), décevant(e), etc.

## Stratégies

Tips for talking about films and books:
• use and adapt phrases you already know
• use a range of vocabulary and structures
• keep the ideas fairly simple but use connectives to make longer sentences (*mais, tandis que*, etc.)
• look at some online reviews for ideas (e.g. on www.amazon.fr) – but be careful not to copy other people's mistakes!

## 3F | Ils étaient célèbres
- use the imperfect and perfect tenses together
- learn about some famous French people

## 1 Des Français et des Françaises célèbres

Lis les descriptions et trouve la bonne personne.

**1**
Au début de sa carrière elle chantait dans les rues de Paris. À l'âge de 20 ans, elle était chanteuse de cabaret et, finalement, elle est devenue très connue en France et partout en Europe.

Son nom de scène veut dire 'moineau' – comme l'oiseau, elle était petite et chantait beaucoup. Deux de ses chansons très populaires sont *Je ne regrette rien* et *La vie en rose*.

**2**
Il était aviateur et sa vie était dominée par l'aviation. Il a eu beaucoup d'accidents et d'aventures en avion et il a disparu pendant une mission en 1944. Cependant, il est plus célèbre pour ses livres, où il raconte ses aventures et ses émotions de pilote.

Tous les enfants français connaissent *Le Petit Prince*, une espèce de conte de fées. C'est l'histoire d'un petit garçon qui vient d'une autre planète.

**3**
C'était son oncle, un docteur, qui lui a appris à faire des statues en cire. À l'âge de 17 ans, elle faisait déjà des statues de personnes célèbres. Elle vivait à l'époque de la Révolution française, une période très agitée.

En 1802, elle est partie pour la Grande-Bretagne avec son musée de cire. Au début, elle a fait le tour du pays avec son exposition de statues. Puis elle s'est installée à Londres. Depuis, le musée de cire, qui porte son nom, est devenu très grand et très populaire.

**4**
Il était officier de marine et il s'intéressait surtout à la plongée sous-marine. Avec un ami, il a réalisé un scaphandre autonome: le plongeur porte des bouteilles d'air sur son dos.

Il était surtout célèbre pour ses films documentaires sur la vie sous-marine. Plus tard, il a conduit des campagnes pour protéger l'environnement, par exemple l'Antarctique, et pour cette raison on l'a surnommé 'Capitaine Planète'.

**A**

**Jacques Cousteau (1910–1997)**

**B**

**Édith Piaf (1915–1963)**

**C**

**Antoine de Saint-Exupéry (1900–1944)**

**D**

**Marie Tussaud (1761–1850)**

## 2 Des questions

Réponds aux questions en anglais.

1 Is *un moineau* a bird or a mammal?
2 How would you translate the title of the song *Je ne regrette rien* into English?
3 What was Jacques Cousteau famous for? (Name three things.)
4 What kind of book is *Le Petit Prince*?
5 What event was taking place when Mme Tussaud was a young woman?

un scaphandre autonome – *aqualung*

## Dossier-langue Grammaire p151

You have learnt two tenses to talk about the past – the perfect tense (*passé composé*) and the imperfect tense (*imparfait*).

Which tense is used to talk about a single action in the past?

Which tense is used to say what something was like, what used to happen and what was happening?

This picture will help:

The imperfect is like the river: it describes what was going on. The perfect is like the bridges: it is used for the actions and events which happened and are completed.

Look at the texts about famous people and find:

3 verbs in the imperfect

3 verbs in the perfect with *avoir*

3 verbs in the perfect with *être*.

## 4 À toi!

**a** Travaillez à deux. Regardez les images de la vie d'Olivier. Parlez de la vie de cette star à tour de rôle. Inventez des renseignements supplémentaires si possible. Pour vous aider, répondez aux questions.

- Où est-ce qu'il habitait quand il avait 14 ans? (*appartement, Rouen*)
- C'était comment? Qu'est-ce qu'il faisait?
- Et maintenant, il habite où? C'est comment? (*plus / moins …*)
- Il a fait une audition à quel âge?
- On l'a aimé? Pourquoi? (*plus passionné, meilleur que les autres, moins sérieux, …*)
- Qui a gagné le concours? Elle était comment? (*meilleure? aussi bonne?*)
- Qui lui a offert un contrat?
- Comment sa vie a-t-elle changé? (*devenu plus célèbre / riche, déménagé à Paris / Nice / …, etc.*)

**b** Écris un résumé de la vie d'une star, de quelqu'un que tu admires ou d'un personnage de livre ou de film.

**Exemple:** Quand il avait 7 ans, [nom] habitait à Londres dans un petit appartement, mais sa vie a changé beaucoup.

Maintenant, il habite dans une plus grande maison en France. Autrefois, il avait un vélo, tandis que maintenant, il a une belle voiture.

À l'âge de 18 ans, …

## 3 Olivier est une star

Écoute Olivier et mets les images dans le bon ordre.

**Exemple:** *C*, …

## Les images

Choisis une image et réponds aux questions.

Qu'est-ce que c'est? C'est où?

Qu'est-ce qu'on peut faire ici?

C'est dans quelle pièce à la maison?

À ton avis, c'est une photo qui date de quand? (1950, 1980, 2000?)

Qu'est-ce qu'on faisait comme loisirs à cette époque?

C'est une ville française? C'est où? En Europe, en Afrique, au Canada, …?

Quelles sont les différences entre cette ville et la ville où tu habites?

## Le Web et toi

**A** Recherche un passe-temps qu'on pratique en France.

- C'est plus populaire que chez toi? Combien de jeunes font ça?
- Il y a des différences importantes? Pourquoi?
- Il y a des passe-temps qui ne sont pas très populaires en France?
(Par exemple, au collège en France, le handball est plus populaire qu'en Grande-Bretagne. Pourquoi?)

**B** Recherche un(e) Français(e) célèbre. Il/Elle peut être une personne de la page 48 ou une personne historique ou contemporaine de ton choix.

- Qu'est-ce que cette personne a fait pour être célèbre?
- Quand est-ce qu'elle a fait ça?
- Comment était-elle? (Ou comment est-elle?, si cette personne est encore vivante.)

**C** Le film *Entre les murs* a gagné la Palme d'Or au festival de Cannes en 2008. C'était le premier film français à gagner ce prix en plus de 20 ans. Écris une courte description ou une critique du film. Si ça ne t'intéresse pas, recherche un autre film, une émission de télé ou un livre français.

# Sommaire

## Now I can ...

### talk about leisure activities

| | |
|---|---|
| Je joue au rugby | I play rugby |
| sur l'ordinateur | on the computer |
| de la guitare | the guitar |
| Je regarde des films | I watch films |
| un feuilleton | a soap |
| Je fais du sport | I do sport |
| du théâtre | drama |
| de la photo | photography |
| Je danse | I dance |
| Je m'entraîne | I train |
| Je participe à (un spectacle) | I take part in (a show) |
| Je répète | I practise, rehearse |

### give opinions of leisure activities

| | |
|---|---|
| J'aime / J'adore | I like / I love |
| Ça me passionne | I'm really interested in that |
| Ça m'intéresse | I'm interested in that |
| un peu | a bit |
| beaucoup | a lot |
| C'est assez bien / pas mal | It's quite good / not bad |
| Ça ne m'intéresse (absolument) pas | I'm not (at all) interested in that |
| Ça ne m'intéresse pas du tout | I'm not at all interested in that |
| J'ai horreur de ça | I hate that |
| C'était fantastique | It was fantastic |
| super | super |
| sympa | nice |
| C'est (ce n'est pas) rigolo / amusant | It's (not) fun / enjoyable |
| C'est dur | It's hard |
| très varié | very varied |
| intéressant | interesting |
| ennuyeux / barbant / casse-pieds | boring |
| nul | rubbish |
| sensass / génial / excellent | great |
| passionnant | exciting |

### use the comparative

| | |
|---|---|
| aussi populaire(s) que | as popular as |
| plus important(e)(s) que | more important than |
| moins cher(s)/chère(s) que | cheaper than (less expensive) |
| meilleur(e)(s) | better |

### use some expressions of time

| | |
|---|---|
| régulièrement | regularly |
| tous les jours | every day |
| tous les lundis / mardis | every Monday / Tuesday |
| souvent | often |
| toujours | always |
| chaque samedi | every Saturday |
| semaine | week |
| mois | month |
| année | year |
| une / deux fois par semaine | once / twice a week |
| le samedi matin | on Saturday mornings |
| après-midi | afternoons |
| soir | evenings |

### use the imperfect tense (see pages 40–43)

| | |
|---|---|
| quand j'étais plus jeune ... | when I was younger ... |
| il y avait | there used to be, there was / were |
| c'était ennuyeux | it was boring |

### compare past and present (see also Vocabulaire et expressions utiles, page 140)

| | |
|---|---|
| maintenant | now |
| autrefois | in the past, formerly |
| mais | but |
| cependant / pourtant | however |
| par contre / d'autre part / en revanche | on the other hand |
| tandis que/qu' / alors que/qu' | whereas, whilst |
| quand j'étais petit(e) | when I was young |
| quand j'avais 5 ans | when I was 5 |

### talk about TV, cinema and books

| | |
|---|---|
| J'ai (bien) aimé ... | I (quite) liked ... |
| Je n'ai pas tellement aimé ... | I didn't particularly like ... |
| J'ai préféré ... | I preferred ... |
| J'ai adoré ... | I loved ... |
| J'ai détesté ... | I hated ... |
| À mon avis | In my opinion |
| C'était / ce n'était pas ... | It was / it wasn't ... |
| super | super |
| top | great |
| génial | brilliant |
| passionnant | exciting |
| bien | good |
| ennuyeux | boring |
| nul | rubbish |
| décevant | disappointing |
| de mon goût | to my taste |
| le personnage principal | the main character |
| sympa | nice |
| égoïste | selfish |
| (complètement) fou | (absolutely) mad |
| idiot(e) | stupid |
| une émission | a programme |
| un roman | a novel |
| une histoire | a story |
| on peut s'identifier à ... | you can identify with ... |
| c'est l'histoire de ... | it's the story of ... |
| ça se passe | it takes place |

## Tips for understanding new words

### Prefixes and suffixes

Some words might seem unfamiliar at first, but there are a few things you can look out for to help you work out the meaning.

Look out for **prefixes** (letters added to the beginning of words), e.g.

- **re-/ré-** (adds idea of 'again' or 'back'), e.g. **commencer** (to begin), **recommencer** (to begin again); **venir** (to come), **revenir** (to come back)
- **in-** (adds idea of 'not'), e.g. **connu** (well-known), **inconnu** (unknown); **utile** (useful), **inutile** (useless)
- **dé-** (like English '**dis-**' or '**de-**'), e.g. **couvrir** (to cover), **découvrir** (to discover)

Look out also for **suffixes** (letters at the end of a word). Often there are similar patterns in English, e.g.

| French | English |
|---|---|
| *-ment (absolument)* | -ly (absolutely) |
| *-té (une activité)* | -y (activity) |
| *-ie (la géographie)* | -y (geography) |
| *-eur/-euse (un chanteur)* | -er (singer) |
| *-ant (décevant)* | -ing (disappointing) |
| *-eux (nombreux)* | -ous (numerous) |
| *-que (historique)* | -ic, -ical (historic(al)) |

Work out what these words mean, then check in a dictionary.

1 *refaire*
2 *remettre*
3 *remplacer*
4 *renvoyer*
5 *repayer*
6 *réunir*
7 *incroyable*
8 *désagréable*
9 *naturellement*
10 *charmant*
11 *avantageux*
12 *politique*

## 1 Qu'est-ce qu'on a fait?

Trouve la bonne partie du verbe **avoir**.

**Exemple: 1** *on **a** regardé*

1 Hier, on … (*ai / a / ont*) regardé un bon film à la télé.
2 Nous … (*avez / ont / avons*) visité un musée moderne.
3 Qu'est-ce que tu … (*as / a / ai*) fait à midi?
4 Moi, j'… (*avez / as / ai*) mangé à la cantine.
5 Ma sœur … (*a / as / ont*) pris un sandwich, comme d'habitude.
6 Vous … (*avons / avez / ont*) vu le nouveau stade?
7 Mes parents … (*avons / avez / ont*) pu voir un concert, la semaine dernière.
8 L'été dernier, David … (*as / a / ai*) voyagé en avion pour la première fois.

## 2 Jeu de définitions

Choisis la bonne partie du verbe **être**, puis réponds aux questions.

**Exemple: 1** *a **Il est***

1 C'est un monument très célèbre. Il (**a**)… (*êtes / est / sont*) en fer. Il (**b**)… (*est / sont / es*) très haut. Il (**c**)… (*es / êtes / est*) situé près de la Seine. Qu'est-ce que c'est?
2 C'est une cathédrale très célèbre. Elle (**a**)… (*es / sommes / est*) située sur une île, l'Île de la Cité, au milieu de la Seine. Qu'est-ce que c'est?
3 Vous (**a**)… (*est / êtes / es*) sur une très grande place, à Paris. Les Champs-Élysées (**b**)… (*sont / suis / sommes*) à votre droite. L'Obélisque (**c**)… (*êtes / suis / est*) juste en face de vous. Où (**d**)… (*êtes / es / sommes*)-vous?
4 Je (**a**)… (*sont / sommes / suis*) devant un très grand musée à Paris. Les tableaux qui (**b**)… (*sont / sommes / suis*) dans ce musée (**c**)… (*sommes / sont / êtes*) connus de tout le monde. Je ne (**d**)… (*sont / suis / sommes*) pas très loin d'une très grande place, la Place de la Concorde. Où (**e**)… (*suis / sommes / sont*)-je?

## 3 Complète les phrases

Regarde les images et complète les phrases avec le bon participe passé.

**Exemple: 1** *Il est __venu__ en avion.*

descendue   partis   restées   sortie   tombé   venu

**1** Il est … en avion.        **2** Je regrette, elle est déjà …

**3** Elles sont … à la maison.        **4** Luc est … d'un cheval.

**5** Elle est … en parachute.        **6** Nous sommes … silencieusement.

## 4 L'ABC des loisirs

Regarde bien cette liste de loisirs pour 21 des lettres de l'alphabet.

a Ferme le livre et dis (ou écris) le nom d'un loisir pour chaque lettre de l'alphabet. Combien de loisirs est-ce que tu peux trouver?

b Regarde la liste encore une fois. Peux-tu trouver …

• 4 sports
• 4 activités musicales
• 4 activités d'atelier
• 4 activités d'intérieur?

l'astronomie, l'athlétisme

le badminton, le ballet, le bricolage

la chorale, le cinéma, la couture, la cuisine, le cyclisme

la danse

les échecs, l'escalade, l'escrime

le football

le golf, la gymnastique

le handball, le hockey

l'informatique

le jardinage, le jazz, les jeux de société, le judo

le karaté

la lecture

la musique

la natation, la nature

l'opéra, l'orchestre

le patin à roulettes, le patinage, la peinture, la photo, la poterie

la randonnée, le rugby

le shopping, le ski

le tennis, le théâtre, le trampoline

la voile, le volleyball

le yoga

## 5 Ce n'était pas de ma faute!

Complète les bulles avec le bon verbe de la case et choisis la bonne bulle pour chaque image.

**Exemple:** 1 *e Ce n'était pas de ma faute!*

> était    avait    croyais    voulais    pensiez    savions

A Mais, je … seulement écrire mon nom.

B Alors, tu … qu'elle était ouverte au public!

C Et vous … qu'il n'y avait plus de bêtes ici.

D Nous ne … pas que la cage était ouverte!

E Ce n'… pas de ma faute!

F Je suis sûr qu'il y … un hôtel par ici!

## 6 Au contraire

Trouve les contraires.

**Exemple:** 1 *f*

| | | | |
|---|---|---|---|
| 1 | souvent | a | plus jeune |
| 2 | passionnant | b | fantastique |
| 3 | le matin | c | moins faible |
| 4 | nul | d | ennuyeux |
| 5 | avant | e | partir |
| 6 | rester | f | jamais |
| 7 | plus âgé | g | après |
| 8 | moins fort | h | le soir |

## 7 Des mots en groupes

Trouve un mot pour compléter chaque groupe.

1 août, février, juillet, …
2 la flûte, la batterie, le piano, …
3 l'hiver, l'été, l'automne, …
4 vert, rouge, jaune, …
5 le football, la natation, le judo, …
6 vendredi, lundi, jeudi, …
7 aimait, faisait, avait, …
8 j'aime, ça me passionne, ça m'intéresse, …

- *find out about Quebec in Canada*
- *use the superlative*

## 1 Le Québec, une région francophone

**a** Regarde les photos du Québec, puis écoute le journaliste, Hugo Lemont. Il parle de beaucoup de choses, mais pas de toutes les choses illustrées. Écoute bien et note les choses dont il parle.

Exemple: A, ...

Le Québec est la plus grande province du Canada mais sa population est assez faible. C'est la seule province au Canada où la majorité de la population est francophone.

L'érable est un arbre important au Canada. On voit une feuille d'érable sur le drapeau canadien et on mange du sirop d'érable avec différents plats.

Montréal n'est pas la capitale, mais c'est la plus grande ville du Québec. À Montréal il y a beaucoup de choses à faire; il y a des magasins, des théâtres, des musées. Il y a souvent des concerts et des festivals.

En été, il fait généralement beau. En juillet et en août, il fait très chaud, environ 30 degrés. On peut faire du rafting sur le fleuve, le Saint-Laurent.

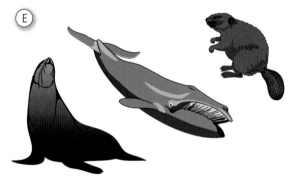

Dans les forêts on peut voir des animaux et des oiseaux sauvages. Près de la côte, on voit des phoques et des baleines.

L'hiver est long; c'est la saison la plus difficile. Pendant cinq mois, les températures descendent en dessous de zéro. En hiver, il neige souvent.

C'est bien pour les sports d'hiver: on peut faire du ski et du patinage. Le hockey sur glace est un sport national.

Au mois de février, il y a le célèbre carnaval de Québec avec un grand bonhomme de neige et des sculptures de glace.

**b** Trouve le français.

1 tree
2 flag
3 maple syrup
4 river
5 wild
6 whales
7 ice skating
8 snowman

## 2 Québec Flash

Complète les informations avec un mot de la case.

### Québec Flash

- C'est la (1) __ grande province du Canada; elle est trois fois plus grande que la France.
- La (2) __ est la ville de Québec.
- La population est de 7,8 millions.
- Beaucoup de personnes (3) __ dans la région de Montréal.
- La majorité de la population parlent français comme (4) __ maternelle.
- On parle aussi anglais, italien, (5) __ et arabe.
- Le climat est assez (6) __: en été, il fait souvent chaud et il ne pleut pas beaucoup, mais en hiver, il fait très froid et il (7) __ souvent.
- C'est une province de forêts et de (8) __ .

a capitale
b dur
c espagnol
d habitent
e lacs
f langue
g neige
h plus

## 3 On fait un quiz

a Devine les bonnes réponses.

b Écoute pour vérifier.

La France et le Canada

1 Quelle ville est la plus grande, Paris ou Montréal?
2 Quel pays est le plus grand, la France ou le Canada?
3 Quelle tour est la plus haute, la tour Eiffel à Paris ou la tour CN à Toronto?
4 Quel fleuve est le plus long, la Seine ou le Saint-Laurent?
5 Quelles montagnes sont les plus hautes, les Alpes ou les Rocheuses?

## 4 L'astronomie, ça t'intéresse?

À Montréal il y a un planétarium très intéressant. On y apprend plein de choses sur notre système solaire et les planètes.

Écoute la conversation et réponds aux questions.

1 Quelle est la planète la plus proche de la Terre?
2 Quelle planète se trouve le plus loin de la Terre?
3 Quelle est la plus petite planète?
4 Quelle est la plus grosse planète?
5 Quelle est la planète la plus chaude?
6 Quelle est la planète la plus froide?
7 Quelle est la planète la plus brillante?

---

**Dossier-langue** **Grammaire p144**

1 Look at the quiz questions in activity 3 and find out how to say 'the biggest', 'the highest' and 'the longest'.
2 Look at the adverts below and find two more examples like this.

> **Venez à Miniprix pour les meilleurs produits, aux prix les plus bas!**

> **Prenez le métro! C'est le moyen le plus rapide et le moins cher de traverser la ville.**

> **Faire des courses par Internet:** c'est le moyen le moins fatigant. Consultez notre page web, où vous pouvez commander de tout.

3 Look at the adverts again and find out how to say that something is 'the least expensive' and 'the least tiring'.
4 Finally, can you find the special way to say 'the best'?

To say that something is 'the greatest', 'the most famous', etc. you add **le**, **la** or **les** to **plus** + an adjective. This is called the **superlative**, and the adjective must agree with the thing(s) being described.

You can also say that something is the 'least expensive', the 'least tiring', etc. by using **le**, **la** or **les** + **moins** + an adjective.

To say that something is 'better' or 'the best', use *(le) meilleur*, *(la) meilleure*, *(les) meilleurs*, *(les) meilleures*.

## 1 Des attractions à Montréal

Voici des photos de Montréal, la deuxième ville du Canada (après Toronto). Trouve le bon texte pour chaque photo.

**A Les descentes du Saint-Laurent**

De mai à septembre, on peut faire du rafting sur le fleuve. C'est sensationnel.

**B Le Biodôme**

Ce musée présente quatre écosystèmes de notre planète. Quand il fait très froid à Montréal, on peut y aller pour se réchauffer dans 'la forêt tropicale de l'Amazonie'.

**C Le parc du Mont Royal**

Mont Royal – c'est l'origine du nom de la ville. Les habitants l'appellent 'la montagne'. On y trouve un grand parc avec un lac. Du sommet, on a un beau panorama sur la ville.

**D La tour Olympique**

C'est la plus grande tour inclinée du monde. On peut monter au sommet par le funiculaire. Les rails sont inclinés, mais la cabine est toujours dans une position horizontale – heureusement!

## 2 Montréal – un mini-guide

Écoute et complète le guide avec les mots de la case.

Exemple: **1** *f (Québec)*

**Ville:** Montréal

**Situation:** dans le sud du …(**1**)…; sur le fleuve …(**2**)…

**Aspects généraux:** 1,6 million d'habitants; …(**3**)… ville francophone du monde

**Principales attractions:** …(**4**)…, cinémas, théâtres, etc., parc Olympique, …(**5**)… du Mont Royal

**Activités sportives:** la natation, le …(**6**)… (sur glace et à roulettes), le cyclisme, le hockey sur glace et le …(**7**)…

**Transports:** le …(**8**)…, le bus, le train

a deuxième
b métro
c musées
d parc
e patinage
f Québec
g Saint-Laurent
h ski

## 3 Bonjour de Montréal!

Réponds aux questions.

Exemple:

**1** *à Montréal.*

**1** Raj passe ses vacances où?

**2** Quand est-il arrivé?

**3** Qu'est-ce qu'il a fait hier?

**4** C'était bien?

**5** Quel temps fait-il?

**6** Qu'est-ce qu'il va faire demain?

Je passe dix jours à Montréal avec mon collège. Nous sommes arrivés lundi dernier. Hier, nous avons fait du ski. C'était très bien, mais fatigant. Il fait très froid et il neige beaucoup.
Demain nous allons visiter le Biodôme. C'est un musée sur l'environnement. On a créé quatre régions climatiques différentes. Moi, je vais aller directement à la région tropicale!
Nous allons rentrer jeudi prochain.
À bientôt,
Raj

## 4 À toi!

Tu passes des vacances à l'étranger. Écris un message à tes amis. Voici des idées:

Je passe …
Nous sommes arrivés …
Hier, nous avons fait …
Nous sommes allés à …
C'était …
Demain, nous allons visiter …

## 5 On parle de sa région

Roselyne et Benoît sont deux jeunes Français qui habitent en Angleterre en ce moment.

**a** Écoute Roselyne. Dans quel ordre est-ce qu'elle dit ces phrases?

**Exemple:** *f, …*

**a** Au centre-ville, il y a beaucoup de magasins. Il y a des parcs et des musées.

**b** C'est une ville assez grande.

**c** C'est une ville plutôt commerciale et administrative.

**d** En été, on organise des festivals de musique – ça, c'est bien.

**e** Il y a un grand centre commercial avec des magasins, des cafés et un complexe de cinémas.

**f** C'est à environ 60 kilomètres de Londres.

**g** Il y a un théâtre, des centres sportifs et des piscines.

**b** Écoute Benoît et complète les phrases.

**1** Benoît habite dans un village dans le … de l'Angleterre.

**2** Au village, il y a quelques magasins, un bureau de poste, une …, une école primaire et des pubs aussi.

**3** Pour les jeunes, il n'y a … dans le village.

**4** Pour s'amuser, il faut aller en ville, où il y a … de choses à faire.

**5** C'est bien, parce qu'on connaît beaucoup de personnes, mais il faut toujours sortir du village pour faire quelque chose d'… .

**6** Dans la région, il y a des villes touristiques, comme York par exemple, avec sa cathédrale et ses vieilles … .

**7** Il y a des maisons …, comme Harewood House.

**8** C'est une très … région.

## 6 Chez moi

Écris un message à des amis français.

**Exemple:**

> Nous habitons à Leeds. C'est une grande ville industrielle, située dans le nord de l'Angleterre, à 200 miles environ de Londres.
>
> À Leeds, il y a des universités et il y a beaucoup d'étudiants dans la ville. Dans le centre-ville, il y a beaucoup de magasins et un marché important.
>
> Comme distractions, il y a des cinémas, des théâtres, des boîtes, des parcs, des complexes sportifs, etc. Il y a souvent des concerts et des festivals de musique rock.
>
> À mon avis, ce n'est pas la plus belle ville du monde, mais c'est une ville très animée et ça me plaît bien.

**1** Décris ta ville ou ton village.

| C'est une | grande petite | ville industrielle / touristique de… habitants. |
|---|---|---|
| … située dans | le nord le sud l'ouest l'est le centre | de l'Angleterre. de l'Écosse. de l'Irlande. du pays de Galles. |
| Elle se trouve | près de … / à … miles/kilomètres de … | |
| C'est un village à la campagne. La ville la plus proche s'appelle … | | |

**2** Parle un peu de ce qu'il y a dans la ville ou dans la région, et de ce qu'il n'y a pas.

| Près de …, À …, | il y a | un château. |
|---|---|---|
| | | un musée. |
| | | une cathédrale. |
| | | un grand parc. |
| | | beaucoup de grands magasins. |
| | | un grand centre commercial, etc. |
| Dans mon quartier, il n'y a pas de … À …, il n'y a rien, mais à …, il y a … | | |

**3** Parle des distractions.

| Comme distractions, il y a | un cinéma. |
|---|---|
| | une piscine. |
| | un complexe sportif. |
| | un parc d'attractions. |
| | un stade. |
| Il n'y a pas beaucoup de distractions. Il n'y a rien à faire / à voir. | |

**4** Et donne ton avis sur ta ville ou sur ta région.

| Je suis content(e) de vivre ici. |
|---|
| Je m'amuse bien ici. |
| À mon avis, c'est trop tranquille ici. |
| Je trouve qu'il n'y a pas assez de distractions. |
| On a besoin d'un cinema / un bowling / une piscine ici. |
| Je trouve que nous habitons trop loin de … |

## 7 On fait une interview

Prépare tes réponses à ces questions. Puis travaillez à deux pour faire une interview.

- Où est-ce que tu habites? (*J'habite à …*)
- C'est où, exactement? (*C'est dans le nord/sud/est/ouest /au centre de … C'est près de …*)
- Décris la ville. (*C'est une grande / petite ville …*)
- Qu'est-ce qu'on peut faire dans la ville? (*On peut …*)
- Qu'est-ce qu'il y a d'intéressant pour les jeunes? (*Il y a une piscine / un bowling,* etc.)
- Qu'est-ce qu'il y a à voir dans la région? (*Dans la région, il y a …*)

- *recommend places to see and things to do*
- *use the verb* devoir

## 1 À l'office de tourisme

Écoute et trouve la bonne réponse.

1 La touriste doit visiter
   a le jardin botanique
   b le Biodôme
   c le parc Mont Royal

2 Pour voir un match, les garçons doivent aller
   a au centre sportif
   b au parc
   c au stade Olympique

3 Pour visiter le parc d'attractions, les touristes doivent aller
   a au centre-ville
   b à l'île Sainte-Hélène
   c au parc Mont Royal

4 Pour y aller en métro, ils doivent prendre la ligne
   a 4
   b 14
   c 24

5 Pour faire du rafting, on doit
   a réserver à l'avance
   b aller directement au bureau
   c aller au vieux port

6 Pour y aller, on doit prendre le métro jusqu'au terminus, puis le bus
   a 10
   b 100
   c 110

## 2 Qui va au match?

Lis la conversation entre Nicolas (**N**), Marion (**M**) et Raj (**R**). Puis réponds aux questions.

**Exemple: 1** *Sanjay*

1 Qui doit faire ses devoirs?
2 Qui doit aller chez les grands-parents?
3 Qui doit faire du baby-sitting?
4 Qui doit aller chez le médecin?
5 Qui peut aller au match? (deux personnes)

**N** – Marion, est-ce que tu veux aller au match, samedi?

**M** – Non, Nicolas, je suis désolée, mais je dois rester à la maison avec ma petite sœur.

**N** – Et toi, Raj, tu dois rester à la maison aussi?

**R** – Non, Nicolas. Moi, je peux aller au match avec toi. Est-ce que Fatima vient aussi?

**N** – Non, elle doit aller chez le médecin.

**R** – Et Camille et Émilie, est-ce qu'elles viennent?

**N** – Non, elles doivent aller chez leurs grands-parents.

**R** – Et Sanjay?

**N** – Non, il doit faire ses devoirs.

### Dossier-langue | Grammaire p152

In the first two activities, there are different parts of the verb *devoir* (to have to, must). Look for some examples to complete the verb table of the present tense.

| *je …* | I have to, must | *nous* *devons* | we have to, must |
|---|---|---|---|
| *tu dois* | you have to, must | *vous* *devez* | you have to, must |
| *il/elle/* *on …* | he/she/ one has to, must | *ils/elles* *…* | they have to, must |

- Like the verbs *aller*, *pouvoir* and *vouloir*, *devoir* is often followed by an infinitive.

Can you work out why 'homework' is translated as *les devoirs* in French? What do you think **un devoir** means?

- *devoir* has an irregular past participle in the perfect tense:
  *J'ai dû travailler beaucoup hier.*
  I had to work a lot yesterday.

## 3 Pour améliorer la ville

Complète les phrases.

**Exemple: 1 _f_**

| | |
|---|---|
| **1** On doit … | **a** doit améliorer les transports en commun. |
| **2** Le gouvernement … | **b** devez laisser la voiture à la maison. |
| **3** De temps en temps, les gens … | **c** des pistes cyclables. |
| **4** Quelquefois, vous … | **d** dois pas jeter des papiers dans la rue. |
| **5** On doit créer … | **e** doivent circuler à pied ou en transport en commun. |
| **6** Moi, je ne … | **f** planter des arbres. |

## 4 Français–anglais

Trouve l'anglais.

**Exemple: 1 _h_**

| | |
|---|---|
| **1** Tu dois absolument voir ça. | **a** *He must be tired.* |
| **2** Je dois rentrer à 9 heures. | **b** *You have to get off here for the stadium.* |
| **3** J'ai dû faire mes devoirs hier soir. | **c** *I had to do my homework last night.* |
| **4** Il doit être fatigué. | **d** *They have to tidy their room.* |
| **5** Ils doivent ranger leur chambre. | **e** *I have to be home at 9 o'clock.* |
| **6** Vous devez descendre ici pour le stade. | **f** *We have to arrive at school at 9 o'clock.* |
| **7** Elles ont dû manquer le bus. | **g** *They must have missed the bus.* |
| **8** Nous devons arriver au collège à 9 heures. | **h** *You really must see that.* |

## 5 Des messages

**a** Écoute les conversations et note la raison qui correspond à chaque excuse.

**Exemple: 1 _b_**

**Les raisons**

a aller chez le dentiste
b jouer à un concert
c travailler au restaurant
d chercher ses enfants à la gare
e aller chez le médecin
f jouer à un match de football
g aller à l'hôpital
h aller à Paris

**b** Complète les messages pour M. Leclerc, qui organise les activités à la maison des jeunes. Utilise la bonne forme du verbe **devoir** dans chaque message.

**Exemple: 1 _Marion ne peut pas aller au match parce qu'elle doit jouer à un concert._**

**1** Marion ne peut pas aller au match parce qu'elle …
**2** Sanjay ne peut pas aller au stade parce qu'il …
**3** Nicolas et Raj ne peuvent pas aller à la piscine parce qu'ils …
**4** Camille et Émilie ne peuvent pas aller à la patinoire parce qu'elles …
**5** Ibrahim doit partir à 3 heures parce qu'il …
**6** Mme Dupont doit partir à 5 heures parce qu'elle …
**7** Les Legrand ne peuvent pas aller à la réunion parce qu'ils …
**8** Les Duval ne peuvent pas venir dimanche parce qu'ils …

## 6 À toi!

Inventez au moins trois règles: une règle pour la ville, une pour la maison et une pour le collège.

**Exemple:**

**En ville**

Les gens qui font des voyages identiques doivent partager leur voiture.

**À la maison**

À la maison, on doit consulter les enfants sur les menus des repas.

**Au collège**

Au collège, les profs ne doivent pas donner plus de 20 minutes de devoirs.

## 1 De Haïti au Québec

Je m'appelle Louise. Je suis née en Haïti dans les Caraïbes. Quand j'étais petite, j'habitais à Port-au-Prince, la capitale d'Haïti. Maintenant j'habite à Montréal au Canada. J'ai quitté mon pays d'origine après le tremblement de terre (*earthquake*) en 2010.

Il y a des problèmes climatiques en Haïti. Le pays se trouve dans une zone à ouragans (*hurricanes*). D'abord, il y a la saison des pluies (d'avril à juin), puis il y a la saison des ouragans (de juin à novembre). Tout cela cause souvent des inondations (*flooding*), parfois très graves. Le changement du climat, ça nous concerne, tous.

Le 12 janvier 2010, il y a eu un très fort tremblement de terre en Haïti. C'était affreux (*terrible*). Beaucoup de bâtiments ont été détruits, par exemple, la cathédrale, des églises, des hôpitaux, des hôtels, des écoles et bien sûr des maisons et des appartements. Beaucoup d'habitants sont morts, comme mon père. D'autres ont tout perdu. Il n'y avait pas d'électricité pendant quelques jours et il était difficile de trouver de l'eau, de la nourriture et des médicaments.

Le centre-ville a été transformé en un immense camp de réfugiés.

Ma mère, ma sœur aînée et moi, nous avons quitté Haïti quelques mois plus tard pour aller chez mon oncle, qui habite à Montréal.

Nous avons pris l'avion de Haïti à Miami, puis de Miami à Montréal. Notre oncle nous attendait à l'aéroport et notre nouvelle vie a commencé.

**a** Trouve le français.
1 When I was small
2 I used to live
3 my country of origin
4 were destroyed
5 lost everything
6 there wasn't any
7 food
8 several months later

**b** Tu as bien compris?
1 Where was Louise born?
2 When did she move to Montreal?
3 What does she say about the climate in Haiti? (Mention at least two things.)
4 Give three types of buildings which were destroyed in the earthquake.
5 What was difficult to obtain in the days following the disaster? (Mention three things.)
6 What did the centre of the city look like?
7 Who came to meet Louise at the airport in Montreal?

## 2 Tu m'entends?

Thomas va à la ville de Québec pour participer à un stage sur l'environnement.

**a** Écoute et lis ses conversations avec sa mère et sa sœur.

– Thomas, je te parle. Tu m'entends?
– Oui, je t'entends, maman.
– Tu vas m'envoyer un texto quand tu arriveras?
– Oui, je vais t'envoyer un texto.
– Thomas, tu ne m'as pas donné de renseignements sur ton stage.
– Si, si, je t'ai tout donné hier. Ne t'inquiète pas, maman!
...
– Thomas, tu peux me rendre un service?
– Peut-être, Corinne.
– Alors, tu peux m'acheter un t-shirt de la ville de Québec?
– Je vais voir.
– Et tu peux m'acheter un sac réutilisable et une affiche pour ma chambre?
– Je veux bien acheter tout ça, si tu me donnes de l'argent à l'avance!

**b** Réponds aux questions.

**Exemple: 1** *Il va à la ville de Québec.*

1 Où va Thomas?
2 Est-ce que sa mère part avec lui?
3 Qu'est-ce qu'il va envoyer à sa mère?
4 Qu'est-ce que Thomas doit acheter pour Corinne?
5 Thomas accepte, mais Corinne doit donner quoi à Thomas?

---

**Dossier-langue**    **Grammaire p146**

### me, te, nous, vous

These useful French pronouns have several meanings:

| français | anglais |
|---|---|
| **me (m')** | me, to me, for me |
| **Tu peux me rendre un service?** | Can you do me a favour? |
| **te (t')** | you, to you, for you (when using **tu**) |
| **je te parle** | I'm speaking to you |
| **nous** | us, to us, for us |
| **ça nous concerne** | that concerns us |
| **vous** | you, to you, for you (when using **vous**) |
| **Ça vous intéresse?** | Does that interest you? |

Find some more examples on this page.

Where do the pronouns usually go?

Where does the pronoun go when there's an infinitive?

Where does the pronoun go when the verb is in the perfect tense?

---

**Stratégies**

Pronouns are often used in expressions, which begin with **ça**, such as **ça m'inquiète** ('that's worrying me'). Find three more examples on this page and try to use some of these expressions in your own conversations.

---

## 3 Des expressions utiles

Trouve les paires.

| | | | |
|---|---|---|---|
| 1 | Tu m'attends? | a | *Does it hurt you?* |
| 2 | Je vais t'envoyer un texto. | b | *Will you wait for me?* |
| 3 | On va nous chercher à la gare. | c | *Do you mind?* |
| 4 | Ça vous fait mal? | d | *Can you take us into town?* |
| 5 | Tu peux nous emmener en ville? | e | *They're going to collect us from the station.* |
| 6 | Ça m'énerve. | f | *It gets on my nerves.* |
| 7 | Ça vous dérange? | g | *I'll treat you.* |
| 8 | Je t'invite. | h | *I'll send you a text.* |

---

## 4 En ville

Complète ces conversations avec **nous** ou **vous**.

**Exemple: 1** *nous*

– Pouvez-vous …(**1**)… donner des renseignements sur la ville? On …(**2**)… a dit que c'est une ville intéressante.
– Bien sûr, et je vais …(**3**)… donner un plan de la ville.
– Pouvez-vous …(**4**)… expliquer comment trouver le café des Arts?
– Oui, je vais …(**5**)… montrer ça sur le plan.
   ***
– Qu'est-ce que je …(**6**)… sers, Madame?
– Un café, s'il …(**7**)… plaît. Merci. Je …(**8**)… dois combien?

---

## 5 On discute

À deux, faites une conversation. Utilisez des expressions qui commencent avec **ça**.

**Exemple:**

– L'environnement, ça te concerne?
– Un peu, ça me concerne mais ça ne m'intéresse pas. Et toi, ça t'intéresse?
– Oui, ça m'intéresse mais le sport m'intéresse plus. Ça t'intéresse, le sport?
– Non, pas du tout. Le foot, les matchs, tout ça m'énerve!

## 1 Les problèmes de l'environnement

Trouve la bonne réponse à chaque question.

**1** Quels sont les principaux problèmes?
**2** Quel est le plus grand problème, pour toi?
**3** Est-ce qu'il y a des problèmes de pollution dans ta région?
**4** Qu'est-ce que le gouvernement fait pour réduire la pollution?
**5** À ton avis, est-ce que les problèmes vont devenir plus graves à l'avenir?

**a** À mon avis, la pollution en ville est le plus grand problème. En été, quand il fait chaud et qu'il n'y a pas de vent, il est difficile de respirer.
**b** Oui, la circulation en ville est insupportable et il y a beaucoup de pollution.
**c** Il y a beaucoup de problèmes, comme la pollution, la circulation et le changement du climat.
**d** Je pense que les problèmes vont devenir plus graves parce que le gouvernement ne fait pas assez.
**e** On a créé des pistes cyclables et des zones piétonnes et on organise le recyclage des déchets.

## 2 Des expressions utiles

Trouve les paires.

| | |
|---|---|
| **1** la circulation | **a** battery |
| **2** améliorer | **b** dustbin |
| **3** le verre | **c** glass |
| **4** la poubelle | **d** rubbish |
| **5** trier | **e** several |
| **6** les déchets (m pl) | **f** to clean |
| **7** plusieurs | **g** to improve |
| **8** jeter | **h** to sort |
| **9** nettoyer | **i** to throw |
| **10** une pile | **j** traffic |

## 3 Les 3 R

Complète le texte avec les mots de la case.

**Exemple: 1** *c (consommer)*

**a** le papier **b** recyclables **c** consommer **d** plusieurs **e** la poubelle **f** tout

### Voici trois règles importantes:

① **Réduire:** il faut moins …(1)… – comme ça il y aura (*there will be*) moins de déchets.

② **Réutiliser:** il faut réutiliser un article …(2)… fois avant de le jeter dans …(3)… .

③ **Recycler:** il faut recycler le verre, …(4)…, le plastique et le métal. Il ne faut pas …(5)… jeter dans la même poubelle, on doit trier les déchets et mettre les articles …(6)… dans le bon conteneur.

---

**Dossier-langue**    Grammaire p152

The expressions *il faut* and *il ne faut pas* are used to say what should or should not happen. They can be translated in different ways in English, e.g. 'it is (not) necessary', 'you must (not)', 'you should/shouldn't', 'you (don't) have to', 'you (don't) need to', etc.

Find some examples on these two pages.

What kind of word normally follows *il faut/il ne faut pas*?

You have already met *on doit* and *on ne doit pas* which are used in a similar way.

## 4 Que peut-on faire?

**a** Complète les phrases avec **Il faut** ou **Il ne faut pas**.

**b** Choisis trois phrases et traduis-les en anglais.

**1** … améliorer les transports en commun.
**2** … augmenter les tarifs.
**3** … conserver l'énergie.
**4** … laisser la télé allumée quand on ne la regarde pas.
**5** … polluer l'air avec la production de l'énergie.
**6** … trouver des méthodes plus propres pour produire de l'énergie.
**7** … conserver l'eau.
**8** … laisser couler l'eau du robinet quand on se brosse les dents.

 ## 5 À mon avis

Écoute les trois témoignages. Pour chaque personne, trouve deux phrases qui correspondent.

**Exemple: 1 *b*, …**

**a** Il faut nettoyer les lacs et les rivières.
**b** Il faut recycler le plus possible.
**c** Il faut réduire la circulation.
**d** Il ne faut pas polluer l'eau.
**e** Il faut permettre aux personnes handicapées de circuler librement en voiture.
**f** Il ne faut pas jeter les piles par terre.

## 6 L'esprit vert

Est-ce qu'on a l'esprit vert chez toi? Réponds aux questions avec: **toujours**, **quelquefois** ou **jamais**.

**1** Pour conserver l'électricité, est-ce que tu éteins l'ordinateur ou la télé quand tu fais autre chose?
**2** Est-ce que tu éteins la lumière quand tu sors d'une pièce?
**3** En hiver, est-ce que tu portes un pull de plus au lieu d'augmenter le chauffage?

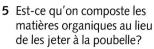

**5** Est-ce qu'on composte les matières organiques au lieu de les jeter à la poubelle?

**6** Est-ce qu'on utilise des lampes à basse consommation qui utilisent moins d'énergie?
**7** Quand on va au supermarché, est-ce qu'on apporte son propre sac, normalement?

**4** À la maison, est-ce qu'on trie ses déchets, pour recycler le verre, le papier, le métal et le plastique?

**8** Pour de petits voyages, est-ce qu'on laisse la voiture à la maison pour partir à vélo, à pied ou en transport en commun?

**Compte tes points!**

*toujours:* 3 points   *quelquefois:* 2 points   *jamais:* 0
(*Question 4*: compte 1 point de plus pour chaque matériel recyclé.)

**18 +** Bravo! Tu fais un grand effort pour l'environnement.

**12 +** C'est pas mal. Continue à faire un effort.

**8 ou moins** Encore un peu d'effort.

## 7 À toi!

**a** Discutez de ces questions à deux.

**b** Écris quelques phrases sur la protection de l'environnement. Réponds à ces questions:

■ Qu'est-ce que le gouvernement doit faire pour protéger l'environnement?
■ Qu'est-ce que les individus peuvent faire?
■ Qu'est-ce que tu fais, personnellement, pour protéger l'environnement?

**Pour t'aider**

Le gouvernement doit …
À mon avis, il faut …
   améliorer les transports en commun
   décourager / interdire les voitures au centre-ville
   créer des pistes cyclables.

Les gens doivent …
   prendre le bus / le metro / le train pour aller au centre-ville
   conserver / économiser l'énergie.
Moi, je fais du recyclage.
Je vais en ville à pied / à vélo.
J'apporte mon propre sac quand je fais des achats.

■ *find out about life in francophone countries*

## Les images

Choisis une image et réponds aux questions.

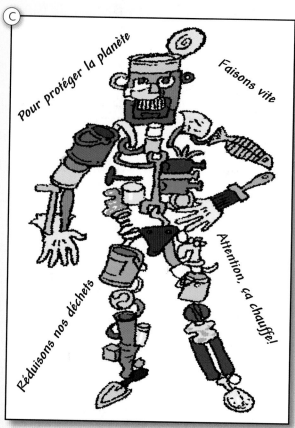

L'affiche s'occupe de quoi?

Qu'est-ce qu'on voit sur la photo?

Ça se passe où?

C'est en quelle saison?

## Le Web et toi

Trouve un site sur un de ces thèmes.
Note des informations et prépare
une courte présentation.

**A** Le Québec

**B** Le pont de Millau

**C** La protection de l'environnement

Le Pont de Millau, le plus haut viaduc du monde

Ça se trouve où?

Ça ressemble à un autre pont que tu connais?

Trouve le nom de son architecte.

# Sommaire

## *Now I can ...*

■ **understand information about an area or country**

| | |
|---|---|
| la côte | coast |
| l'équateur (m) | equator |
| un fleuve | river (flowing into the sea) |
| une forêt | forest |
| francophone | French-speaking |
| une île | island |
| un lac | lake |
| loin | far |
| la mer | sea |
| la montagne | mountain |
| l'océan (m) | ocean |
| un pays | country |
| une plage | beach |
| plat | flat |
| une région | region |

■ **talk about towns and villages**

| | |
|---|---|
| C'est ... | It's ... |
| une grande ville | a large town |
| une ville moyenne | a medium-sized town |
| une petite ville | a small town |
| une ville touristique / industrielle | a tourist / industrial town |
| un village | a village |
| à la campagne | in the country |
| à la montagne | in the mountains |
| sur la côte | on the coast |
| près de ... | near ... |

■ **say where a place is situated**

| | |
|---|---|
| dans le nord | in the north |
| dans l'ouest | in the west |
| dans le sud | in the south |
| dans l'est | in the east |
| au centre | in the centre |
| à ... kilomètres de ... | ... kilometres from ... |
| près de ... | near ... |

■ **talk about local facilities**

| | |
|---|---|
| une bibliothèque | library |
| une cathédrale | cathedral |
| un centre sportif / un complexe sportif | sports centre |
| un château | castle, stately home |
| une gare (routière) | (bus) station |
| un hôtel de ville | town hall |
| un marché | market |
| un musée | museum |
| un office de tourisme | tourist office |
| un parc (d'attractions) | (theme) park |
| une patinoire | ice rink |
| une piscine | swimming pool |
| une piste de ski artificielle | dry ski slope |

| | |
|---|---|
| un stade | stadium |
| une station-service | petrol station |
| un théâtre | theatre |
| une zone / rue piétonne | pedestrian precinct / street |
| un quartier | district |
| Il n'y a rien à faire. | There's nothing to do. |
| Ça me plaît, comme ville. | I like it as a town. |
| À mon avis, c'est trop tranquille ici. | I think it's too quiet here. |
| On a besoin d'un cinéma. | We need a cinema. |

■ **use the verb** devoir *to say that I 'have to' or 'must' do something* (see page 152)

■ **use the superlative**

| | |
|---|---|
| le/la/les moins cher(s)/chère(s) | the cheapest (the least expensive) |
| le/la/les plus grand(e)(s) | the biggest |
| le/la/les meilleur(e)(s) | the best |

■ **understand and use the pronouns** me, te, nous, vous

| | |
|---|---|
| Je vais t'envoyer un texto. | I'll send you a text. |
| Tu m'entends? | Can you hear me? |
| Ça nous concerne. | We're concerned about that. |
| Je peux vous aider? | Can I help you? |

■ **use expressions with** ça

| | |
|---|---|
| Ça t'intéresse? | Does that interest you? |
| Ça m'énerve. | It gets on my nerves. |

■ **understand information about the environment**

| | |
|---|---|
| un arbre | tree |
| augmenter | to increase |
| la circulation | traffic |
| le climat | climate |
| les déchets (m pl) | rubbish |
| les dégâts (m pl) | damage |
| éteindre | to switch off |
| un incendie | fire |
| une inondation | flood |
| la pluie | rain |
| polluer | to pollute |
| polluant | polluting |
| une poubelle | dustbin |
| le recyclage | recycling |
| les transports en commun (m pl) | public transport |
| trier | to sort (e.g. rubbish) |
| une usine | factory |

■ **use** il faut *and* il ne faut pas + *infinitive*

| | |
|---|---|
| Il faut réduire la pollution. | We must reduce pollution. |
| Il ne faut pas détruire les forêts. | We mustn't destroy the forests. |

# Presse – Jeunesse ②

## Vous aimez la peinture?

Il y a beaucoup de peintres français qui sont très célèbres. En voici trois des plus populaires.

### Claude Monet (1840–1926)

Quand Claude Monet s'ennuyait à l'école, il s'amusait à dessiner des caricatures de ses professeurs dans ses cahiers.

Plus tard, il est devenu le plus célèbre d'un groupe de peintres qu'on appelle les Impressionnistes.

On leur a donné le nom 'Impressionnistes' à cause de ce tableau de Monet qui s'appelle "Impression, Soleil levant".

Comme les autres Impressionnistes, Monet aimait travailler en plein air, pas dans son atelier.

Les Impressionnistes aimaient les couleurs vives et ils s'intéressaient aux 'effets spéciaux' de la lumière et du brouillard. Monet a souvent peint le même paysage plusieurs fois, mais sous des lumières différentes.

Monet et sa famille habitaient une maison à la campagne, à Giverny. Chaque matin, il se levait vers cinq heures et faisait le tour du jardin, qu'il avait planté lui-même et où il réalisait beaucoup de ses peintures.

Vers la fin de sa vie, quand il y voyait moins bien, il faisait surtout des tableaux des Nymphéas (*water-lilies*) dans son jardin d'eau.

Impression: Sunrise, Le Havre, 1872 (oil on canvas) by Claude Monet (1840–1926) Musée Marmottan, Paris, France/Giraudon/Bridgeman Art Library

Water Lilies by Claude Monet

## 1 Claude Monet

Complète la liste.

Exemple: **1** *une peinture*

| Français | Anglais |
| --- | --- |
| …(1)… | a painting |
| …(2)… | painters |
| un tableau | …(3)… |
| en plein air | …(4)… |
| …(5)… | in his studio |
| la lumière | …(6)… |
| un paysage | …(7)… |
| …(8)… | in the country |
| …(9)… | museums |

On peut voir le travail de Monet dans de nombreux musées à Londres et à Paris, et visiter sa maison et son jardin à Giverny.

### Paul Cézanne (1839–1906)

Cézanne est né et élevé à Aix-en-Provence mais il a passé beaucoup de temps à Paris, où il a discuté des idées artistiques avec les Impressionnistes et avec son ami, l'écrivain, Émile Zola.

Plus tard, il est retourné en Provence et c'est là qu'il a passé la dernière partie de sa vie. Parmi ses peintures, il a créé beaucoup de natures mortes*, souvent avec des fruits ou des légumes.

Cézanne adorait les couleurs de la Provence, surtout le bleu de la mer, le pourpre des montagnes et le vert et le jaune de la nature. Il aimait peindre des paysages comme la Montagne Sainte-Victoire, qu'on trouve dans au moins trente de ses tableaux.

Cézanne n'a pas vendu beaucoup de tableaux pendant sa vie, mais, heureusement pour lui, son père était riche. Après sa mort, Cézanne a eu une influence énorme sur les autres artistes et aujourd'hui on vend ses tableaux à des prix fantastiques.

Apple basket by Paul Cézanne

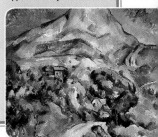

Mont Sainte Victoire, 1900 (oil on canvas) by Paul Cézanne (1839–1906) Hermitage, St. Petersburg, Russia/Bridgeman Art Library

On peut voir le travail de Cézanne à Londres et à Paris, et visiter sa maison à Aix-en-Provence.

une nature morte – *still-life painting*

## 2 Paul Cézanne

Trouve les paires.

1. Les couleurs favorites de Cézanne …
2. De nos jours, pour acheter un tableau par Cézanne …
3. Une nature morte contient souvent …
4. La maison de Cézanne est …
5. L'auteur Émile Zola était …
6. Beaucoup de peintres admiraient …
7. Cézanne a fait plus de trente tableaux …
8. Le père de Cézanne …

a. un ami de Cézanne.
b. de la Montagne Sainte-Victoire.
c. n'était pas pauvre.
d. sont le bleu, le pourpre, le vert et le jaune.
e. des fruits et des légumes.
f. il faut être riche.
g. l'œuvre de Cézanne.
h. à Aix-en-Provence.

## Henri Matisse (1869–1954)

Quand il était jeune, Matisse ne s'intéressait pas du tout à la peinture. Il avait l'intention d'être avocat.

À l'âge de 20 ans, il était à l'hôpital et sa mère lui a acheté une boîte de couleurs. C'est comme ça qu'il a commencé à peindre.

Matisse adorait le dessin. Quand il était vieux et devait rester au lit, il a dessiné sur le plafond de sa chambre à l'aide d'une canne à pêche.

La chambre rouge; la desserte – Harmonie rouge, 1908
The Red Room or Dessert: Harmony in Red, 1908 by Henri Matisse (1869–1954) Photo © Archives Matisse
© Succession H. Matisse/DACS 2011

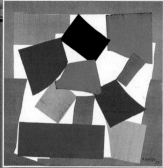

L'escargot, 1953 by Henri Matisse
Photograph ©Tate, London 2011
© Succession H. Matisse/DACS 2011

Il a comparé l'art à un bon fauteuil où on peut se relaxer quand on est fatigué.

Matisse est célèbre surtout pour ses couleurs vives comme dans son tableau, La chambre rouge.

Plus tard, il a fait des collages avec des papiers découpés. Il a dit que comme ça, il semblait couper directement dans la couleur pure.

En voici un des plus célèbres, on peut le voir à Londres à Tate Modern, un musée d'art contemporain.

## 3 Henri Matisse

Trouve le français.

Exemple: **1** *quand il était jeune*

**1** when he was young
**2** a box of paints
**3** drawing
**4** a fishing rod
**5** famous
**6** bright colours
**7** to cut
**8** London

## 4 C'est qui?

C'est Monet (**M**), Cézanne (**C**) ou Henri Matisse (**HM**)?

Exemple: **1** *C*

**1** Il adorait la Provence.
**2** Il avait un très grand jardin qui était très joli.
**3** Il aimait utiliser les couleurs primaires, surtout le rouge.
**4** Il avait un grand ami qui était auteur.
**5** Il faisait des collages avec du papier coloré.
**6** C'est sa mère qui l'a encouragé à faire de la peinture.

## 5 Le jeu des nombres

3  50  100  6  31  14  11

Chaque réponse est un nombre.

**1** Quelquefois on appelle la France, 'l'Hexagone' à cause de sa forme. Un hexagone a combien de côtés?
**2** Il y a combien de jours en août?
**3** 'L' est le chiffre romain pour quel nombre?
**4** L'eau se transforme en vapeur à quelle température?
**5** Il y a combien d'étages à la tour Eiffel à Paris?
**6** Le tunnel sous la Manche fait combien de kilomètres environ?
**7** La France a des frontières communes avec combien de pays différents? (On ne compte pas Andorre ni Monaco qui sont des principautés.)
**8** Il y a combien de jours fériés en France? (On ne compte pas le vendredi saint qui est jour férié en Alsace seulement.)
**9** Il y a combien de cents dans un euro?
**10** La fête nationale en France est quelle date, au mois de juillet?

## 6 Ce jour-là

Tu es fort en histoire? Fais ce jeu pour le savoir!
Trouve les paires.

**1** Le 15 mai 1889, …
**2** Le 19 juillet 1900, …
**3** Le 20 octobre 1935, …
**4** Le 7 mai 1945, …
**5** Le 29 mai 1953, …
**6** Le 20 juillet 1969, …
**7** Le 11 février 1990, …
**8** Le 31 août 1997, …
**9** Le 11 septembre 2001, …
**10** Le 29 avril 2011, …

**a** des Américains sont arrivés sur la Lune.
**b** on est monté à la tour Eiffel pour la première fois.
**c** Hillary et Tensing sont montés au sommet du mont Everest.
**d** le métro à Paris a été ouvert.
**e** on a joué au Monopoly pour la première fois.
**f** la princesse Diana est morte dans un accident à Paris.
**g** des terroristes ont attaqué New York et Washington.
**h** Le prince William et Kate Middleton se sont mariés à Westminster Abbey à Londres.
**i** Nelson Mandela est sorti de prison.
**j** la Deuxième Guerre mondiale a fini en Europe.

# unité 5
# Au travail!

# La vie scolaire

- *understand information about school life in France*
- *describe your school and a typical school day*

## 1 Que sais-tu de la vie scolaire en France?

Réponds aux questions. Puis écoute pour vérifier.

**1** Un collège français est une école pour les élèves de 11 à 14 ou 15 ans. Comment s'appelle la première classe au collège?
- **a** la sixième
- **b** la première
- **c** la classe préparatoire

**2** Comment s'appelle le début de la nouvelle année scolaire qui a lieu en septembre?
- **a** l'emploi du temps
- **b** les cours
- **c** la rentrée

**3** Les élèves de 13 à 14 ans ont environ combien d'heures de cours obligatoires par semaine?
- **a** 20
- **b** 25
- **c** 30

**4** En général, chaque cours dure combien de temps?
- **a** une demi-heure
- **b** 40 minutes
- **c** une heure

**5** On étudie beaucoup de matières différentes, mais il y a une matière qui n'est jamais sur l'emploi du temps dans une école publique en France. Qu'est-ce que c'est?
- **a** l'éducation physique et sportive
- **b** l'éducation civique
- **c** l'instruction religieuse

**6** Qu'est-ce que la plupart des élèves portent pour aller au collège?
- **a** un uniforme scolaire
- **b** un sweat, un jean et des baskets
- **c** une jupe pour les filles et un pantalon pour les garçons

**7** La journée scolaire peut commencer tôt et finir tard. Ça dépend des jours. Normalement, les cours commencent à quelle heure le matin?
- **a** 7h–7h30
- **b** 8h–8h30
- **c** 9h–9h30

**8** Souvent, on va à l'école le samedi matin, mais il y a un jour dans la semaine quand il n'y a jamais cours l'après-midi, et quelquefois pas le matin non plus. C'est quel jour?
- **a** mercredi
- **b** jeudi
- **c** vendredi

### L'enseignement en France

| Âge (moyen) | Classe | École |
|---|---|---|
| 6–11 ans | | École primaire (EP) |
| 11–12 ans | sixième (6$^e$) | |
| 12–13 ans | cinquième (5$^e$) | Collège (C) |
| 13–14 ans | quatrième (4$^e$) | |
| 14–15 ans | troisième (3$^e$) | |
| 15–16 ans | seconde (2$^e$) | |
| 16–17 ans | première (1$^e$) | Lycée (L) |
| 17–18 ans | terminale | |

### Stratégies

Look at the examples below and work out the translations for the other words. What pattern do you notice about some words, which begin with **é** in French?

| Français | Anglais |
|---|---|
| une école | *school* |
| étudier | *to study* |
| l'Écosse | |
| un étudiant | |
| une écharpe | |
| étrange | |
| des épices | |

## 2 Le collège Émile Zola

Copie et complète la grille avec les renseignements sur le collège Émile Zola. Puis ajoute les informations sur ton école.

> Je m'appelle Mathieu, j'ai 14 ans et je suis en 4ᵉ au collège Émile Zola. C'est un collège mixte de 800 élèves. Au collège, il y a une bibliothèque, une salle de technologie et deux laboratoires de sciences. Pour le sport, il y a deux gymnases et un terrain de sport, mais il n'y a pas de piscine. Il y a une cantine pour les demi-pensionnaires, mais il n'y a pas d'internat.

|  | Le collège Émile Zola |  | Mon école |  |
|---|---|---|---|---|
| Nombre d'élèves: | 800 | ✓ | 1000 | ✓ |
| Mixte/Garçons/Filles: | Mixte | ✓ | Mixte | ✓ |
| Uniforme: | *non* | ✓ | Oui | ✓ |
| Gymnases: | 2 | ✓ | Oui | ✓ |
| Piscine: | Non | ✓ | Oui | ✓ |
| Terrain de sport: | Oui | ✓ | Beaucoup | ✓ |
| Laboratoires de sciences: | 2 | ✓ | Beaucoup | ✓ |
| Salles de technologie: | Oui | ✓ | Oui | ✓ |
| Bibliothèque: | Oui | ✓ | Oui | ✓ |
| Cantine: | Oui | ✓ | Oui | ✓ (15) |
| Internat: | Non | ✓ | Oui | ✓ (12) |

## 3 Une journée scolaire

Devine les mots qui manquent. Puis écoute pour vérifier.

Exemple: **1** *e (matin)*

Le collège est à environ 20 minutes de chez moi. Le …(**1**)…, je prends le bus vers 7 heures et demie. Les …(**2**)… commencent à 8 heures presque tous les jours.

Pendant la journée, il y a trois …(**3**)… . La pause du matin est à 10 heures et dure 10 minutes. Pendant la pause du matin, on peut acheter des …(**4**)… et des pains au chocolat.

La pause-déjeuner est de 12 heures à 14 heures. Je suis demi-pensionnaire, alors je mange à la …(**5**)… . On mange assez bien. Une fois par …(**6**)…, on a du poulet avec des frites. J'aime bien ça.

L'après-midi, on a une …(**7**)… de 10 minutes à 16 heures. Normalement, les cours finissent à 17 heures. À la fin de la journée, je prends le …(**8**)… pour rentrer chez moi.

4 **a** boissons  8 **b** bus  5 **c** cantine  2 **d** cours  **l e** matin
3 **f** pauses  7 **g** récréation  6 **h** semaine

**Stratégies**

*Un demi-pensionnaire* means a pupil who has lunch at school. The word *demi-pension* means 'half-board' (when staying at a hotel). Think of other words which begin with *demi-*… . What meaning does it add to the word?

## 4 À toi!

**a** À deux, posez des questions et répondez.

1 Comment s'appelle ton collège?
2 C'est où? (*C'est au centre-ville, à [nom de la ville]*, etc.)
3 Il y a combien d'élèves?
4 À quelle heure est-ce que tu quittes la maison, le matin?
5 Comment vas-tu au collège?
6 Quand est-ce que les cours commencent?
7 Est-ce que tu prends le déjeuner au collège?
8 Les cours finissent à quelle heure?

**b** Écris tes réponses aux questions 1–8.

## 1 Des questions sur les matières

**a** Écoute les conversations et choisis la bonne réponse.

**1** Quelles sont tes matières préférées? (*Note deux lettres.*)

a   b   c   d   e

**2** Pourquoi? C'est ... (*Note deux lettres.*)
a utile  b intéressant  c facile  d amusant

**3** Quelles sont les matières que tu aimes le moins?

a   b   c

**4** Qu'est-ce que tu étudies comme langues vivantes?

a   b   c

**5** Qu'est-ce que tu fais comme sciences en ce moment?

a   b   c

**6** Qu'est-ce que tu fais comme sports au collège?
(*Note deux lettres.*)

a   b   c   d   e

**7** Y a-t-il une nouvelle matière que tu voudrais faire?
a latin  b sciences économiques  c psychologie

**8** Quelles sont les matières les plus importantes, à ton avis?
(*Note deux lettres.*)

a   b   c

d   e   f

**b** Travaillez à deux. Choisissez cinq questions.
Posez-les à votre partenaire et notez ses réponses.

## 2 Demain, c'est mardi

Tu vas passer une journée dans un collège demain.

> Demain, c'est mardi. Alors on va commencer à 9 heures par l'anglais. Puis il y a la récréation. On peut acheter quelque chose à manger, si tu veux. Ensuite, après la récréation, on va avoir deux heures de maths. Ça va être fatigant.
>
> À midi, on va manger à la cantine. Puis on va sortir dans la cour. Quelquefois, on joue au football ou aux cartes.
>
> Demain après-midi, on va commencer à 2 heures par chimie. J'aime bien ça. On fait des expériences et c'est souvent amusant. Après, deux heures d'EPS. On va faire de la natation cette semaine, alors n'oublie pas ton maillot de bain!
>
> On va finir à 5 heures. Nous allons être fatigués, mais après-demain, c'est mercredi et on n'a pas cours, alors ça, c'est bien!

## 3 La semaine prochaine

**a** Mathieu a beaucoup de choses à faire la semaine prochaine. Qu'est-ce qu'il dit?

**Exemple:** *Lundi, je vais faire mes devoirs de sciences.*

| | |
|---|---|
| lundi | sciences – écrire un paragraphe sur l'expérience |
| mardi | anglais – apprendre du vocabulaire pour un contrôle |
| mercredi | histoire – faire des recherches sur Internet |
| jeudi | géographie – lire le chapitre sur le Canada |
| vendredi | maths – finir des exercices |
| samedi | technologie – finir mon projet |

**b** Sa sœur, Hélène, aime s'amuser. Raconte ce qu'elle va faire ou ce qu'elle dit.

**Exemple:** *Lundi, elle va sortir avec Daniel.*

| | | |
|---|---|---|
| lundi | | avec Daniel |
| mardi | | à Fatima |
| mercredi | | 'Lucas et moi, nous ... ' |
| jeudi | | 'Magali et moi, nous ... ' |
| vendredi | | 'Je ... avec Pierre.' |
| samedi | | 'Je ... avec Yasmine.' |

**a** Écoute et lis. Il y a six différences dans le texte. Copie la grille et note les mots qui sont différents.

| | sur l'enregistrement | dans le texte |
|---|---|---|
| 1 | histoire | anglais |
| 2 | | |

**b** Réponds aux questions.

**1** On va commencer à quelle heure, demain matin?
**2** Où est-ce qu'on va manger à midi?
**3** Qu'est-ce qu'on va faire en EPS cette semaine?
**4** On va finir à quelle heure?

### Dossier-langue  Grammaire p151

The present tense of the verb **aller** + an **infinitive** is used to say what is going to happen:

**Demain, on va commencer à 9 heures.**
Tomorrow we're going to start at 9 o'clock.

**Ça va être ennuyeux.** That's going to be boring.

Check that you remember the present tense of **aller** (See page 155).

## 4 Une visite au théâtre

Exemple: *Qui **va** organiser la visite au théâtre?*

a Complète avec la bonne forme du verbe **aller**.

b Trouve les paires.

1 Qui … organiser la visite au théâtre?
2 Qu'est-ce que vous … voir?
3 Quand …-vous partir au théâtre?
4 Comment …-tu rentrer à la maison après?
5 Est-ce que Luc et Leïla … rentrer avec toi?

a On … partir à 14 heures.
b Oui, ils … rentrer en bus aussi.
c Nous … voir 'Macbeth'.
d Je … prendre le bus.
e Mme Duval … organiser la visite.

## 5 Choisir – c'est difficile!

Lis le message de Raj.

a Trouve le français.

1 you have to choose
2 next year
3 my favourite subjects
4 I hope to begin
5 I'm rubbish at
6 I'm not much good at
7 I have to continue with
8 I'm going to drop
9 I'd really like to know
10 how that works

b Réponds.

1 Raj est en quelle classe?
2 Quand va-t-il changer d'école?
3 Quelles sont ses matières préférées?
4 Il n'est pas fort en quelles matières?
5 Qu'est-ce qu'il va laisser tomber comme matières?
6 Pourquoi va-t-il continuer avec maths? (*Parce que c'est* …)
7 Qu'est-ce qu'il veut faire plus tard dans la vie?

c Relis le message de Raj, puis regarde **Jeu de mémoire** à la page 132 et trouve les cinq phrases qui sont vraies.

Salut Thomas,

Comme tu le sais, je suis en troisième en ce moment et l'année prochaine, je vais changer d'école pour aller au lycée. En seconde, on va faire sept matières générales (français, maths, sciences, histoire-géo, etc.) qui sont obligatoires, et deux autres matières au choix. Cette année, il faut choisir des 'options' pour l'année prochaine – c'est difficile.

Mes matières préférées sont les langues vivantes, donc je vais continuer à étudier l'anglais et l'allemand et au lycée, j'espère commencer l'espagnol. Je suis nul en maths, je ne suis pas très fort en musique et je n'aime pas du tout le dessin. Il faut continuer les maths – c'est obligatoire, mais je vais laisser tomber la musique et le dessin.

Ma petite amie, Marine, veut être comptable, alors elle va commencer les sciences économiques. Elle va choisir la musique aussi parce qu'elle joue du piano et qu'elle s'y intéresse beaucoup.

Est-ce que, toi aussi, tu choisis des 'options' pour l'année prochaine? Je voudrais bien savoir comment ça se passe dans ton pays. Que vas-tu faire plus tard dans la vie? Je voudrais être professeur d'anglais, mais mon copain Benoît n'a pas encore décidé. Il s'intéresse beaucoup à l'informatique, alors il va peut-être devenir programmeur ou ingénieur.

A+ Raj

## 6 À toi!

a À deux, posez des questions et répondez.

■ Qu'est-ce que tu vas choisir comme options l'année prochaine? Pourquoi?
■ Qu'est-ce que tu veux laisser tomber? Pourquoi?
■ Tu es assez fort(e) en quelles matières?
■ Tu es moins fort(e) en quoi?

b Écris tes réponses aux questions.

### Pour t'aider

**Mes opinions sur les matières**

Mes matières préférées sont …

Je n'aime pas du tout … parce que …

**Mes points forts et faibles**

Je suis (assez) fort(e) en …

Je ne suis pas fort(e) en …

Je suis nul(le) en …

**Des matières obligatoires**

Il faut continuer avec …

L'année prochaine, je dois faire …

**En option**

Je voudrais faire …

Je peux laisser tomber …

Je dois choisir entre … et …

Je peux commencer …

Ça va être intéressant / différent, etc.

J'espère commencer …

**L'année prochaine**

Je vais choisir …

## 1 Forum des jeunes: Les devoirs

Lis le forum.

**forum des jeunes**

**Est-ce qu'on peut bien faire ses devoirs en écoutant de la musique?**

**Qui pense que la musique aide à se concentrer?**

edit     Ajouter un commentaire     Haut de page ↑

Pour moi, la musique est nécessaire. Souvent il n'y a personne d'autre à la maison et la musique m'aide à me relaxer. Je suis sûr que je travaille mieux avec de la musique parce que je suis plus à l'aise. — **Sanjay**

edit     Ajouter un commentaire     Haut de page ↑

Moi, je pense que oui. Quand il n'y a pas de musique, j'entends tous les petits bruits de la maison. Avec de la musique, ça va mieux. — **Yassine**

edit     Ajouter un commentaire     Haut de page ↑

Pour moi, ce n'est pas possible, je n'arrive pas à me concentrer sur mon travail. Alors, je ne fais jamais mes devoirs en écoutant de la musique. — **Élodie**

edit     Ajouter un commentaire     Haut de page ↑

À mon avis, c'est possible pour les devoirs qui ne sont pas très difficiles. Mais pour apprendre et pour faire des devoirs où il faut vraiment se concentrer, je préfère le calme et le silence. Sinon, je n'apprends rien. — **Roland**

Trouve le français.

1 Often there's nobody else at home.
2 I work better
3 I can't concentrate.
4 I never do my homework.
5 In my opinion
6 where you really have to concentrate
7 Otherwise, I learn nothing.

## 2 Français–anglais

Trouve les paires.

| | | | |
|---|---|---|---|
| 1 | Je n'y suis jamais allé. | a | *You never know.* |
| 2 | On ne sait jamais. | b | *There's none left.* |
| 3 | Il n'y en a plus. | c | *I've never been there.* |
| 4 | Ça ne fait rien. | d | *We didn't do anything.* |
| 5 | On n'a rien fait. | e | *It doesn't matter.* |
| 6 | Je n'ai vu personne. | f | *I didn't see anyone.* |

---

**Dossier-langue**    **Grammaire p148**

To make a sentence negative (not), put **ne/n'** and **pas** around the verb:

**Je ne comprends pas l'exercice.** I don't understand the exercise.

There are other words you can use instead of **pas**. Look for some examples in the forum and read the examples below to work out the English meanings.

| French | English | Example |
|---|---|---|
| ne ... pas | not | *Ce n'est pas possible.* |
| ne ... plus | | *Cette année on ne fait plus d'allemand.* |
| ne ... jamais | | *Je ne fais jamais mes devoirs dans le bus.* |
| ne ... rien | | *Je ne comprends rien en espagnol.* |
| ne ... personne | | *Il n'y a personne au collège, le dimanche.* |

Look at the following examples and work out where the second part of the negative goes in the perfect tense.

**Je n'ai pas fait mes devoirs.** I haven't done my homework.

**Je ne suis jamais allé à Paris.** I've never been to Paris.

**Je n'ai rien acheté.** I didn't buy anything.

With **ne ... personne**, the pattern is different.

**On n'a vu personne en ville.** We didn't see anyone in town.

**Jamais**, **rien** and **personne** can also be used on their own, often as answers to questions:

**Tu as visité l'Afrique? Non, jamais.**

**Qu'est-ce qu'il y a à faire? Rien.**

**Qui est là? Personne.**

## 3 Un voyage scolaire

Écoute la conversation et décide si c'est vrai (**V**) ou faux (**F**).

1 Pierre n'est pas allé en voyage scolaire.
2 Il est arrivé en retard au collège.
3 Il n'est jamais allé à la Cité des sciences.
4 La classe de Lucie a tout vu au musée.
5 Lucie n'a pas vu l'exposition 'Océan'.
6 Ils n'ont rien mangé à midi.
7 Lucie ne mange pas de viande.
8 Elle n'a rien acheté au magasin.

## 4 Des dessins

Complète les bulles.

Je … comprends … pourquoi ça … marche … . (*don't, doesn't*)

Les maths, ce … est … facile. (*not*)
Je … comprends … en maths. (*nothing*)

Vite, il … y a … dans la cantine. (*no one*)

Je peux sortir ce soir. Je … ai … de devoirs. (*no more*)

Ce … est … juste. (*not*). Nous … utilisons … d'ordinateurs en classe. (*never*)

## 5 Des phrases négatives

**a** Complète les phrases comme indiqué.

**Exemple: 1** *Je ne comprends pas la question.*

**b** Choisis six phrases et complète-les avec d'autres mots.

**Exemple: 1** *Je ne comprends pas le latin.*

**1** Je ne comprends pas …

**2** Je n'ai pas de/d'…

**3** Au collège, il n'y a pas de/d'…

**4** Je ne suis pas très fort(e) en …

**5** Cette année, on ne fait plus de/d'…

**6** À mon avis, on ne fait pas assez de/d'…

**7** Je n'aime pas du tout …

**8** Je n'ai jamais visité …

## 6 Forum des jeunes: L'école

**a** Lis le forum, puis écris les initiales de la personne à qui cela correspond.

**Exemple: 1 M**

**1** À son école, on ne porte pas d'uniforme.
**2** Elle va à une nouvelle école avec un uniforme scolaire.
**3** Elle ne perd pas de temps à choisir ses vêtements pour l'école.
**4** Elle ne veut pas s'habiller comme les autres.
**5** À son avis, les contrôles peuvent être utiles.
**6** Il n'aime pas avoir trop de contrôles.

**b** Tu es d'accord ou pas d'accord avec qui? Pourquoi?

### forum *des jeunes*

**L'UNIFORME SCOLAIRE**

Récemment, j'ai changé d'école et maintenant je dois porter un uniforme. J'aime bien ça. Je ne passe plus des heures à penser à ce que je vais mettre pour aller en classe. — **Cécile**

edit                    Ajouter un commentaire    Haut de page ↑

Je suis contre l'uniforme scolaire. Je veux m'habiller comme je veux le matin. Je comprends les gens qui aiment avoir un uniforme, mais je sais que, moi, je ne pourrais jamais aller à l'école comme ça! — **Marion**

edit                    Ajouter un commentaire    Haut de page ↑

**LES CONTRÔLES**

On ne veut plus de contrôles! Je trouve qu'il y a vraiment trop de contrôles cette année et je n'aime pas ça! — **Benoît**

edit                    Ajouter un commentaire    Haut de page ↑

D'accord, les contrôles sont barbants, mais c'est un moyen de nous motiver (et de nous forcer) à apprendre des choses, comme le vocabulaire. Je ne suis pas contre les contrôles. — **Ibrahim**

## 💬 7 À toi!

À deux, faites une conversation. Essayez d'employer des phrases négatives et des raisons.

■ Tu aimes faire tes devoirs en écoutant de la musique? Pourquoi?
■ À ton avis, l'uniforme scolaire est-il une bonne idée? Pourquoi?
■ Tu trouves qu'on fait assez de sport au collège?

**Exemple:** Non … je ne fais jamais mes devoirs en écoutant de la musique.
Oui … parce que je n'aime pas le silence.

**La découverte professionnelle**

Salut, je m'appelle Marine et je suis en troisième B. En troisième on peut choisir en option facultative (*as an optional subject*) la découverte professionnelle (DP3). Pendant trois heures par semaine, on se renseigne sur les métiers, les formations et le monde du travail. On fait des visites dans des entreprises et on écoute des professionnels qui nous expliquent leur metier, etc. C'est une bonne idée, non?

### 1 C'est quel métier?

Écoute et trouve la bonne image.

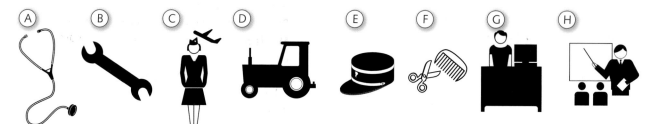

### Dossier-langue    Grammaire p143

- When talking about people's jobs, you don't use the article (**un/une**):

  *Il est agent de police.*

  *Elle est dentiste.*

- Nouns which refer to jobs often have a special feminine form. Main patterns:

| | | masculin | féminin |
|---|---|---|---|
| 1 | no change because masc. ends in **-e** | *vétérinaire* | *vétérinaire* |
| 2 | add **-e** | *employé de bureau* | *employée de bureau* |
| 3 | **-(i)er → -(i)ère** | *infirmier* *boulanger* | *infirmière* *boulangère* |
| 4 | **-eur → -euse** | *vendeur* | *vendeuse* |
| 5 | **-teur → -trice** | *instituteur* | *institutrice* |
| 6 | **-(i)en → -(i)enne** | *mécanicien* | *mécanicienne* |

### 2 Une liste

Complète le tableau.

| Masculin | Féminin |
|---|---|
| **1** photographe | |
| **2** représentant | |
| **3** caissier | |
| **4** pharmacien | |
| **5** chanteur | |
| **6** | coiffeuse |

### 3 On parle des métiers

Écoute les interviews et pour chaque personne note: le métier, un avantage, un inconvénient.

**Exemple: 1** *facteur*, ..., ...

### 4 Que font-ils dans la vie?

Lis les phrases et devine l'emploi. Consulte le **Lexique** pour t'aider.

**Exemple: 1** *Elle est professeur.*

1 Elle travaille dans un collège. Elle donne des cours de technologie.
2 Elle travaille à l'hôpital. Elle s'occupe des malades.
3 Il porte un uniforme et il travaille au commissariat.
4 Il travaille dans un grand magasin. Il vend des vêtements.
5 Elle dessine des pages pour un site Web et elle crée des icônes et des dessins en image numérique.
6 Il s'occupe du bon fonctionnement d'un site Internet pour une entreprise ou pour une association.

## Lexique

| Des métiers | Jobs |
|---|---|
| un(e) acheteur/-euse | buyer |
| un agent de police | police officer |
| un(e) avocat(e) | lawyer |
| un(e) chauffeur/-euse (de taxi) | (taxi) driver |
| un(e) coiffeur/-euse | hairdresser |
| un(e) cuisinier/-ière | cook |
| un(e) dessinateur/-trice | designer |
| un(e) employé(e) … de banque / de bureau | worker … in bank / office |
| un(e) facteur/-trice | postman/woman |
| un(e) fermier/-ière | farmer |
| un gendarme | police officer |
| un(e) graphiste multimédia | web designer |
| une hôtesse de l'air | air hostess |
| un(e) infirmier/-ière | nurse |
| un(e) instituteur/-trice | primary school teacher |
| un(e) journaliste | journalist |
| un(e) mécanicien(ne) | mechanic, train driver |
| un médecin | doctor |
| un(e) pharmacien(ne) | chemist |
| un(e) programmeur/-euse | computer programmer |
| un(e) représentant(e) | (sales) representative |
| un sapeur-pompier | firefighter |
| un(e) secrétaire | secretary |
| un(e) serveur/-euse | waiter/waitress |
| un(e) technicien/-ienne | technician |
| un(e) vendeur/-euse | salesperson |
| un(e) vétérinaire | vet |
| un(e) webmaster | webmaster |

### Stratégies

It's often easier to describe someone's work in general terms, e.g.

*Il/Elle travaille dans le marketing / l'informatique / l'assurance / les finances / pour un organisme humanitaire.*

You could also give the name of the company.

*Il/Elle travaille chez Renault / Apple.*

The most senior person, the manager or head of department, is often described as *le/la chef*, e.g.

*Elle est chef réceptionniste. Il est chef de produit* (product manager).

To say that someone is unemployed, use *au chômage*.

*Mon oncle est au chômage.*

To say someone is retired, use *retraité(e)* or *à la retraite*.

*Ma grand-mère est à la retraite.*

## 5 Un message de Karim

Lis le message et réponds aux questions.

1 Est-ce que les parents de Karim travaillent?
2 Qu'est-ce qu'ils font comme profession?
3 Son père, est-ce qu'il aime son travail? Quels sont les inconvénients?
4 Et sa mère, qu'est-ce qu'elle pense de son emploi?
5 Qu'est-ce que Karim va peut-être faire?

Mon père est ingénieur. Il travaille pour une grande entreprise. Il aime son travail, mais il doit travailler de longues heures. Il dit toujours que c'est fatigant!

Ma mère est institutrice. Elle aime bien son travail parce qu'elle adore les enfants et qu'elle aime bien enseigner.

Et toi, qu'est-ce que tu veux faire dans la vie? Moi, je n'ai pas encore décidé. Je voudrais un métier où je peux voyager et rencontrer des gens, peut-être le journalisme.

À bientôt!
Karim

## 6 Quel métier?

Propose un métier à chaque personne. Cherche dans le **Lexique**. Il y a plusieurs possibilités.

Exemple: **1** *instituteur*

1 Je voudrais travailler avec des enfants.
2 Je voudrais faire un métier médical.
3 Je voudrais travailler avec des animaux.
4 J'adore préparer des repas.
5 L'informatique, ça m'intéresse beaucoup.
6 Je voudrais travailler dans un magasin.
7 Je cherche un métier où l'on voyage.
8 J'aime faire du dessin.

## 7 À toi!

Écris six phrases sur l'emploi de personnes que tu connais.

Exemple: Mon père travaille dans l'informatique.

Ma mère est graphiste multimédia, mais elle ne travaille pas en ce moment.

Mon grand-père ne travaille pas, il est au chômage.

- *discuss future plans*
- *find out about work experience*

## 1 On pense à l'avenir

Comment choisit-on un métier? Il y a des jeunes qui savent très tôt ce qu'ils veulent faire et d'autres qui changent d'avis très souvent. Les parents et les amis ont souvent une influence, mais quoi d'autre? Écoute et lis la discussion.

– Qu'est-ce que tu veux faire plus tard dans la vie, Thomas?

– Moi, je ne sais pas du tout. Et toi, Aurélie, tu as une idée?

– Oui, bien sûr. À l'âge de 12 ans, j'ai décidé que je voulais être vétérinaire et je n'ai pas changé d'avis. Mais il faut faire des études très longues. Je ne sais pas si je vais réussir.

– Et toi, Élodie?

– Moi, je n'ai pas encore décidé. J'hésite entre plusieurs métiers. Je voudrais un métier où je peux voyager, alors journaliste, secrétaire peut-être. Je voudrais bien travailler pour une organisation humanitaire. Et toi, Jonathan?

– Je m'intéresse à la technologie et à l'aviation. Je voudrais être ingénieur ou pilote. Et toi, Sophie, que vas-tu faire?

– Je voudrais faire quelque chose dans le secteur médical, alors infirmière, pharmacienne, même médecin – je ne sais pas exactement. Et toi, Daniel, tu veux être comptable, non, comme ton père?

– Non, j'ai changé d'avis. Mon père est comptable et il aime bien son métier, mais je ne suis pas sûr que c'est pour moi. J'adore communiquer et écouter de la musique, alors mon rêve est d'être animateur à la radio.

**a** Fais une liste de tous les métiers qui sont mentionnés.

**b** Trouve le français.

1 I don't know at all.
2 I haven't changed my mind.
3 You have to study for a long time.
4 I'm undecided about several careers.
5 I've changed my mind.
6 My dream is to be ….

## 2 Des projets

Trouve les paires.

| | |
|---|---|
| 1 Je voudrais aller | a c'est de devenir médecin. |
| 2 Je veux être | b à l'université. |
| 3 Je n'ai pas | c travailler dans l'informatique. |
| 4 J'espère | d de travailler dans les finances. |
| 5 J'ai l'intention | e professeur de sport. |
| 6 Mon rêve, | f encore décidé. |

 ## 3 À toi!

À deux, posez des questions et répondez.

- Qu'est-ce que tu veux faire dans la vie? Pourquoi?
- Est-ce que tu veux faire le même emploi que quelqu'un que tu connais (ton père, ta mère, ta tante)?
- Qu'est ce que tu as l'intention de faire à 16 ans?
  (*continuer mes etudes / changer d'école / quitter l'école / chercher un emploi*)

### Pour t'aider

| | |
|---|---|
| J'ai l'intention de … | *I intend to …* |
| J'espère … | *I hope to …* |
| Je m'intéresse à …, | *I'm interested in …,* |
| alors je vais peut-être faire … | *so perhaps I'll do …* |
| Je n'ai pas encore décidé | *I haven't decided yet* |
| travailler … | *to work …* |
| dans le marketing | *in marketing* |
| pour une organisation humanitaire | *for a charity* |

**Un stage en entreprise**

Beaucoup de jeunes, entre 14 et 17 ans, font un stage en entreprise. Faire un stage en entreprise cela permet de mieux comprendre le monde du travail. On peut faire ce stage dans des organisations très différentes, par exemple, dans un hôpital, une école primaire ou une grande entreprise commerciale.

## 4 **On parle des stages**

Écoute les jeunes (**1–8**). Ils discutent de leur stage en entreprise.

a Où voudraient-ils travailler?
Trouve la lettre qui correspond.

**Exemple: 1 e**

a dans un magasin
b dans un hôpital
c dans un restaurant
d dans une pharmacie
e dans une banque
f dans un bureau
g dans une agence de publicité
h dans une entreprise d'informatique

b Pourquoi ont-ils fait ce choix? Trouve la bonne raison.

a … parce qu'elle voudrait travailler dans le marketing plus tard.
b … parce qu'il veut étudier la médecine plus tard.
c … parce que l'informatique, ça le passionne, et son oncle l'a aidé à trouver un placement.
d … parce qu'il s'intéresse beaucoup à la cuisine.
e … parce que sa tante va l'aider à trouver un placement.
f … parce que ça lui paraît intéressant comme travail.
g … parce que le journalisme, ça l'intéresse beaucoup.
h … parce qu'elle s'intéresse beaucoup à la mode.

## 5 **Un stage de rêve (1)**

Clémentine, qu'est-ce que tu vas faire pour ton stage en entreprise?

Moi, je vais faire mon stage au théâtre.

Ça va être fantastique!

a Trouve le bon texte pour les images **2–6**.

a Je vais leur apporter des fleurs.
b Je vais aider la maquilleuse.
c Je vais parler à la presse.
d Je vais rencontrer des stars.
e Je vais répondre au téléphone.

b Regarde à la page 78 pour trouver comment le stage s'est passé.

## 6 **Dans l'ordre**

Aujourd'hui, c'est lundi. Écris ces expressions dans l'ordre chronologique.

**Exemple: 1 b (dans dix minutes)**

a jeudi prochain
b dans dix minutes
c l'année prochaine
d demain
e la semaine prochaine
f ce soir
g le mois prochain
h après-demain

## 7 **À toi!**

a À deux, posez des questions et répondez.

■ Qu'est-ce que tu voudrais faire comme stage en entreprise?
(*Je voudrais travailler dans un hôpital / dans un magasin*, etc.)
■ Pourquoi? (*parce que j'aime …, parce que le sport, ça m'intéresse*)

b Écris quelques phrases sur tes projets.

**Exemple:** L'année prochaine, je vais peut-être …
Je ne vais pas … J'espère faire …

- *use future time expressions*
- *understand and use different tenses*

## 1 Quand ça?

Écoute les conversations et note la phrase qui correspond.

**Exemple: 1 a *(hier soir)***

a hier soir
b lundi dernier
c l'année dernière
d demain matin
e après-demain
f le mois prochain
g la semaine prochaine
h vendredi dernier
i samedi prochain
j l'année prochaine

## 2 Des questions et des réponses

a Trouve les paires.

b À deux, posez des questions et répondez.

c Écris tes réponses.

1 Qu'est-ce que tu as fait comme devoirs hier soir?
2 Est-ce que tu as cours la semaine prochaine?
3 Qu'est-ce que tu vas choisir en option l'année prochaine?
4 Qu'est-ce que tu vas laisser tomber?
5 Qu'est-ce que tu as comme cours demain matin?

a Oui, nous avons cours comme d'habitude.
b Je vais laisser tomber la géographie et l'allemand.
c L'année prochaine, je vais choisir l'histoire et l'art dramatique.
d Nous avons deux heures de maths, puis une heure d'anglais.
e J'ai fait du français et de la biologie.

## 3 Yassine Thomas – photographe

Choisis le bon verbe pour compléter ces phrases.

**Exemple: 1 *En juin dernier, Yassine a commencé à travailler à l'agence 'Photos-images'.***

1 En juin dernier, Yassine (*commence / va commencer / a commencé*) à travailler à l'agence 'Photos-images'.
2 Elle (*va aimer / aime*) beaucoup ce travail.
3 Hier, elle (*est allée / va aller / va*) à Paris.
4 Demain, Yassine (*va prendre / a pris*) des photos de mariage.
5 Après-demain, elle (*est allé / va aller*) à Lille.
6 Vendredi prochain, elle (*a été / va être*) libre.
7 En dehors du travail, elle (*va faire / a fait / fait*) beaucoup de sport.
8 L'année dernière, elle (*joue / va jouer / a joué*) au championnat de tennis.
9 Elle (*a aimé / aime / aimera*) aussi la musique.
10 Ce soir, elle (*va aller à / est allée à*) un concert de musique rock.

## 4 Un stage de rêve (2)

Complète les phrases. Mets les verbes au passé composé.

Ça s'est bien passé, ton stage au théâtre?

Ouais ...

Qu'est-ce que tu as fait, exactement?

1 J'(**vendre**) des programmes avant la séance.

2 J'(**vendre**) des glaces pendant l'entracte.

3 J'(**préparer**) le café.

4 J'(**vider**) les poubelles.

5 J'(**nettoyer**) la salle après la séance.

## 5 Les noms des écoles

Souvent on donne aux collèges et lycées français le nom d'une personne célèbre.

### a Le collège Pierre de Coubertin

Le collège se trouve près de Nice dans le sud de la France. On lui a donné le nom du Français, Pierre de Coubertin, qui a organisé les premiers Jeux Olympiques modernes et internationaux en 1896.

Les Jeux Olympiques anciens ont eu lieu en Grèce, près de la ville d'Olympie, il y a environ 3 000 ans. Ils ont eu lieu régulièrement, puis en 393, les Grecs ont arrêté de les organiser. On ne sait pas pourquoi. Pierre de Coubertin a fait plusieurs voyages en Grèce, il s'est inspiré de ces Jeux anciens, et en 1896, il a organisé les premiers Jeux Olympiques modernes à Athènes. Coubertin a choisi la devise en latin *citius, altius, fortius* … (plus vite, plus haut, plus fort …). Il y avait environ deux cents athlètes de 12 pays différents. Les femmes n'y participaient pas au début mais elles ont pu y participer à partir des deuxième Jeux Olympiques, à Paris, en 1900.

De nos jours on organise les Jeux d'été (avec environ 30 sports) et les Jeux d'hiver (avec sept sports sur neige et sur glace). Les langues officielles des Jeux sont le français, l'anglais et la langue locale.

Réponds en anglais.

1 What does the Olympic motto mean?
2 How many countries took part in the first Olympic Games of the modern era?
3 Which group of people was not represented?
4 Where were the second Olympic Games held?
5 What are the official languages of the Games?

La pierre de Rosette a joué un rôle important dans le déchiffrement des hiéroglyphes.

### b Le lycée Champollion

Le lycée Champollion, ou "Champo" est un lycée à Grenoble, dans le sud-est de la France. On lui a donné le nom de l'historien Jean-François Champollion, qui a réussi à déchiffrer des hiéroglyphes.

Jean-François Champollion est né en 1790, à l'époque de la Révolution française. Il a commencé l'école quand il avait huit ans. Il n'était pas fort en maths, ni en français; cependant il se passionnait pour les langues anciennes, le latin et le grec.

Plus tard il est allé au lycée Stendhal à Grenoble. Il était très fort en langues et il a étudié l'hébreu et l'arabe. Ensuite il est allé à Paris pour étudier d'autres langues. Il a appris environ neuf langues différentes et il est devenu passionné par le monde des Égyptiens de l'Antiquité.

Pendant cette époque, on a redécouvert la pierre de Rosette en Égypte. Mais personne ne comprenait les hiéroglyphes. Champollion s'est mis au travail et il a finalement réussi à déchiffrer le système des hiéroglyphes en 1822.

L'obélisque de la place de la Concorde à Paris est couvert d'hiéroglyphes.

a Réponds en anglais.

1 What was happening in France at the time Champollion was born?
2 What were his favourite school subjects?
3 About how many languages did he learn?
4 What had been discovered in Egypt around that time?

b Complète la carte avec les renseignements sur Champollion.

**Carte d'identité**
**Nom:** Champollion
**Prénom:** (1) …
**Né:** (2) …
**Mort:** (3) …
**Langues parlées:** (4) …, (5) …, et d'autres
(il y a plusieurs possibilités)
**Métier:** (6) …

## Les images

Choisis une image et réponds aux questions.
- Qu'est-ce qu'on voit sur l'image?
- Où est-ce qu'on a pris l'image?

## Le Web et toi

Cherche le site Web d'une école en France ou dans un autre pays francophone. Écris des phrases.
- Quelles sont les différences avec ton école?
- On met souvent les menus du déjeuner sur les sites Web de l'école. Trouve un menu que tu aimerais et décris-le.

Trouve un site sur les métiers. Choisis un métier qui t'intéresse et prends des notes.

Il y a d'autres lycées Champollion en France. Peux-tu en trouver un autre? Est-ce qu'il y a un musée Champollion? Où ça?

Choisis un collège ou un lycée auquel on a donné le nom d'une autre personne célèbre. Trouve des renseignements sur sa vie.

# Sommaire

## Now I can …

- **talk about school life**

| | |
|---|---|
| la bibliothèque | library |
| la cantine | canteen |
| un collège | school (11–14/15 years) |
| la cour | playground |
| un cours | lesson |
| un(e) demi-pensionnaire | a day pupil who has lunch at school |
| les devoirs (m pl) | homework |
| une école publique | state school |
| une école privée | private school |
| un(e) élève | pupil |
| un emploi du temps | timetable |
| le gymnase | gym |
| un internat | boarding school |
| un laboratoire | laboratory |
| un lycée | school (15–19 years) |
| la rentrée | beginning of school year in September |
| la salle de classe | classroom |
| le terrain de sport | sports ground |
| un uniforme scolaire | school uniform |

- **use different forms of the negative** (see also page 148)

| | |
|---|---|
| ne … pas | not |
| ne … plus | no more, no longer |
| ne … jamais | never, not ever |
| ne … personne | no one, not anyone |
| ne … rien | nothing, not anything |

- **say which subjects I like or dislike and why**

| | |
|---|---|
| Mes matières préférées sont … | My favourite subjects are … |
| Les matières que j'aime le moins sont … | The subjects I like least are … |

- **discuss options**

| | |
|---|---|
| Je dois choisir entre … et … | I have to choose between … and … |
| Je vais continuer à étudier … | I'm going to continue studying … |
| Je vais laisser tomber … | I'm going to drop … |
| J'espère commencer… | I hope to start … |

- **discuss strengths and weaknesses**

| | |
|---|---|
| Je suis nul(le) en … | I'm no good at … |
| Je ne suis pas très fort(e) en … | I'm not much good at … |
| Je suis assez fort(e) en … | I'm quite good at … |

- **discuss future plans**

| | |
|---|---|
| L'année prochaine, je vais … | Next year, I'm going to … |
| J'ai l'intention de … | I intend to … |
| Je voudrais travailler dans l'informatique. | I would like to work in IT. |
| Je n'ai pas encore décidé. | I haven't decided yet. |

- **talk about different careers** (see page 75)

- **say what is going to happen, using** aller + **infinitive** (see also page 70)

| | |
|---|---|
| Qui va faire ça? | Who is going to do that? |
| Que vas-tu faire plus tard dans la vie? | What are you going to do later in life? |

- **discuss plans for work experience**

| | |
|---|---|
| Je vais faire mon stage en entreprise dans deux ans. | I'm going to do my work experience in two years' time. |
| Qu'est-ce que tu veux faire pour ton stage? | What do you want to do for your work experience? |
| Je voudrais travailler dans une école parce que j'aime les enfants. | I would like to work in a school because I like children. |

- **use expressions of future time**

| | |
|---|---|
| après-demain | the day after tomorrow |
| ce soir | this evening |
| dans une demi-heure | in half an hour |
| demain | tomorrow |
| (lundi) prochain | next (Monday) |
| l'année prochaine (f) | next year |
| la semaine prochaine | next week |
| le mois prochain | next month |

- **understand and use different tenses to refer to the past, the present and the future**

| | |
|---|---|
| Aujourd'hui, nous avons deux heures de français. | Today we have two lessons of French. |
| Hier, j'ai joué un match de basket. | Yesterday I played a basketball match. |
| L'année prochaine, je vais laisser tomber l'histoire. | Next year I'm going to drop history. |

## Tips for working out the gender of a noun

- Sometimes the ending of a word can give you a clue as to whether it's masculine or feminine. Here are some guidelines:

| endings normally masculine | exceptions | endings normally feminine | exceptions |
|---|---|---|---|
| -age | une image | -ade | |
| -aire | | -ance | |
| -é | | -ation | |
| -eau | l'eau (f) | -ée | un lycée |
| -eur | | -ère | |
| -ier | | -erie | |
| -in | la fin | -ette | un squelette |
| -ing | | -que | le plastique, |
| -isme | | | un moustique, |
| -ment | | | un kiosque |
| -o | la météo | -rice | le dentifrice |
| | | -sse | |
| | | -ure | |

## 1 Des adjectifs

Copie et complète le tableau.

| Français | | Anglais |
|---|---|---|
| masculin | féminin | |
| célèbre | célèbre | |
| | chaude | |
| cher | chère | |
| dur | | hard |
| fatigant | | tiring |
| | froide | cold |
| grand | | |
| haut | | |
| | longue | |
| meilleur | | better |
| nul | | rubbish |

## 2 Des mots en groupes

Trouve un mot de la case qui correspond à chaque groupe de mots.

Exemple: **1 *h le sud***

1 le nord, l'est, l'ouest, …
2 un fleuve, un lac, l'océan, …
3 instituteur, ingénieur, vendeur, …
4 commercial, touristique, industriel, …
5 l'Angleterre, l'Irlande du Nord, le pays de Galles, …
6 le hockey, le rafting, le ski, …
7 un bois, un espace vert, un parc, …
8 un terrain de sport, un complexe sportif, une piscine, …

a coiffeur
b l'Écosse
c une forêt
d historique
e la mer
f la natation
g une patinoire
h le sud

## 3 Trouve les paires

Exemple: **1 *b***

1 Si vous allez au Canada, vous …
2 En été, on …
3 En hiver, il …
4 À mon avis, ce n'…
5 Ça fait trois ans que j'…
6 Est-ce que tu …
7 Aujourd'hui, nous …
8 Demain, ils …

a allons monter au sommet.
b devez goûter au sirop d'érable.
c est pas la plus belle ville du monde.
d fait très froid à Montréal.
e habite au Québec.
f peut faire du rafting sur le fleuve.
g vois la tour Olympique d'ici?
h vont voir un match de hockey sur glace.

## 4 Chasse à l'intrus

Trouve le mot qui ne correspond pas.

Exemple: **1 *le fleuve***

1 le fleuve, la pluie, la neige, le vent
2 une bibliothèque, une cantine, un laboratoire, un ordinateur
3 devoir, noir, pouvoir, savoir
4 avoir, souvent, parfois, jamais
5 cinq, huit, après, douze
6 africain, canadien, récréation, européen
7 fort, jamais, personne, rien
8 aujourd'hui, demain, hier, quand

## 5 Français–anglais

Trouve les paires.

Exemple: 1 *e*

| | |
|---|---|
| 1 C'est une ville qui me plaît. | a *We're concerned about that.* |
| 2 Ça m'est égal. | b *Is that going to disturb you?* |
| 3 Ça te plaît, le ski? | c *Are you interested in that?* |
| 4 Ça t'intéresse? | d *Do you like skiing?* |
| 5 Ça nous concerne. | e *It's a town I like.* |
| 6 Ça va vous déranger? | f *It's all the same to me.* |

## 6 Trouve les paires

Exemple: 1 *a*

| | |
|---|---|
| 1 Je fais de petits trajets | a à pied, à vélo ou à roller. |
| 2 J'utilise les transports | b et je baisse le chauffage. |
| 3 À la maison, nous | c fais des achats. |
| 4 Je recycle mes vêtements, | d j'achète des produits verts ou recyclés. |
| 5 J'apporte un sac réutilisable quand je | e mes livres, mon portable, etc. |
| 6 Quand c'est possible, | f sors d'une pièce. |
| 7 J'éteins la lumière quand je | g trions les déchets pour recycler le papier et le verre. |
| 8 En hiver, je mets un pull (de plus) | h en commun régulièrement. |

## 7 C'est quel mot?

a Trouve un mot de la case pour chaque catégorie **1–10**.

b Ajoute un deuxième mot de la même catégorie.

Exemple: 1 *a un tigre, b un chien*

1 un animal
2 une couleur
3 un jour de la semaine
4 une matière scolaire
5 un mois
6 une planète
7 quelque chose à manger
8 une saison
9 un sport
10 un verbe

août
devoir
jaune
la natation
la Terre
la chimie
du poulet
le printemps
mercredi
un tigre

## 8 Un jeu de définitions

Trouve la bonne réponse.

Exemple: 1 *un uniforme scolaire*

1 On le porte tous les jours dans certaines écoles.
2 Ces élèves déjeunent à la cantine du collège.
3 Souvent on apprend les sciences dans cette salle.
4 On trouve des livres et des magazines ici, et quelquefois des ordinateurs connectés à l'internet.
5 On fait de la natation ici.
6 On fait du sport, comme du football et du hockey ici.
7 Pour la gymnastique, on va là-bas.
8 On consulte ce document pour savoir ce qu'on a comme cours.
9 On doit souvent les faire après les cours pour mieux apprendre.

## 9 Des mots sans voyelles

a Copie et complète les verbes.

b Complète l'anglais

| Français | Anglais |
|---|---|
| 1 _ppr_ndr_ | to learn |
| 2 c_mm_nc_r | to … |
| 3 d_v_n_r | to become |
| 4 f_n_r | to … |
| 5 f_ _ _r | to do / make |
| 6 m_ng_r | to … |
| 7 p_rt_r | to leave |
| 8 s_v_ _r | to know how to |
| 9 s_rt_r | to go out |
| 10 tr_v_ _ll_r | to … |

## 10 Je ne suis pas content!

Écris ces phrases à la forme négative.

Exemple: 1 *Ça ne va pas.*

1 Ça va.
2 J'ai trouvé mon portable.
3 J'ai téléphoné à mes amis.
4 L'ordinateur a marché.
5 J'ai surfé sur Internet.
6 J'ai joué aux jeux en ligne.
7 À midi, j'ai bien mangé.
8 Le soir, j'ai regardé la télé.

## 1 Le Futuroscope

Lis la brochure et fais les activités à la page 85.

Un cube géant, une sphère énorme, un grand cristal réfléchissant – ces pavillons futuristes se trouvent au parc du Futuroscope. Dans ce grand parc de l'image et du cinéma, on utilise la technologie la plus récente pour créer une expérience unique.

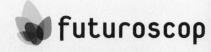

**A**

### La Gyrotour

Embarquez dans la Gyrotour pour une belle vue panoramique sur toutes les attractions du parc.

**D**

### EcoDingo

Disputez une course futuriste aux commandes d'un vaisseau écologique! Attention aux obstacles. Attachez-vous bien!

Bon courage et bonne chance!

*Sièges animés et synchronisés au rythme des images.*

**B**

### Arthur, l'Aventure 4D

Devenez tout petit comme un Minimoy et partez avec Arthur dans une course contre la montre.

**E**

### Sous les Mers du Monde

Dans un cinéma hémisphérique, vous plongerez dans un monde sous-marin, où vous trouverez les créatures les plus exotiques de la planète.

Un voyage fascinant dans le grand bleu.

*Film 3D projeté sur un écran hémisphérique.*

*Lunettes à cristaux liquides.*

**C**

### Voyageurs du Ciel et de la Mer

Dans cette attraction, il y a deux écrans géants: l'un en face de vous et l'autre sous vos pieds. Dans le film, vous suivrez des oiseaux et vous volerez au-dessus des baleines et des dauphins.

**F**

### Moi, Van Gogh

Rencontrez l'un des plus grands peintres du monde. Pénétrez dans ses tableaux, suivez son geste et, portés par votre imagination, découvrez l'émotion picturale.

*Film projeté sur un écran géant.*

**a** Trouve le français.

1 a race against time
2 two giant screens
3 you will follow the birds
4 submarine world
5 one of the most famous painters
6 millions of years from now
7 binoculars
8 special effects
9 fireworks

**b** Lis la brochure et décide si c'est vrai (**V**) ou faux (**F**).

**Exemple: 1 V**

1 Le parc du Futuroscope est un parc d'attractions sur le thème du cinéma.
2 Les pavillons ressemblent à des bâtiments historiques.
3 On peut y voir beaucoup de films.
4 On utilise une technologie très récente dans la projection des films.
5 Pour certains films, il faut porter des lunettes spéciales.
6 On utilise des écrans très petits pour beaucoup d'attractions.
7 Tous les soirs, il y a un spectacle au lac.

### Danse avec les Robots

Dans une salle de bal, dix robots de sept mètres de haut, vous invitent à danser.

3 niveaux d'intensité au choix.

### Les animaux du futur

À bord d'un train, vous ferez un voyage de 5 à 200 millions d'années dans le futur. Vous rencontrerez les animaux qui pourraient habiter la Terre dans des millions d'années d'ici.

Devant chaque scène, mettez vos jumelles et vous verrez des animaux en 3D qui s'animent.

### Le spectacle nocturne

Chaque soir, le lac se transforme en une vaste scène.

Des images géantes sont projetées sur des écrans d'eau, avec des effets spéciaux, des lasers et des feux d'artifices.

Un spectacle magique et inoubliable!

## 2 Visitez le parc du Futuroscope

Écoute la publicité. On parle de quelques-unes de ces attractions, mais pas toutes. Note les attractions dans l'ordre mentionné.

**Exemple: A, ...**

## 3 Des questions et des réponses

Trouve les paires.

1 Où se trouve le parc du Futuroscope?
2 Comment peut-on y aller?
3 Qu'est-ce qu'on peut y faire?
4 Est-ce qu'il y a un bus de Poitiers au parc?
5 Est-ce qu'on peut loger au parc?

a On peut y voir des films avec des effets spéciaux.
b On peut y aller en train ou en voiture.
c Il y a des hôtels au parc et dans la région.
d Oui, il y a un bus du centre-ville au parc.
e C'est à sept kilomètres au nord de Poitiers.

**Dossier-langue**    **Grammaire p147**

Look at **y** in these sentences. Which words has it replaced? Where does it go?

– *Comment peut-on aller au parc du Futuroscope?*
– *On peut y aller en train.*
– *Tu y es allé?*
– *Non, mais j'y vais ce week-end.*

**Y** means 'there.' It is a pronoun and saves you having to repeat the name of a place.

It often replaces a phrase beginning with **à** or **au**; for example, **au parc du Futuroscope**.

It goes before the verb but, if there are two verbs together, it usually goes before the second one.

## 4 Des expressions utiles

Trouve les paires.

**Exemple: 1 c**

1 J'y vais.
2 On y va.
3 On peut y voir beaucoup de choses.
4 On va y aller en bus.
5 J'y suis allé l'été dernier.
6 On y arrive.

a *I went there last summer.*
b *We're there.*
c *I'm going there.*
d *You can see lots of things there.*
e *Let's go.*
f *We're going to go by bus.*

| # On fait des projets

##  1 On va aller au Futuroscope

Écoute les conversations et complète les résumés.

**A**

### Mathieu

Thomas, un copain de Mathieu, arrivera le 26 avril.

Il passera dix …(1)… en France. Pendant sa visite, la famille visitera le Futuroscope. Ils passeront deux jours au parc et une … (2)… à l'hôtel. Comme ça, ils pourront voir le …(3)… du soir, qui commence à 10 heures. Ils prendront le …(4)… directement au parc. Ils partiront tôt le …(5)… et ils rentreront le dimanche …(6)… .

| | | |
|---|---|---|
| **a** jours | **b** nuit | **c** samedi |
| **d** soir | **e** spectacle | **f** train |

**B**

### Julie

Pour fêter son …(1)…, Julie visitera le Futuroscope avec son père. Elle invitera une …(2)…, Aurélie. Ils prendront la …(3)… au parc. Le père de Julie regardera le site Web pour les horaires et les …(4)… . Si possible, il achètera les …(5)… à l'avance. Comme ça, ils auront plus de temps au …(6)… .

| | | |
|---|---|---|
| **a** amie | **b** anniversaire | **c** billets |
| **d** parc | **e** prix | **f** voiture |

> **Dossier-langue** **Grammaire p151**
>
> You have learnt to say what you are going to do in the future, using **aller** + the infinitive (see page 70).
>
> Another way to talk about the future is to use the future tense (**le futur simple**), which is often used in written or printed French.
>
> To form the future tense, you add the future endings to the future stem.
>
> **The future stem**
> - With regular **-er** and **-ir** verbs, the future stem is the same as the infinitive: **jouer-**, **finir-**.
> - With **-re** verbs, you drop the final **-e** from the infinitive: **prendr-**.
>
> In all cases, the future stem ends in **-r** and you hear this 'r' sound whenever the future tense is used.
>
> **The future endings**
> Here is the complete future tense of the verb **passer**:
>
> **je passerai**  **nous passerons**
> **tu passeras**  **vous passerez**
> **il/elle/on passera**  **ils passeront**
>
> The highlighted endings are like the present tense of which common French verb?
>
> Find some examples of regular verbs in the **futur simple** in activity 1.
>
> **Irregular verbs**
> Some common verbs, such as **être**, **avoir**, **aller**, **pouvoir**, **faire** have an irregular future stem (you will learn about this later), but all verbs have the same endings.

## 2 Des attractions

Complète les textes avec la bonne forme du verbe au futur.

**A**

### Chocs Cosmiques

Vous (**1** *quitter*) la terre et vous (**2** *partir*) dans l'espace. Vous (**3** *passer*) du passé au futur et vous (**4** *découvrir*) les impacts cosmiques qui forment l'univers. Spectaculaire! *Film projeté sur un dôme.*

**B**

### La Vienne Dynamique

Dans des sièges qui simulent les mouvements dans le film, on (**1** *traverser*) une forêt mystérieuse et on (**2** *visiter*) la région en voiture de Formule 1. Vous (**3** *sortir*) de la salle avec la tête qui tourne.

## 3 Les vacances

Complète les conversations avec la bonne forme du verbe au futur simple.

**Exemple: 1 *tu partiras***

**A** – Quand est-ce que tu (**1** *partir*) en vacances?
  – Je (**2** *partir*) le 8 avril. Je (**3** *passer*) une semaine chez mon oncle. Et toi, tu (**4** *rester*) à Paris?
  – Non, je (**5** *passer*) cinq jours en Bretagne.
  – Et tu (**6** *rentrer*) quand?
  – Je (**7** *rentrer*) le 15 avril.

**B** – Et vous, où (**1** *passer*)-vous vos vacances?
  – Nous (**2** *retourner*) dans les Alpes.
  – Est-ce que vous (**3** *loger*) à l'hôtel?
  – Oui, nous (**4** *descendre*) dans un petit hôtel à Grenoble.
  – Est-ce que vous (**5** *prendre*) le train?
  – Non, nous (**6** *prendre*) la voiture. Nous y (**7** *rester*) dix jours.

## 4 Un message

Complète le message de Mathieu avec la bonne forme du verbe au futur. Choisis parmi les verbes dans la case.

**Exemple: 1 *nous visiterons***

Salut Thomas,

Pendant ton séjour en France, nous …(**1**)… le parc du Futuroscope. Tu y es allé? C'est un grand parc d'attractions sur le thème du cinéma. C'est près de Poitiers. Nous …(**2**)… le train pour le parc samedi matin, et nous …(**3**)… deux jours au parc. La nuit, on …(**4**)… à l'hôtel.
On …(**5**)… de voir beaucoup d'attractions. J'espère que tu …(**6**)… la visite.
@ +
Mathieu

aimer

essayer

loger

passer

prendre

visiter

## 5 À deux

**a** Choisissez trois activités de la case pour samedi prochain, mais ne les montrez pas à votre partenaire.

**b** À tour de rôle, posez des questions pour deviner les activités choisies. Après trois questions, donnez la bonne réponse.

**Exemple:**

- jouer sur l'ordinateur
- regarder un film
- lire un livre

**A** Samedi prochain, est-ce que tu joueras au football?
**B** Non.
**A** Tu prendras des photos?
**B** Non.
**A** Tu écriras des e-mails?
**B** Non, samedi prochain, je jouerai sur l'ordinateur, je regarderai un film et je lirai un livre.

**Des activités**

jouer au football / au tennis / sur l'ordinateur

regarder un film / la télé / un DVD

lire un magazine / un livre

écrire des e-mails / des messages

téléphoner à des amis

partir à la mer / à la campagne

visiter un musée

prendre des photos

sortir avec des amis

manger dans un fast-food

passer le week-end chez des amis

travailler

## 6 À toi!

Écris quelques phrases pour décrire des projets pour le week-end prochain. Voici des idées:

Samedi après-midi, je … et mes amis …
Samedi soir, on …
Dimanche matin, nous …
Dimanche après-midi, est-ce que tu … ?

■ *find out about hotel facilities*
■ *enquire about hotel services*

En France, on trouve des hôtels de toutes sortes: des grands hôtels de luxe aux petits hôtels simples. Pour trouver une chambre d'hôtel, on peut demander la liste des hôtels à l'office de tourisme, ou consulter des listes sur Internet.

## 1 Trois hôtels

**A**

### HÔTEL DU LAC ☆

Confort et convivialité à un prix budget pour les familles de 2 à 5 personnes.

**Les chambres de l'hôtel:**

- 148 chambres* entièrement rénovées et insonorisées.
- Télévision écran LCD.
- Salle de bains avec douche et WC séparés.
- 10 chambres sont accessibles aux personnes à mobilité réduite.

**Le restaurant de l'hôtel:**

- Petit déjeuner continental.
- Restaurant self-service et bar.

**Les services de l'hôtel:**

- Bagagerie.
- Parking.
- Animaux acceptés (gratuit) dans l'hôtel.
- Accès Wifi (gratuit).
- Navette Parc–Hôtel gratuite pendant les vacances scolaires (sous réserve).

*certaines chambres familiales proposent des lits superposés; le couchage en hauteur ne convient pas aux enfants de moins de 6 ans.*

**B**

### L'HÔTEL DU PLAZA ☆ ☆ ☆

Ce nouvel hôtel à thème vous invite à plonger dans l'ambiance (*atmosphere*) du monde de l'avenir. Ses chambres climatisées, toutes équipées de 3 et 4 lits sont spécialement adaptées aux familles.

**Les chambres de l'hôtel:**

- 197 chambres insonorisées et climatisées, dont de nombreuses chambres familiales et communicantes.
- Télévision écran plat 55 cm avec lecteur DVD et radio.
- Salle de bains avec baignoire et WC.
- 6 chambres sont accessibles aux personnes à mobilité réduite.

**Le restaurant de l'hôtel:**

- Petit déjeuner buffet.
- Bar avec animation certains soirs dans l'hôtel.
- Un restaurant self-service, formule buffet à volonté.
- Un restaurant cuisine traditionnelle.

**Les services de l'hôtel:**

- Piscine extérieure chauffée ouverte de mai à septembre (selon météo).
- Bagagerie.
- Parking.
- Animaux acceptés (gratuit) dans l'hôtel.
- Accès Wifi.

**C**

### LE GRAND HÔTEL ☆ ☆ ☆ ☆

L'hôtel dispose de suites et chambres familiales pouvant accueillir jusqu'à 4 personnes, bar et restaurant. Centre de remise en forme et piscine intérieure. Service attentif et enfants bienvenus à l'hôtel.

**Les chambres de l'hôtel:**

- 210 chambres spacieuses, insonorisées et climatisées.
- Télévision écran LCD avec lecteur DVD et satellite.
- Coffre-fort.
- Plateau de courtoisie (café, thé, biscuits).
- Mini-bar.
- Salle de bains avec douche, baignoire et WC.
- 6 chambres accessibles aux personnes à mobilité réduite.

**Le restaurant de l'hôtel:**

- Petit déjeuner buffet.
- Bar.
- Restaurant: cuisine du marché, créative et originale.

**Les services de l'hôtel:**

- Réception 24h/24.
- Piscine intérieure chauffée ouverte toute l'année.
- Centre de remise en forme: appareils de musculation.
- Salle de jeux.
- Bagagerie.
- Animaux acceptés (payant) dans l'hôtel.
- Accès Wifi (gratuit) dans l'hôtel.
- Mini-golf.

**a** Trouve le français.

1 shower
2 shuttle bus service
3 school holidays
4 bunk beds
5 air-conditioned
6 bath
7 heated outdoor pool
8 luggage room
9 fitness centre
10 safe deposit box
11 games room
12 chargeable

**b** Lis les renseignements sur les trois hôtels. C'est quel hôtel?

**Exemple: 1** *C*

1 Quel hôtel a le plus grand nombre de chambres?
2 Quel hôtel est le plus petit?
3 Quel hôtel a une piscine en plein air?
4 Quel hôtel a une piscine ouverte toute l'année?
5 À ton avis, quel hôtel est le plus cher?
6 Quel hôtel est le moins cher?

## Lexique

| | |
|---|---|
| | une chambre pour une personne |
| | une chambre à deux lits |
| | une chambre à trois lits |
| | une chambre à grand lit |
| | avec salle de bains et WC |
| | avec douche |
| | avec cabinet de toilette |
| | un ascenseur |
| | un bar |
| | un restaurant |
| | animaux acceptés |
| | piscine |

## 2 On arrive à l'hôtel

**a** Écoute et lis. Il y a cinq différences dans le texte. Copie la grille et note les différences.

| | sur l'enregistrement | dans le texte |
|---|---|---|
| 1 | deux chambres avec salle de bains | deux chambres avec douche |

**b** Travaillez à deux. Lisez la conversation, puis changez des informations pour inventer d'autres conversations.

– Bonjour, Madame. J'ai réservé deux chambres à l'hôtel.
– Oui. C'est à quel nom?
– Simon.
– Ah oui, deux chambres avec douche pour une nuit, c'est ça?
– Oui.
– Attendez, je vais voir si les chambres sont prêtes.
  \*\*\*
  Oui, ça va. Voici vos clefs. Ce sont les chambres 25 et 26, au deuxième étage.
– Merci. Le restaurant est ouvert à quelle heure le soir?
– Entre 19h30 et 22 heures. Vous voulez réserver une table?
– Non, merci. Où est l'ascenseur, s'il vous plaît?
– C'est un peu plus loin, à gauche.
– Merci.

## 3 À la réception

**a** Écoute les conversations et mets les images (A–J) dans l'ordre.

**Exemple: 1** *C*

**b** Trouve la phrase qui correspond à chaque image.

**Exemple: A** *9*

1 Est-ce qu'il y a un parking à l'hôtel?
2 Il n'y a pas de savon dans la chambre.
3 La clef numéro onze, s'il vous plaît.
4 L'hôtel ferme à quelle heure, le soir?
5 Le petit déjeuner est à quelle heure, s'il vous plaît?
6 Avez-vous une chambre de libre pour ce soir?
7 La douche dans ma chambre ne marche pas.
8 Il n'y a pas de serviettes dans ma chambre.
9 Est-ce qu'il y a un restaurant à l'hôtel?
10 La télévision dans ma chambre ne marche pas.

## 4 Des questions et des réponses

Trouve les paires.

1 L'hôtel ferme à quelle heure le soir?
2 Le petit déjeuner est à quelle heure, s'il vous plaît?
3 Où est le restaurant, s'il vous plaît?
4 Avez-vous une chambre de libre pour ce soir?
5 Est-ce qu'il y a une piscine à l'hôtel?
6 La navette (*shuttle bus*) part à quelle heure, s'il vous plaît?

a Voici les horaires. La prochaine navette part à 10 heures.
b Oui, qu'est-ce que vous voulez comme chambre?
c Le petit déjeuner est à partir de 7 heures.
d Non, je regrette il n'y a pas de piscine.
e Le restaurant est au rez-de-chaussée, par là.
f L'hôtel ferme à minuit. Si vous désirez rentrer plus tard, il faut demander une clef à la réception.

## 1 Que feront-ils?

Écoute les conversations et trouve les paires.

**Exemple: 1** *c*

| | |
|---|---|
| **1** Cécile | **a** aura beaucoup de travail. |
| **2 a** Roland | **b** aura 70 ans. |
|    **b** Le grand-père de Roland | **c** fera de la gymnastique. |
| **3** Karima | **d** fera du vélo. |
| **4 a** Samedi après-midi, Daniel | **e** feront du roller. |
|    **b** Dimanche, s'il se lève assez tôt, il | **f** ira chez ses grands-parents. |
| **5 a** Hélène | **g** ira, peut-être, au match. |
|    **b** Elle | **h** iront aux magasins. |
| **6** Luc et sa famille | **i** pourra jouer au badminton avec Fatima. |
| **7** Sika et sa sœur | **j** seront en Suisse. |
| **8** Nicolas et ses amis | **k** sera libre samedi après-midi. |

---

### Dossier-langue    Grammaire p151 • • • • • • • • •

Some verbs are irregular in the way they form the future stem (the part to which the endings are added).

However, the endings are always the same.

Here are some of the most common ones. Others are listed in **Les verbes** (page 155).

| infinitif | futur | anglais |
|---|---|---|
| *aller* | *j'irai* | I'll go |
| *avoir* | *j'aurai* | I'll have |
| | *il y aura* | there will be |
| *être* | *je serai* | I'll be |
| *envoyer* | *j'enverrai* | I'll send |
| *faire* | *je ferai* | I'll do |
| | *on fera* | we'll do |
| *pouvoir* | *je pourrai* | I'll be able to |
| *venir (devenir, revenir)* | *je viendrai (deviendrai, reviendrai)* | I'll come (become, return) |
| *voir* | *je verrai* | I'll see |

## 2 Mon anniversaire

Complète le message avec les verbes de la case.

**Exemple: 1** *c (nous ferons)*

> Salut Élodie,
>
> Ça va? Pour mon anniversaire cette année, nous …(**1**)… quelque chose de différent.
>
> Nous …(**2**)… tous à Futuroscope. Mon amie, Aurélie, …(**3**)… avec nous au parc. On dit que c'est super sympa! On passe des films avec beaucoup d'effets spéciaux.
>
> Nous …(**4**)… des films sur des écrans géants, avec des lunettes spéciales.
>
> Il y …(**5**)… un spectacle de nuit sur le lac.
>
> On …(**6**)… . Ça, c'est sûr!
>
> Je t'…(**7**)… une photo.
>
> Julie

**a** aura   **b** enverrai   **c** ferons   **d** irons
**e** s'amusera   **f** viendra   **g** regarderons

## 3 Demain

Choisis les bons verbes pour compléter le message.

**Exemple: 1** *b (On viendra)*

> Aurélie,
>
> On **1** … (**a** viendrai **b** viendra **c** viendrez) te chercher vers 8 heures demain matin. Comme ça, nous **2** … (**a** serons **b** serez **c** seront) à l'entrée vers 9 heures, quand le parc ouvrira.
>
> Est-ce que tu **3** … (**a** pourrai **b** pourras **c** pourra) apporter un imper? J'espère qu'il **4** … (**a** fera **b** ferez **c** feront) beau, mais on ne sait jamais!
>
> On **5** … (**a** commencerai **b** commenceras **c** commencera) par les attractions les plus populaires. Ensuite, on **6** … (**a** irai **b** ira **c** irons) voir EcoDingo, si la queue n'est pas trop longue. Et on **7** … (**a** prendra **b** prendrez **c** prendront) la Gyrotour.
>
> À midi, nous **8** … (**a** ferai **b** feras **c** ferons) un pique-nique. Comme ça, on **9** … (**a** évitera **b** éviterons **c** éviterez) les queues dans les cafés. On **10** … (**a** mangerai **b** mangeras **c** mangera) au restaurant le soir avant de partir. On s'amusera bien!!!
>
> A+ Julie

## 4 Destination Cosmos!

Complète la description d'une nouvelle attraction.

☆ Vous … un voyage unique dans l'espace. (*faire*)

☆ Vous … projeté dans l'univers. (*être*)

☆ Vous … plus vite que la vitesse de la lumière. (*aller*)

☆ Vous … les autres planètes du système solaire. (*voir*)

☆ La Terre … très petite. (*devenir*)

☆ On ne la … presque plus. (*voir*)

 ## 5 La semaine prochaine

a  Écris ton agenda pour une semaine pendant les vacances. Note une activité différente pour cinq jours mais garde un jour libre.

b  Travaillez à deux. Posez des questions pour découvrir ce que votre partenaire fera la semaine prochaine et quand il/elle sera libre.

**Exemple:**  **A** Qu'est-ce que tu feras lundi?

**B** Lundi, j'irai au stade.

**A** Est-ce que tu seras libre mardi?

**B** Non, mardi , je …, (etc.)

Tu écris: **lundi – au stade**;

Tu écris: **mardi** …

| | |
|---|---|
| lundi | *aller au stade* |
| mardi | *faire du roller* |
| mercredi | *aller au supermarché* |
| jeudi | *jouer au hockey* |
| vendredi | *aller au club de théâtre* |
| samedi | *être libre* |

## 6 Des messages

a  Complète les messages avec le verbe au futur.

**Exemple: 1** *elle n'ira pas*

b  Combien de personnes sortiront vendredi?

1  *Cécile est malade, alors elle n'(**aller**) pas au club de gym vendredi.*

2  *Raj (**aller**) directement au stade vendredi.*

3  *Karima a téléphoné. Elle (**venir**) au café à 8 heures vendredi.*

4  *Daniel a téléphoné. Il ne (**pouvoir**) pas aller au stade vendredi soir.*

5  *Yasmine (**aller**) au cinéma vendredi prochain.*

6  *Kamal ne (**être**) pas à la maison vendredi.*

7  *Sika a téléphoné. Elle (**faire**) du baby-sitting pour ses parents vendredi prochain.*

8  *Nicolas a téléphoné. Il (**avoir**) le temps d'aller à la piscine vendredi.*

### Stratégies

It's useful to memorise a few general expressions which you can include in different conversations. Check that you know what these mean.

**on s'amusera**

**ça sera amusant**

**ce sera sympa**

**on verra**

**je t'enverrai un texto**

**je n'aurai pas le temps**

**il y aura**

## 7 À toi!

La semaine prochaine, tu sortiras tous les jours. Écris quelques phrases pour décrire où tu iras et ce que tu feras.

**Exemple:** Lundi, j'irai au cinéma pour voir …

Ce sera amusant. Mardi, …

Voici des idées:

■ *discuss the weather*
■ *understand a simple weather forecast*

Quand on sort, on veut savoir quel temps il va faire. On trouve la météo sur Internet, dans les journaux, à la radio et à la télé. Les prévisions météorologiques sont souvent représentées par des symboles.

**La météo**

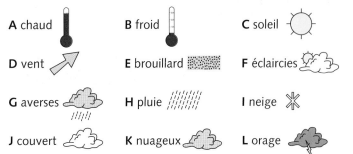

**A** chaud   **B** froid   **C** soleil

**D** vent   **E** brouillard   **F** éclaircies

**G** averses   **H** pluie   **I** neige

**J** couvert   **K** nuageux   **L** orage

## 1 On parle beaucoup du temps

Écoute les conversations (**1–8**) et note les symboles (**A–L**) qui correspondent. (Tu n'auras pas besoin de tous les symboles.)

**Exemple: 1** *c*

## 2 La météo pour samedi

Lis les phrases et consulte la carte. Six phrases seulement sont bonnes. Trouve les six phrases et tu auras la météo pour toute la France.

**Exemple:** *a, ...*

**a** Dans le nord de la France, il y aura de la pluie.
**b** Dans les Alpes, il fera très froid avec des chutes de neige.
**c** Dans la région parisienne, il y aura des éclaircies pendant l'après-midi.
**d** Dans le nord-est de la France, le brouillard sera présent toute la journée.
**e** Près de la Manche et en Bretagne, le ciel restera couvert.
**f** Dans le Val de Loire, il y aura du beau temps ensoleillé.
**g** Sur la côte atlantique, le temps sera variable, mais le vent d'ouest deviendra assez fort ce soir.
**h** Dans les Pyrénées, il fera froid avec des risques d'orages.
**i** Dans le Midi, il y aura quelques averses.
**j** Dans le centre de la France, il y aura du soleil toute la journée.

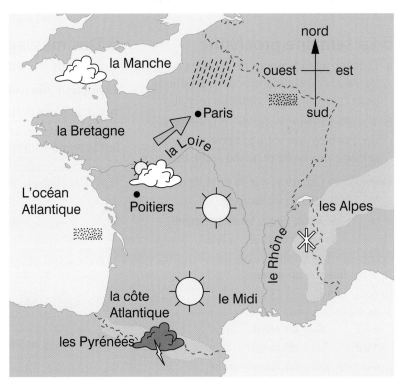

## 3 Et maintenant … la météo

Écoute la météo. Pour chaque région, dessine les bons symboles et note la température.

**Exemple: 1**  *12°C*

**1** dans le nord
**2** en Bretagne
**3** dans les Alpes
**4** dans la région parisienne
**5** sur la côte atlantique
**6** dans le Midi

**Stratégies**

In English, you add '-y' to a weather noun to make an adjective to describe the weather, e.g. snow + y = snowy.

Look at the example below to see which letters you add in French. Then work out the other adjectives to describe the weather.

| Quand il y aura …, | on dit que le temps sera … | anglais |
|---|---|---|
| de la neige, | neigeux. | *snowy* |
| un orage, | 1 … | *stormy* |
| un nuage (ou deux!), | 2 … | *cloudy* |
| de la brume, (*mist*) | 3 … | *misty* |
| Un peu différent: de la pluie, | 4 pluvi… | *rainy* |

## 4 Trois listes

Classe ces mots et expressions en trois listes pour désigner le présent, le passé et le futur.

demain · en ce moment · hier · dans cinq jours · à présent · hier soir · l'année prochaine · samedi dernier · il y a trois ans · la semaine dernière · aujourd'hui · avant-hier · plus tard · l'année dernière · la semaine prochaine · après-demain

## 5 Pour décrire le temps

Complète les phrases avec la bonne expression du tableau (en bas de la page).

Exemple: **1** *Hier matin, il a fait beau / il y a eu du soleil.*

**1** Hier matin, …

**2** Hier après-midi, …

**3** Demain, on dit qu'il …

**4** Aujourd'hui, …

**5** En ce moment, …

**6** Avant-hier, …

**7** Selon la météo, après-demain, …

**8** J'espère qu'il … pour le week-end.

## 6 C'est quand?

Choisis une expression de l'activité 4, pour compléter ces phrases. Attention – regarde bien les verbes.
Si le verbe est au présent / passé / futur, choisis une expression qui désigne le présent / passé / futur aussi. Il y a plusieurs possibilités.

Exemple: **1** *En ce moment, il joue au volley.*

**1** …, il joue au volley.
**2** Est-ce que vous serez libre … ?
**3** …, j'ai visité le musée des sciences.
**4** Est-ce qu'ils iront au Canada … ?
**5** As-tu vu le match à la télé … ?
**6** …, elle travaillera au supermarché.
**7** …, nous sommes allés à un parc d'attractions.
**8** …, elles font du bateau au lac.
**9** Ils ne sont pas là … .
**10** On regardera le film … .

| le présent | le passé composé | l'imparfait | le futur |
|---|---|---|---|
| il fait beau | il a fait beau | il faisait beau | il fera beau |
| il fait chaud | il a fait chaud | il faisait chaud | il fera chaud |
| il fait froid | il a fait froid | il faisait froid | il fera froid |
| il y a du soleil | il y a eu du soleil | il y avait du soleil | il y aura du soleil |
| il y a du vent | il y a eu du vent | il y avait du vent | il y aura du vent |
| il y a du brouillard | il y a eu du brouillard | il y avait du brouillard | il y aura du brouillard |
| il pleut | il a plu | il pleuvait | il pleuvra |
| il neige | il a neigé | il neigeait | il neigera |
| le temps est nuageux | le temps a été nuageux | le temps était nuageux | le temps sera nuageux |

- *describe a recent event*
- *talk about other theme parks*

## 1 En direct du Futuroscope

**a** Écoute les interviews. Est-ce qu'on parle du présent (**Pr**), du passé (**P**) ou du futur (**F**)?

**Exemple: 1** *Pr*

**b** Choisis **a**, **b** ou **c** pour compléter le résumé des interviews.

> C'est **1** … (**a** la première **b** la deuxième **c** la troisième) fois que Sophie visite le parc. Elle a fait plusieurs attractions, mais elle n'a pas fait EcoDingo parce qu' **2** … (**a** elle n'aime pas les attractions à sensations fortes **b** il y avait trop de personnes **c** elle a facilement le vertige).
>
> Elle a beaucoup aimé la Vienne Dynamique parce qu' **3** … (**a** on allait sur la Lune **b** il n'y avait pas de queue **c** il y avait des sièges qui bougeaient). Elle reviendra **4** … (**a** demain **b** la semaine prochaine **c** l'année prochaine). Daniel est **5** … (**a** Anglais **b** Américain **c** Canadien). Il est déjà venu au parc **6** … (**a** la semaine dernière **b** avant-hier **c** hier). Dans le magasin de souvenirs, il a acheté un T-shirt et **7** … (**a** un livre **b** un stylo **c** un poster).

## 2 Cette année ou l'année dernière?

Lis ces phrases. Mathieu et ses parents parlent de leurs vacances, mais est-ce qu'ils parlent de cette année ou de l'année dernière?

**Exemple:**

| Cette année | L'année dernière |
|---|---|
| 1 | 2 |

1 Nous prendrons l'avion.
2 Nous avons pris la voiture.
3 Nous sommes allés aux États-Unis.
4 Nous irons au Royaume-Uni.
5 Nous passerons trois jours à Londres.
6 Nous avons passé trois jours à New York.
7 Nous louerons une voiture.
8 Nous irons aussi à Édimbourg.
9 Nous sommes aussi allés à Washington.
10 Nous avons logé dans des motels.
11 Nous logerons dans des chambres d'hôtes.
12 Nous sommes montés au sommet de la Statue de la Liberté.

## 3 Forum des jeunes: Des parcs d'attractions

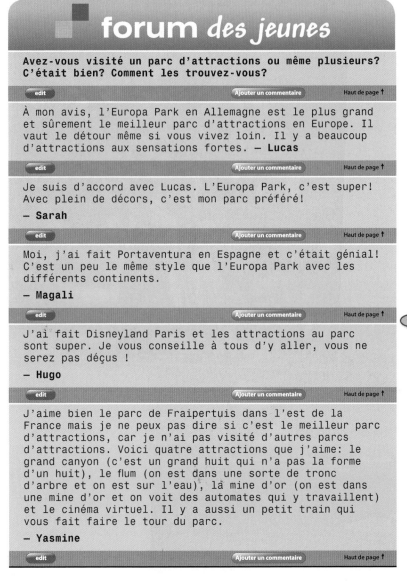

# forum *des jeunes*

**Avez-vous visité un parc d'attractions ou même plusieurs? C'était bien? Comment les trouvez-vous?**

> edit    Ajouter un commentaire    Haut de page ↑

À mon avis, l'Europa Park en Allemagne est le plus grand et sûrement le meilleur parc d'attractions en Europe. Il vaut le détour même si vous vivez loin. Il y a beaucoup d'attractions aux sensations fortes. — **Lucas**

> edit    Ajouter un commentaire    Haut de page ↑

Je suis d'accord avec Lucas. L'Europa Park, c'est super! Avec plein de décors, c'est mon parc préféré!

— **Sarah**

> edit    Ajouter un commentaire    Haut de page ↑

Moi, j'ai fait Portaventura en Espagne et c'était génial! C'est un peu le même style que l'Europa Park avec les différents continents.

— **Magali**

> edit    Ajouter un commentaire    Haut de page ↑

J'ai fait Disneyland Paris et les attractions au parc sont super. Je vous conseille à tous d'y aller, vous ne serez pas déçus !

— **Hugo**

> edit    Ajouter un commentaire    Haut de page ↑

J'aime bien le parc de Fraispertuis dans l'est de la France mais je ne peux pas dire si c'est le meilleur parc d'attractions, car je n'ai pas visité d'autres parcs d'attractions. Voici quatre attractions que j'aime: le grand canyon (c'est un grand huit qui n'a pas la forme d'un huit), le flum (on est dans une sorte de tronc d'arbre et on est sur l'eau), la mine d'or (on est dans une mine d'or et on voit des automates qui y travaillent) et le cinéma virtuel. Il y a aussi un petit train qui vous fait faire le tour du parc.

— **Yasmine**

> edit    Ajouter un commentaire    Haut de page ↑

**a** Trouve le français.

 **1** it's worth a detour
 **2** I agree
 **3** it was brilliant
 **4** you won't be disappointed
 **5** I can't say it's the best
 **6** roller-coaster
 **7** on water
 **8** gold mine
 **9** puppets
**10** takes you on a tour

**b** Tu as bien compris?

**1** How many different theme parks are mentioned in the forum?
**2** Which one seems the most popular?
**3** Which country is it in?
**4** What kind of attraction is *Le Grand Canyon?*

## 5 À toi!

**a** À deux, posez des questions de chaque section et répondez.

■ Normalement, qu'est-ce que tu aimes faire pendant les vacances?
■ Comment aimes-tu passer le week-end?
■ Qu'est-ce que tu fais avec tes amis?

■ Est-ce que tu as visité un parc d'attractions?
■ Quel parc? Quand? Avec qui?
■ Qu'est-ce que tu as surtout aimé?
■ Qu'est-ce que tu as fait pendant les dernières vacances?
■ Qu'est-ce que tu as fait pour fêter ton dernier anniversaire?

■ Qu'est-ce que tu feras pendant les prochaines vacances?
■ Est-ce que tu sortiras pour la journée?
■ Où iras-tu? Avec qui?

**b** Choisis deux questions de chaque section et écris tes réponses.

## 4 Des messages téléphoniques

Écoute bien. Tu travailles au bureau d'un parc d'attractions. Le téléphone sonne tout le temps. Écris des messages.

**Exemple: 1** *Laurent est malade. Il restera à la maison aujourd'hui.*

|         |                |                                     |
|---------|----------------|-------------------------------------|
|         | a pris         | demain                              |
| Laurent | a organisé     | au bureau                           |
| Nicole  | a manqué       | malade                              |
| Luc     | ne passera pas | le train                            |
| Suzanne | ira            | la visite à Radio Québec (jeudi 10h)|
| Hélène  | est allé(e)    | à la maison aujourd'hui             |
| Marc    | est            | vers 14h                            |
| Il      | arrivera       | à l'école Jacques Cartier           |
| Elle    | restera        | à l'hôtel de ville                  |
|         | téléphonera    | les photos pour le journal          |

## 6 Une carte postale

Écris une carte postale à des amis en France. Voici des idées:

■ Où es-tu?
■ Combien de temps y passes-tu?
■ Quel temps fait-il?
■ Qu'est-ce que tu as fait hier?
■ Qu'est-ce que tu feras demain?

### Les images

Choisis une image et réponds aux questions.

• Qu'est-ce qu'on voit sur l'image?
• Ça se passe où?

### Le Web et toi

Trouve le site d'un parc d'attractions en Europe mais trouve le texte en français!

• Ça se trouve où?
• Qu'est-ce qu'il y a comme attractions?
• C'est ouvert quand?
• Comment peut-on aller au parc?
• Ça coûte combien pour un adulte et pour un enfant?

# Sommaire

## Now I can ...

### ■ talk about a theme park

| | |
|---|---|
| une attraction | attraction |
| un bâtiment | building |
| un forfait | inclusive ticket |
| les horaires (m pl) (d'ouverture) | (opening) hours |
| un spectacle | show |
| un billet | ticket |
| l'entrée (f) | entrance |
| la séance | performance |
| un séjour | stay |
| faire la queue | to queue |
| se trouver | to be situated |
| un grand huit | roller-coaster |
| un flum | flume |
| faire le tour | to do a tour |

### ■ use the pronoun y

| | |
|---|---|
| Comment peut-on y aller? | How can you go there? |
| On peut y aller en bus. | You can go there by bus. |
| J'y suis allé(e) samedi dernier. | I went there last Saturday. |
| On y va? | Shall we go? |

A special use of y:

| | |
|---|---|
| il y a | there is/are |
| il y aura | there will be |
| il y avait | there was/were |

### ■ use the future tense

Regular verbs

| | infinitive | future stem | future tense | English |
|---|---|---|---|---|
| -er verbs | manger | manger... | je mangerai | I'll eat |
| -ir verbs | partir | partir... | tu partiras | you'll leave |
| -re verbs | prendre | prendr... | il/elle prendra | he/she'll take |

Irregular verbs

| infinitive | future stem | future tense | English |
|---|---|---|---|
| acheter | achèter... | j'achèterai | I'll buy |
| aller | ir... | tu iras | you'll go |
| avoir | aur... | il aura | he'll have |
| être | ser... | elle sera | she'll be |
| faire | fer... | nous ferons | we'll do |
| pouvoir | pourr... | vous pourrez | you'll be able |
| venir | viendr... | ils viendront | they'll come |
| voir | verr.... | elles verront | they'll see |
| | | on verra | we'll see |

### ■ stay at a hotel and enquire about hotel services

| | |
|---|---|
| une chambre | room |
| avec salle de bains | with a bathroom |
| avec douche | with a shower |
| avec cabinet de toilette | with washing facilities |
| un (grand) lit | (double) bed |
| une nuit | night |
| un ascenseur | lift |
| une clef, une clé | key |
| complet | full |
| un jardin | garden |
| un parking | car park |
| prêt | ready |
| un restaurant | restaurant |
| le savon | soap |
| une serviette | towel |
| le premier étage | the first floor |
| le deuxième étage | the second floor |
| le rez-de-chaussée | the ground floor |
| le sous-sol | the basement |
| à gauche | on the left |
| à droite | on the right |
| Avez-vous une chambre de libre? | Do you have a room available? |
| Je voudrais réserver une chambre pour une personne. | I would like to book a room for one person. |
| C'est combien? | How much is it? |
| C'est pour une / deux / trois nuit(s). | It's for one / two / three night(s). |
| Est-ce qu'il y a un restaurant / un parking / un ascenseur? | Is there a restaurant / a car park / a lift? |
| C'est à quelle heure, le petit déjeuner / le dîner? | What time is breakfast / dinner? |
| L'hôtel ferme à quelle heure? | What time does the hotel close? |
| La télévision / Le téléphone ne marche pas. | The television / telephone is not working. |

### ■ understand and discuss the weather forecast
(see also pages 92 and 93)

| | |
|---|---|
| la météo | the weather forecast |
| prévoir | to forecast, predict |
| Quel temps fera-t-il? | What will the weather be like? |
| Il fera beau / mauvais (temps). | It will be nice / bad. |
| Il fera chaud / froid. | It will be hot / cold. |
| Le temps sera variable / ensoleillé. | The weather will be variable / sunny. |
| Le ciel sera couvert. | The sky will be overcast. |
| Il y aura du brouillard / du soleil / du vent. | It will be foggy / sunny / windy. |
| Il fera entre 17 et 20 degrés. | It will be between 17 and 20 degrees. |
| une averse | shower |
| la brume / brumeux | mist / misty |
| une chute de neige | snowfall |
| une éclaircie | sunny period |
| la neige / neigeux | snow / snowy |
| un nuage / nuageux | cloud / cloudy |
| un orage / orageux | storm / stormy |
| la pluie / pluvieux | rain / rainy |

## Sport sport sport

### Le basket

⊕ Le basket a été inventé aux États-Unis en 1891.

⊕ Il devient de plus en plus populaire dans le monde entier.

⊕ Au début, les Américains ont dominé le sport. Pendant les Jeux Olympiques en 1936 ils ont gagné 63 matchs de suite.

⊕ Dans ce sport c'est un avantage d'être grand. Le joueur le plus grand qui a fait partie d'un match faisait 2,45 mètres.

⊕ Beaucoup de vedettes américaines disent que le basket est leur sport de spectacle favori.

### Le golf

◎ Le golf est né en Écosse il y a plus de 500 ans.

◎ À l'origine, les bergers frappaient des cailloux ronds avec des bâtons.

◎ Aujourd'hui c'est l'un des sports les plus pratiqués au monde, surtout au Japon et aux États-Unis, et les joueurs professionnels de golf peuvent gagner beaucoup d'argent.

## 1 Le basket et le golf – tu as bien compris?

Réponds en anglais.

**1** Which is the older sport, golf or basketball?

**2** Where was basketball invented?

**3** Where did golf originate?

**4** What did golfers originally use for clubs?

### Les Jeux Olympiques pour la Jeunesse (Les JOJ)

Les premiers Jeux Olympiques pour la jeunesse ont eu lieu en août 2010 à Singapour. Plus de 3 000 athlètes internationaux âgés de 14 à 18 ans, dont au moins 60 Français, ont participé aux mêmes sports que ceux des Jeux Olympiques.

Quelques champions sportifs célèbres, comme Roger Federer (tennis), Michael Phelps (natation) et Tony Estanquet (canoë-kayak) sont allés aux Jeux pour encourager ces jeunes.

Dans l'équipe française, il y avait Mathilde Cini (championne de France jeunes sur 50 m nage dos et 100 m nage libre) et Maxime Labat (16 ans), qui a fait de la planche à voile dès l'âge de six ans.

Un autre jeune sportif de 16 ans, Nicolas Boromé, qui vient de la Martinique, a fait le 110 m haies (*hurdles*) et, comme beaucoup d'autres jeunes concurrents, son ambition dans les JOJ était de gagner une médaille et, avant tout, de participer aux JO. Ces JOJ auront lieu tous les quatre ans, et il y aura aussi les JOJ d'hiver.

Voici une des raisons officielles pour la création de ces JOJ:

*"Les Jeux Olympiques de la Jeunesse (JOJ) ont pour mission d'inciter les jeunes du monde entier à s'adonner au sport ainsi qu'à adopter et appliquer les valeurs olympiques"* – Bonne raison, non?

### Les sports olympiques

C'est le CIO (Comité International Olympique) qui juge si un sport est assez populaire et suffisamment pratiqué dans le monde, pour être classé sport olympique.

## 2 Les JOJ

Trouve les paires.

**1** Les premiers JOJ ont eu lieu …

**2** Les participants sont âgés …

**3** Roger Federer est …

**4** Le sport pratiqué par Mathilde Cini …

**5** Les JOJ d'hiver ont lieu …

**6** Le jeune athlète, Nicolas Boromé, voulait avant tout …

**7** Le sport de Maxime Labat …

**8** L'organisation qui prend les décisions sur les JO …

**a** un champion de tennis.

**b** tous les quatre ans.

**c** à Singapour.

**d** de 14 à 18 ans.

**e** est la planche à voile.

**f** s'appelle le Comité International Olympique (CIO).

**g** est la natation.

**h** participer aux JO.

Voici quelques-uns des sports olympiques: il y a environ 28 sports d'été et 38 disciplines et 7 sports d'hiver et 15 disciplines.

## 3 Les sports olympiques

Complète le nom des sports dans cette liste et écris la traduction en anglais.

**a** Liste des sports olympiques d'été

1 la n_t_t_on synchr_ni_ée
2 le pl_ngeon
3 l'_thl_tisme
4 la b_x_
5 le c_cl_sme sur p_ste et sur r_ute
6 l'_quitat__n
7 la _ymn_stique
8 le v_lleyb_ll
9 le _e__is de t_ble
10 la vo_le

**b** Liste des sports olympiques d'hiver

1 la l_ge
2 le h_ckey s_r gl_ce
3 le pat_n_ge
4 le _k_ (alp_n ou de f_nd)
5 le _andb_ll
6 le _n_wbo_rd

## 4 Trouve les paires

| | |
|---|---|
| 1 aviron | a *wrestling* |
| 2 équitation | b *archery* |
| 3 escrime | c *ski jumping* |
| 4 haltérophilie | d *rowing* |
| 5 lutte | e *weightlifting* |
| 6 le saut à ski | f *horse-riding* |
| 7 tir à l'arc | g *fencing* |

# La plupart des jeunes reçoivent de l'argent de poche

Selon une enquête, presque tous les jeunes reçoivent de l'argent de poche régulièrement. Certains reçoivent cet argent uniquement pour les grandes occasions (des anniversaires, des fêtes, etc.), mais en général, on reçoit une somme d'argent régulièrement, toutes les semaines ou tous les mois.

Quelquefois, il y a une prime si on a de bonnes notes au collège. Et beaucoup de jeunes rendent de petits services à la maison. Par exemple ils mettent la table et la débarrassent, en échange de cet argent.

### Que fait-on de cet argent?

Les plus jeunes dépensent la moitié de leur argent en achetant des bonbons, du chewing-gum et des boissons. À partir de 13 ans, on dépense plus pour les magazines, la musique et les portables.

Les garçons ont tendance à acheter du matériel informatique. Les filles préfèrent acheter des vêtements.

### On fait aussi des économies.

On met de l'argent de côté pour des achats plus importants, par exemple une guitare, un ordinateur moderne ou pour des vacances. On dépose souvent l'argent qu'on reçoit pour un anniversaire ou à Noël à la banque. Les garçons se déclarent plus économes que les filles!

### Et quand on n'a pas d'argent?
### On se débrouille.

**Laura, 14 ans:** Je garde mes deux petits frères quand mes parents sortent. Je gagne de l'argent et je le mets de côté pour acheter un nouveau vélo.

**Thomas, 13 ans:** Je n'ai pas d'argent de poche, mais mes parents m'achètent mes vêtements et les choses nécessaires. Le week-end, je fais des petits boulots pour avoir de l'argent personnel, par exemple je lave la voiture ou je fais du jardinage pour ma grand-mère.

## 5 Français–anglais

Lis l'article et trouve les paires.

**Exemple: 1 *h***

| | |
|---|---|
| 1 une enquête | a *birthday* |
| 2 toutes les semaines | b *bonus* |
| 3 tous les mois | c *clothes* |
| 4 une prime | d *every week* |
| 5 des bonbons | e *every month* |
| 6 des vêtements | f *jobs* |
| 7 un anniversaire | g *sweets* |
| 8 boulots | h *a survey* |

## 6 Des questions et des réponses

Pour chaque question trouve deux réponses.

1 Qu'est-ce que tu fais avec ton argent?
2 Est-ce que tu mets de l'argent de côté?
3 Est-ce que tu fais des petits boulots pour gagner un peu d'argent en plus?

a J'achète des livres et je vais au cinéma.
b Oui, je mets de l'argent de côté pour acheter des baskets.
c J'appelle mes amis avec mon portable et le week-end je sors avec mes copains.
d Oui, je lave la voiture pour gagner un peu plus d'argent.
e Oui, je mets de l'argent de côté pour faire un voyage à Paris.
f Je garde ma petite sœur pour mes parents et je gagne entre 4 et 10 euros en plus.

## 1 Que fais-tu pour rester en forme?

Des jeunes parlent de la santé. Écoute et trouve la bonne image.

**Exemple: 1** *E*

## 2 Pour rester en forme

Trouve les paires.

**Exemple: 1** *f*

| | |
|---|---|
| **1** Chaque matin, je fais | **a** fais une heure d'aérobic. |
| **2** Pendant la semaine, je me | **b** de l'alcool. |
| **3** Je vais souvent | **c** collège à vélo, même en hiver. |
| **4** Deux fois par semaine, je | **d** couche de bonne heure. |
| **5** Pour rester en forme, | **e** chocolat ni de gâteaux. |
| **6** Moi, je ne | **f** du yoga dans ma chambre. |
| **7** Je bois rarement | **g** je fais du sport trois fois par semaine. |
| **8** Moi, je mange | **h** régulièrement et équilibré. |
| **9** Je vais toujours au | **i** fume pas. |
| **10** Je ne mange jamais de | **j** à la piscine. |

## 3 Trouve le français

Regarde l'activité 2 et trouve le français pour chaque phrase.

**Exemple: 1** *ne ... jamais*

| | | | |
|---|---|---|---|
| **1** never | | **6** three times a week |
| **2** twice a week | | **7** often |
| **3** not | | **8** every morning |
| **4** during the week | | **9** regularly |
| **5** always | | **10** rarely |

**Dossier-langue**   **Grammaire p145** • • • • • • • • •

## Adverbs

Adverbs tell you how, when or where something happened. Sometimes there is a whole phrase, sometimes just a single word.

There are several adverbs on page 100. Here are some more examples in French.

*Je me lève lentement.*

*Il joue dangereusement.*

*Ils apprennent facilement.*

Which words are adverbs? What do they mean in English?

What is the French equivalent of the ending '-ly' in English?

You can make many adjectives into adverbs in French – just add **-ment** to the feminine singular form of the adjective.

Copy and complete the table (top right).

Of course, there are some exceptions.

Match these common adverbs to the English:

| 1 | *bien* | a | always |
|---|--------|---|--------|
| 2 | *mal* | b | quickly |
| 3 | *vite* | c | badly |
| 4 | *toujours* | d | well |

| adjective | | adverb | English |
|---|---|---|---|
| masculine | feminine | | |
| *lent* | *lente* | *lentement* | *slowly* |
| *dangereux* | *dangereuse* | *dangereusement* | |
| *facile* | *facile* | *facilement* | |
| | *silencieuse* | | |
| *rapide* | | | |

Complete the caption to this picture with suitable adverbs.

*La tortue marche ... et ..., mais le lièvre court ... et ... .*

---

## 4 Quel sport?

Il y a beaucoup de sports, mais que choisir? Copie la grille et écoute ces jeunes (**1–6**).

a  Trouve le sport et la bonne catégorie.

| | sport | collectif | individuel | en salle | en plein air |
|---|-------|-----------|------------|----------|--------------|
| 1 | *le handball* | ✓ | | ✓ | |
| 2 | | | | | |

b  Écoute encore une fois. Pourquoi est-ce qu'on pratique un sport particulier? Choisis les bonnes raisons.

**Exemple: 1** *g, f*

a  Ça me donne le moral.
b  Ça fait du bien.
c  Ça me fait plaisir.
d  Ça me détend.
e  Ça me permet de bouger un peu.

f  On a une sensation de bien-être.
g  On développe un esprit d'équipe.
h  J'aime jouer en équipe.
i  Je préfère les sports d'endurance.

## 5 À toi!

a  Travaillez à deux. Que fais-tu pour rester en forme? Posez des questions et répondez à tour de rôle.

**Exemple:**  **A**  Que fais-tu pour rester en forme?

 **B**  Je joue au basket une fois par semaine.

 **A**  Pourquoi?

 **B**  J'aime jouer en équipe et ça me donne le moral.

b  Écris un e-mail à un(e) ami(e). Dis-lui ce que tu fais pour rester en forme.

**Exemple:** Pour rester en forme, je joue au basket une fois par semaine. J'aime jouer en équipe.

- *talk about healthy eating*
- *use the imperative*

## Tu manges bien?

Pour beaucoup de personnes, bien manger, c'est bien vivre. Mais que veut dire 'bien manger'? Voici cinq conseils:

1 Prends au moins trois repas par jour avec un bon petit déjeuner (c'est un repas essentiel), un déjeuner suffisant et un dîner léger mais équilibré. Ne saute pas un repas – ça ne fait pas maigrir.

2 Hamburger, hot dog, pommes frites, ... c'est vrai que c'est drôlement bon, mais pas très équilibré. Pour grandir, on a besoin de manger de tous les aliments. N'oublie pas de manger chaque jour des fruits et des légumes.

3 Tu sais qu'il ne faut pas grignoter entre les repas, mais si tu as envie de manger, choisis plutôt un fruit, un yaourt ou un sandwich. Essaie d'éviter les sucreries.

4 Bois de l'eau – c'est la seule boisson indispensable à la vie. Ne bois pas trop de boissons à base de caféine, comme le café, le thé et le Coca.

5 Manger, c'est aussi bon pour le moral, c'est une occasion de rencontrer les autres. Alors, mets-toi à table, parle de ta journée et partage un moment agréable.

grignoter – *to snack, nibble*

## 1 Tu manges bien?

a Trouve le bon titre pour chaque section (**1–5**).

**Exemple: 1** *b*

a Évite de grignoter
b Mange régulièrement
c Mange avec plaisir
d Mange équilibré
e N'oublie pas de boire

b Trouve le français.

**Exemple: 1** *que veut dire ... ?*

1 what does ... mean?
2 three meals a day
3 a light dinner
4 don't skip a meal
5 to get thinner
6 not very balanced
7 to grow
8 all kinds of food
9 to avoid
10 share

## 2 L'alimentation

Choisis des mots de la case pour compléter le résumé. Écoute pour vérifier.

Voici les six groupes d'aliments. Normalement, on doit ...(**1**)... des aliments de chaque groupe tous les jours.

1 ...(**2**)... **et produits sucrés:** aliments 'plaisir' – ils donnent rapidement de l'...(**3**)...

2 **matières** ...(**4**)...: ils donnent de l'énergie et des ...(**5**)... – à consommer modérément

3 **viandes,** ...(**6**)..., **œufs:** pour les protéines, le ...(**7**)... et des vitamines – à consommer au moins une ...(**8**)... par jour

4 **fruits et** ...(**9**)...: pour les vitamines, les minéraux et les fibres – légumes: à chaque repas; fruits: au moins ...(**10**)... fois par jour

5 **lait et** ...(**11**)... **laitiers:** notre principale source de calcium – il est important de manger un produit laitier à chaque ...(**12**)...

6 **pain,** ...(**13**)..., **légumes secs:** de l'énergie par les glucides – à manger une fois par ...(**14**)... (et un peu de pain à ...(**15**)... repas)

• En plus, il faut ...(**16**)... de l'**eau** – environ 1,5 litre par jour.

| | |
|---|---|
| boire | grasses |
| céréales | jour |
| chaque | légumes |
| consommer | poissons |
| deux | produits |
| énergie | repas |
| fer | sucres |
| fois | vitamines |

## 3 Des aliments

**a** Trouve le bon texte pour chaque image.

**Exemple: A** *l'huile d'olive*

**b** Trouve trois aliments pour chaque groupe de l'activité 2.

**Exemple: 1** *les bonbons (F), …*

| | | |
|---|---|---|
| le beurre | le gâteau | les œufs |
| les bonbons | les haricots (secs) | les pâtes |
| les carottes | l'huile d'olive | le poisson |
| le chocolat | le jambon | les pommes |
| le chou | le lait | les pommes de terre |
| le fromage | la mayonnaise | le yaourt |

## 4 Des conseils

Écoute les conseils de quelques jeunes et lis les phrases. Ils ne disent pas trois des phrases. Lesquelles?

1 Ne mange pas trop de chocolat – c'est mauvais pour la santé.
2 Évitez les boissons sucrées.
3 Essaie de manger des fruits tous les jours.
4 Mangez des chips – mais pas à chaque repas!
5 Pour manger équilibré, choisis des aliments dans chaque catégorie.
6 Buvez de l'eau – c'est important pour la santé.
7 N'oubliez pas de boire de l'eau.
8 Prenez un bon petit déjeuner – c'est bon pour la santé.

### Dossier-langue    Grammaire p152

To give instructions and advice, use the *tu* and *vous* forms of the **imperative**.

For most verbs this is very easy – just omit the word *tu* or *vous* from the present tense. For *-er* verbs in the *tu* form you also need to take off the final *-s*.

How many imperatives can you find on these pages? Don't forget the instructions for activities (*Lis*, *Écoute*, *Travaillez*, etc.).

What happens in the negative?

Work out how to say the following, using both the *tu* and *vous* forms:
1 Have three meals a day. (*prendre*)
2 Don't eat too much chocolate. (*manger*)
3 Drink water. (*boire*)
4 Don't forget to eat some fruit. (*oublier*)
5 Choose from all the foods. (*choisir*)
See also **Les verbes** (page 155) for a list of irregular verbs.

## 5 À toi!

**a** Travaillez à deux. Posez ces questions et répondez à tour de rôle.

Votre partenaire a bien mangé?

- Combien de repas manges-tu au cours de la journée? (*Normalement, …*)
- Est-ce que tu grignotes? Si oui, que manges-tu? (*Je grignote souvent / un peu … J'aime manger des chips / des fruits / …*)
- Qu'est-ce que tu as mangé et bu hier? (*J'ai mange / bu …*)
- À ton avis, tu as bien mangé? Pourquoi? (*Oui / Non, parce que …, c'est bon / mauvais pour la santé.*)

**b** Regarde les pages 100–101 et écris six conseils (ou plus) pour avoir la forme.

### 1 Je n'ai pas le moral

Je suis si découragée, je ne m'amuse pas du tout. J'ai trop de devoirs, mais je ne les fais pas bien parce que je suis toujours fatiguée et que je ne me sens pas bien. Bref, je n'ai pas le moral.
**Élisabeth B, Montpellier**

Il y a trois mois, moi aussi, j'étais découragé, je n'avais pas le moral, j'étais stressé par mes études et je mangeais trop de fast-food. Mais un jour, je me suis réveillé de bonne heure et j'ai décidé de faire quelque chose de positif! Je me suis levé très vite et j'ai fait de l'exercice.

Aussitôt, je me suis senti mieux. Ce jour-là, je me suis bien nourri – pas de frites, pas de boissons sucrées – et tu sais, je ne me suis pas fâché, je ne me suis pas ennuyé. Ma mère ne s'est pas encore habituée à cette nouvelle personne, mais je me suis enfin détendu*, alors elle est heureuse.

Chaque matin, je fais de l'exercice et je me suis inscrit à un club de gym. Les études sont importantes, mais on ne peut pas les faire si on ne se détend pas. Alors, Élisabeth, relaxe-toi, bouge-toi un peu et le reste s'arrangera!

**Mathieu P, Aix-la-Chapelle**

Lis les messages et écris vrai (**V**) ou faux (**F**). Corrige les phrases qui sont fausses.
1 Élisabeth est contente.
2 Il y a trois mois, Mathieu n'avait pas le moral.
3 Un jour, il s'est couché de bonne heure.
4 Après quelques exercices, il s'est senti mieux.
5 Ce jour-là, il n'a pas mangé de fast-food.
6 Mathieu ne s'est pas relaxé.
7 Sa mère s'est inscrite à un club de gym.
8 Mathieu ne s'intéresse pas du tout à ses études.

### 2 Qui parle?

Lis les phrases et décide qui parle. Attention! Regarde bien les participes passés.

**Exemple: 1 Boris**

1 Je ne sais pas pourquoi je me suis fâché. J'étais trop fatigué, peut-être.
2 Je me suis levée de bonne heure pour faire du yoga. Ça fait du bien.
3 Nous nous sommes inscrites dans un club de gym.
4 Ma sœur et moi, nous nous sommes relaxés un peu avant de faire nos devoirs.
5 Nous nous sommes dépêchés pour arriver au match.

Ahmed et Daniel    Boris
Charles et Chloé    Lucile et Béatrice
Mathilde

**Dossier-langue**    **Grammaire p152**

#### Reflexive verbs

In Mathieu's message and in activity 1 there are some reflexive verbs (**verbes pronominaux**). Which auxiliary is used in the perfect tense of reflexive verbs.

Where does the reflexive pronoun go?

As with other verbs that take **être** in the perfect tense, the past participle must agree with the subject. Here is the verb **se lever** (to get up) in full.

| | |
|---|---|
| *je me suis levé(e)* | *nous nous sommes levé(e)s* |
| *tu t'es levé(e)* | *vous vous êtes levé(e)(s)* |
| *il s'est levé* | *ils se sont levés* |
| *elle s'est levée* | *elles se sont levées* |
| *on s'est levé(e)(s)* | |

What is the rule for adding -**e** or -**s** to the past participle?

What happens in the negative? Look at this example and work out the rule.

**Il ne s'est pas réveillé.**

How many examples of the perfect tense of reflexive verbs can you find in activity 1.

se détendre – *to relax*

## 3 Hier, on a eu des problèmes

Écoute ces six jeunes. Ils racontent ce qu'ils ont fait hier.

**a** Mets les images dans l'ordre.

Exemple: **1** *E, ...*

**b** Complète les verbes pronominaux (*reflexive verbs*) au passé composé. Attention! Il n'y a pas toujours de terminaison à ajouter.

Exemple: **1** *E – Nous nous sommes levés très tard ...*

L'après-midi, je me … assis… au soleil et après cinq minutes, il a commencé à pleuvoir!

Tu …'es baigné… pendant une heure et moi, j'ai dû t'attendre. Je … suis ennuyé… .

Je … suis couché… avant 10 heures, mais je me … endormi… trois heures plus tard!

Mes amis ne se … pas entendu… . Ce n'était pas drôle. Je ne … … pas du tout amusé… .

Nous … sommes levé… très tard. Ma mère …'est dépêché…, mais elle est arrivée au travail en retard.

Ma sœur et moi, nous nous … disputé… .

## 4 Toujours des problèmes

Complète les phrases avec la bonne forme du verbe. Attention à la terminaison!

Exemple: **1** *Hier, mon frère s'est disputé avec moi.*

**1** Hier, mon frère …'est … avec moi. (*se disputer*)

**2** – Raj et David, le film était intéressant hier soir?

– Non, pas du tout! Nous … sommes tous les deux …! (*s'endormir*)

**3** – Simon, tu …'es bien … au parc Astérix? (*s'amuser*)

– Pas tellement. Je … suis … après deux heures. (*s'ennuyer*)

**4** J'ai mangé tout le gâteau et ma mère …'est … . (*se fâcher*)

**5** – Tu es partie de bonne heure hier, Karima?

– Oui, je … suis … très tôt pour partir avant 7 heures. (*se lever*)

**6** – Tu …'es … à quelle heure, Agnès? (*se réveiller*)

– Vers 10 heures: mes parents … sont … parce que j'étais en retard. (*s'inquiéter*)

## 5 À toi!

**a** Travaillez à deux. Regardez les problèmes, puis posez la question et répondez à tour de rôle.

Exemple: – Qu'est-ce qui s'est passé?

– Je me suis disputé avec ma copine.

**b** Écris au moins une phrase pour chaque image, en utilisant des verbes pronominaux (*reflexive verbs*) au passé composé.

Exemple:

Hier, Max et sa copine se sont disputés. Il s'est fâché parce qu'elle est arrivée en retard.

### Pour t'aider

se disputer　se dépêcher　se lever / se réveiller tard　se fâcher s'entendre (bien)

# Qu'est-ce qui ne va pas?

## 1 Un point de vue positif

Lis l'article et trouve les paires.

**Exemple: 1** *C*

Ça ne va pas? Tu n'es pas content(e) de toi?
Essaie de voir la vie d'un point de vue positif!
Fais notre jeu et trouve la bonne solution de
chaque problème.

**3** J'ai les oreilles trop grandes.

**4** J'ai le visage très long.

**1** J'ai les cheveux trop frisés.

**5** La bouche me donne toujours l'air triste.

**2** J'ai un gros nez.

**6** J'ai les jambes trop courtes.

**A** Mets-toi à l'envers!

**B** Tu peux porter beaucoup de belles boucles d'oreille!

**C** Mets un bonnet – ça te va bien!

**D** Très bien! Un short coûte moins cher qu'un pantalon.

**E** Ça te donne l'air aristocratique.

**F** Tu as de la chance, tes lunettes ne tombent jamais.

## 2 Ça ne va pas

**a** Écoute ces six jeunes et mets les textes dans le bon ordre.

**Exemple: *b*, ...**

**a** J'ai mal à la gorge et je tousse.

**b** J'ai mal aux dents.

**c** J'ai mal aux épaules.

**d** J'ai mal à la tête.

**e** J'ai plein de boutons au menton.

**f** J'ai les yeux tout rouges.

**b** Regarde l'image et trouve le bon texte (**a–f**).

**Exemple: 1 *d***

### Dossier-langue    Grammaire p152

In activity 2, the expression *j'ai mal au/à la/ à l'/aux* … is used to say that something hurts or aches. The verb *avoir* is also used in other expressions to do with not feeling well.

Match these to the English.

1 *Tu as de la fièvre.*   a  We are cold.
2 *Il a chaud.*   b  They are hungry.
3 *Nous avons froid.*   c  He is hot.
4 *Vous avez soif?*   d  You have a temperature.
5 *Elles ont faim.*   e  Are you thirsty?

*tousser – to cough*

## 3 Des excuses

Écoute les conversations (**1–6**). C'est quelle excuse?

**Exemple: 1** *D*

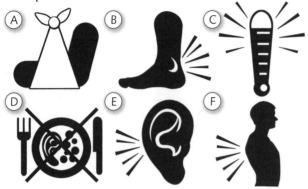

A B C
D E F

## 4 Forum des jeunes: Des problèmes

**a** Voici des problèmes et des réponses. Trouve les paires.

**Exemple: 1** *c*

### forum *des jeunes*

**1** J'ai 14 ans et je m'inquiète depuis quelques mois! Des boutons se sont formés sur tout mon visage. Je me lave soigneusement, mais ça n'aide pas. Est-ce que c'est normal? – **Simon**

edit    Ajouter un commentaire    Haut de page ↑

**2** J'ai les dents jaunes et j'ai déjà des plombages (*fillings*). Comment éviter ça? – **Marc**

edit    Ajouter un commentaire    Haut de page ↑

**3** J'ai jeté mes lunettes parce que les garçons se sont moqués de moi. En plus, c'était pénible quand il pleuvait. Mais depuis ce temps, je n'y vois pas très bien! Que faire? – **Laura**

edit    Ajouter un commentaire    Haut de page ↑

**4** Je me suis reposée au soleil et j'ai bronzé pendant les vacances. Je me sens très bien, mais quels sont les dangers du bronzage? – **Cécile**

edit    Ajouter un commentaire    Haut de page ↑

**a** On a souvent l'air très intelligent quand on porte des lunettes – il faut bien choisir. Sinon, tu peux essayer des lentilles. Il y en a un vaste choix et beaucoup de gens les supportent bien.

**b** La carie dentaire (*tooth decay*) est la maladie la plus fréquente chez les jeunes Français. Pour avoir de belles dents blanches, moi, j'ai arrêté de boire des boissons sucrées et de fumer. Je me brosse les dents après chaque repas ou je mâche des chewing-gums sans sucre.

**c** L'acné est normale pendant l'adolescence, surtout pour les garçons. Ne t'inquiète pas, ça disparaîtra avec l'âge. Sois patient et n'y touche pas! Le meilleur moyen de se débarrasser de boutons graves est d'aller voir un dermatologue.

**d** Le cancer de la peau est aujourd'hui la première cause de mortalité par cancer chez les jeunes adultes. Si on ne s'est pas protégé contre le soleil, il y a des risques.

edit    Ajouter un commentaire    Haut de page ↑

---

### Dossier-langue   Grammaire p149

The preposition **depuis** means 'since' or 'for':

*J'ai mal à la tête depuis lundi.*

I've had a headache since Monday.

*Il a mal à la gorge depuis trois jours.*

He's had a sore throat for three days.

In English, we use the perfect tense:

'I **have had** a headache since Monday'.

In French, you must use the **present tense**: 'I **have** a headache (and it's been going on) since Monday'.

Work out how to say the following:

**1** I have had toothache for a week.
**2** She has had a earache since Tuesday.
**3** They have been thirsty since this morning.
**4** He has been worried for a few months.

---

**b** Trouve le français.

**1** I'm worried
**2** carefully
**3** (they) made fun of me
**4** it was a pain
**5** I sunbathed
**6** try contact lenses
**7** sugary drinks
**8** I chew sugar-free gum
**9** don't worry
**10** to get rid of spots
**11** skin cancer
**12** if you haven't protected yourself

## 5 À toi!

**a** Travaillez à deux. Posez les questions et donnez des conseils.

– Qu'est-ce qui ne va pas?

–

depuis …

– À mon avis, tu dois aller chez le médecin / le dentiste / un dermatologue / un opticien …
Ne mange / bois pas de …
Ne t'inquiète pas, c'est normal …

**b** Écris un e-mail à un(e) ami(e). Change les détails de l'exemple.

> Je regrette, mais je ne peux pas **jouer au foot** **samedi** parce que j'ai mal **à la jambe** et **aux pieds** depuis **trois jours**. Si ça ne va pas mieux **demain**, j'irai **chez le médecin**. Et toi, ça va? J'espère qu'on pourra **jouer au foot** la semaine prochaine.

| | | |
|---|---|---|
| aller à la piscine faire du vélo, etc. | deux / trois jours hier | chez / le médecin / |
| ce soir mercredi, etc. | une semaine demain | le dentiste / l'opticien, etc. |
| au bras aux dents, etc. | dans deux / trois jours, etc. | |

- ask for advice at the chemist's
- talk about going to the doctor's

## Infos-santé

- Si vous habitez dans l'UE, obtenez la carte européenne d'assurance maladie (EHIC) avant de partir en France. Cela vous évitera d'avoir des problèmes si vous tombez malade en France.

- En cas d'urgence, appelez le 112; c'est le numéro d'appel d'urgence européen dans 27 pays d'Europe. Vous pouvez appeler le 112 d'un téléphone fixe, d'un portable ou d'une cabine publique … gratuitement!

- À la pharmacie en France, on peut acheter beaucoup de choses pour la santé, mais on peut aussi demander des conseils au pharmacien. Comme ça, on n'a pas toujours besoin d'aller chez le docteur quand on est malade.

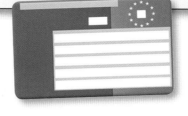

## 1 On achète ça à la pharmacie

Trouve la bonne image.

Exemple: **1 B**

1 des pastilles pour la gorge
2 de l'aspirine
3 du shampooing
4 une crème contre les piqûres d'insectes
5 un tube de dentifrice
6 du coton
7 une brosse à dents
8 du sparadrap
9 une crème solaire
10 du sirop pour la toux
11 du savon
12 un médicament / des comprimés pour le mal de ventre

## 2 Qu'est-ce qu'on a acheté?

Écoute les sept conversations à la pharmacie. Qu'est-ce qu'on a acheté?

Exemple: **1 B** – *La personne 1 a acheté des pastilles pour la gorge.*

## 3 Je peux vous aider?

**a** C'est quelle phrase ou question? Trouve les paires.

**Exemple: 1** *f*

**a** Avez-vous quelque chose contre le rhume (*a cold*)?

**b** Je voudrais quelque chose contre le mal de tête.

**c** Je voudrais quelque chose contre les piqûres d'insectes.

**d** Avez-vous une brosse à dents et du dentifrice?

**e** Donnez-moi une bouteille de sirop pour la toux, s'il vous plaît.

**f** Avez-vous quelque chose contre le mal de ventre?

**g** Avez-vous une boîte de pastilles pour la gorge, s'il vous plaît?

**h** Je voudrais quelque chose contre les coups de soleil.

**b** Relis **a–h**. Trouve la bonne réponse du pharmacien.

**Exemple: a** *4*

**1** Oui, ces pastilles sont très bonnes pour la gorge.

**2** Prenez ce médicament pour le mal de ventre, mais si ça ne va pas mieux dans trois jours, prenez rendez-vous avec votre docteur.

**3** Oui, les brosses à dents et les dentifrices sont là-bas.

**4** Prenez ce médicament – il est très efficace contre le rhume.

**5** Cette crème est bonne si vous avez passé trop de temps au soleil.

**6** Prenez ces comprimés, mais si le mal de tête continue dans deux jours, prenez rendez-vous avec le docteur.

**7** Mettez cette crème; elle est très efficace contre les piqûres.

**8** Voilà. Ce sirop est très bon pour la toux.

## 4 Un rendez-vous

Travaillez à deux. Une personne (**A**) veut prendre rendez-vous chez le médecin, l'autre (**B**) est le/la réceptionniste. Écoutez la conversation, puis changez les mots en couleur pour inventer d'autres conversations.

**A** Je voudrais prendre rendez-vous avec le docteur, s'il vous plaît.

**B** Oui, demain à 14 heures, ça va?

**A** Ce n'est pas possible aujourd'hui?

**B** Non, je regrette.

**A** Bon, alors, demain à 14 heures.

**B** C'est à quel nom?

**A** Laval, Michel Laval.

| |
|---|
| aujourd'hui |
| ce matin / cet après-midi |
| demain matin / après-midi |
| lundi / mardi, etc. |
| 10 heures |
| 11 heures 15 |
| 14 heures 30 |
| 15 heures 45, etc. |
| Non, je regrette. |
| Oui, à 17 heures, etc. |

## 5 Chez le médecin

Écoute et mets la conversation dans l'ordre.

**Exemple:** *c, …*

**a** Montrez-moi votre jambe, s'il vous plaît … Ah, je vois.

**b** Je suis allergique à la pénicilline.

**c** Bonjour. Qu'est-ce qui ne va pas?

**d** Merci, docteur. Au revoir.

**e** Depuis combien de temps?

**f** Non, mais il faut vous faire un bandage au genou et mettre cette crème. Vous avez des allergies?

**g** J'ai mal au genou.

**h** Ce n'est pas un problème pour ce médicament. Revenez dans une semaine si ça ne va pas mieux.

**i** C'est grave?

**j** Depuis hier. Je suis tombé de mon vélo hier soir.

## 6 Inventez des conversations

Travaillez à deux. Inventez des conversations. Une personne (**A**) est le docteur, l'autre (**B**) est un(e) client(e). Puis changez de rôle.

**Exemple:**

 **A** Bonjour. Qu'est-ce qui ne va pas?

**B** J'ai mal au bras.

**A** Depuis quand?

**B** Depuis une semaine.

 **A** Montrez-moi votre bras, s'il vous plaît. … Ah, je vois.

**B** C'est grave?

 **A** Non. Prenez ce médicament et revenez dans deux jours.

 **Montrez-moi** **Mettez**

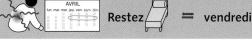 **Restez** = **vendredi**

**Stratégies**

Remember to use the present tense with the preposition *depuis* ('since' or 'for').

*J'ai mal à la tête depuis lundi.*

I have had a headache since Monday.

*Il a mal à l'oreille depuis trois jours.*

He's had earache for three days.

*Depuis quand êtes-vous malade?*

How long have you been ill?

*Depuis combien de temps avez-vous mal à la gorge?*

How long have you had a sore throat?

## Les images

Choisis une image et réponds aux questions.

Qu'est-ce qu'il y a ici? Tu aimes ça?

C'est bon pour la santé? Pourquoi (pas)?

Que font ces jeunes pour rester en forme?

Quel est ton sport préféré?

Est-ce que ces jeunes sont contents? Pourquoi pas?

Qu'est-ce qui ne va pas?

## Le Web et toi

Trouve le site d'un supermarché français.

- Quels aliments peut-on y acheter?
- Est-ce qu'il y a des fruits, des légumes, des viandes, etc. qu'on ne trouve pas chez toi?
- Cherche au moins cinq produits dans chaque groupe d'aliments (à la page 102) et note les prix.

# Sommaire

## Now I can ...

### ■ *say when I do something*

| | |
|---|---|
| toujours | always |
| souvent | often |
| rarement | rarely |
| régulièrement | regularly |
| chaque matin | every morning |
| pendant la semaine | during the week |
| une / deux / trois fois par semaine | once / twice / three times a week |
| ne ... jamais | never |
| bien / mal | well / badly |
| vite | quickly |

### ■ *discuss healthy eating*

| | |
|---|---|
| J'aime manger / boire ... | I like eating / drinking ... |
| C'est bon / mauvais pour la santé | It's healthy / unhealthy |
| les aliments | foods |

### ■ *discuss healthy lifestyles and general fitness* (see page 101)

### ■ *use the imperative* (see page 103)

### ■ *use reflexive verbs in the perfect tense*

| | |
|---|---|
| Je me suis réveillé(e) à 7 heures. | I got up at 7.00. |
| Il s'est levé à 9 heures. | He got up at 9.00. |
| Elle s'est reposée devant la télé. | She relaxed in front of the TV. |
| Ils se sont promenés avec le chien. | They went for a walk with the dog. |

### ■ *identify parts of the body*

| | |
|---|---|
| la bouche | mouth |
| le bras | arm |
| la cheville | ankle |
| le corps | body |
| le cou | neck |
| le coude | elbow |
| le cœur | heart |
| la dent | tooth |
| le doigt | finger |
| le dos | back |
| l'estomac (m) / le ventre | stomach |
| le genou | knee |
| la gorge | throat |
| la jambe | leg |
| la main | hand |
| le menton | chin |
| le nez | nose |
| un œil (les yeux) | eye (eyes) |
| une oreille | ear |
| la peau | skin |
| le pied | foot |
| le poignet | wrist |
| la tête | head |
| le talon | heel |
| le visage | face |

### ■ *use some expressions with the verb* avoir

| | |
|---|---|
| J'ai mal (au/à la/à l'/aux ...) | My (...) hurts / I have (...) ache |
| Tu as de la fièvre | You have a fever |
| Il/elle a chaud | He/she is hot |
| Nous avons froid | We are cold |
| Vous avez soif | You are thirsty |
| Ils/elles ont faim | They are hungry |

### ■ *use* depuis *with the present tense*

| | |
|---|---|
| Depuis combien de temps? | For how long? |
| Depuis quand? | Since when? |
| Depuis deux jours. | For two days. |
| Depuis lundi. | Since Monday. |

### ■ *buy basic medical supplies at the chemist's*

| | |
|---|---|
| des pastilles pour la gorge (f pl) | cough pastilles |
| de l'aspirine (f) | aspirin |
| des comprimés (m pl) | tablets |
| du shampooing | shampoo |
| une crème contre les piqûres d'insectes | cream for insect bites |
| un tube de dentifrice | tube of toothpaste |
| du coton | cotton wool |
| une brosse à dents | toothbrush |
| du sparadrap | sticking plaster |
| une crème solaire | sun cream |
| du sirop pour la toux | cough medicine |
| du savon | soap |
| un médicament pour le mal de ventre | medication for indigestion |

### ■ *consult a chemist*

| | |
|---|---|
| Je voudrais ... | I'd like ... |
| Avez-vous ...? | Have you got ...? |
| Donnez-moi ..., s'il vous plaît. | Please give me ... |
| Prenez ces pastilles, etc. | Take these pastilles, etc. |
| Ces comprimés sont très efficaces contre ... | These tablets are very effective for ... |
| Si ça ne va pas mieux ... | If it's not better ... |
| demain / dans deux jours ... | tomorrow / in two days ... |
| prenez rendez-vous avec le docteur | make an appointment with the doctor |

### ■ *make an appointment at the doctor's*

| | |
|---|---|
| Je voudrais prendre rendez-vous avec le docteur, s'il vous plaît. | I'd like to make an appointment with the doctor, please. |
| C'est à quel nom? | What name is it? |

### ■ *consult a doctor*

| | |
|---|---|
| Qu'est-ce qui ne va pas? | What's the matter? |
| J'ai mal à la gorge / aux pieds, etc. | My throat hurts / feet hurt, etc. |
| Ouvrez la bouche. | Open your mouth. |
| Montrez-moi ... | Show me ... |
| C'est grave? | Is it serious? |
| Prenez ce médicament. | Take this medicine. |
| Mettez cette crème. | Put on this ointment / cream. |
| Restez au lit. | Stay in bed. |
| Revenez dans trois jours. | Come back in three days. |
| Vous avez des allergies? | Have you any allergies? |
| Je suis allergique à la pénicilline. | I'm allergic to penicillin. |

## Tips for comparing English and French spellings

The spelling of some French and English words follows certain patterns that can help you work out the meaning. Here are a few examples.

| French | English |
|---|---|
| *individuel, essentiel* | individual, essential |
| *populaire, le sommaire* | popular, summary |
| *(en) avance, avantage, un avocat* | (in) advance, advantage, advocate (lawyer) |
| *une école, un écran, épeler, étrange* | school, screen, to spell, strange |
| *un membre, décembre* | member, December |
| *prononce, une annonce* | pronounce, announcement |
| *(avec) vigueur, un radiateur, un danseur* | (with) vigour, radiator, dancer |
| *sérieux, furieux* | serious, furious |
| *le gouvernement, le mouvement* | government, movement |
| *l'intérêt, l'hôpital, une île* | interest, hospital, isle/island |
| *positif, passif* | positive, passive |

## 1 Des mots en famille

Écris l'anglais pour ces expressions, puis vérifie dans un dictionnaire.

**a** 1 écrire
   2 l'écriture
   3 par écrit
   4 un écrivain

**b** 1 lire
   2 la lecture
   3 un lecteur/une lectrice

**c** 1 faire
   2 un fait
   3 en fait
   4 faisable

**d** 1 travailler
   2 le travail scolaire
   3 des travaux (sur la route)
   4 travailleur/travailleuse
   5 la fête du Travail

## 2 Des mots utiles à l'hôtel

Complète les mots avec des voyelles et écris l'anglais.

**Exemple: 1** *une chambre* – a room

1 _n_ ch_m b r_
2 l_ s_ll_ d_ b__ns
3 l_ d__ch_
4 l_ l_t
5 _n_ n__t
6 l_ cl_f
7 l_ s_v_n
8 _n_ s_rv__tt_
9 q__l _t_g_?
10 l_ s__s-s_l

## 3 Le Salon de la Jeunesse

Complète les informations sur cet événement pour les jeunes. Écris les verbes au futur.

Le Salon de la Jeunesse (**1**)… (*avoir*) lieu à Montréal le mois prochain. Le Salon (**2**)… (*ouvrir*) ses portes le 18 avril et (**3**)… (*continuer*) jusqu'au 25 avril. Au Salon, on (**4**)… (*trouver*) des renseignements sur tous les sujets. Chaque jour, il y a (**5**)… (*avoir*) un programme différent. Des personnalités célèbres (**6**)… (*visiter*) le Salon. On (**7**)… (*organiser*) des quiz, des jeux et des concours. Des musiciens et des groupes (**8**)… (*donner*) des spectacles. Les jeunes (**9**)… (*pouvoir*) participer aux différentes activités. On espère que tous les jeunes de la région (**10**)… (*venir*) à ce grand événement.

## 4 Des nombres

Complète les phrases.

1 Il y a douze m _ _ _ dans l'a _ _ _ _.
2 Il y a cinquante-deux c _ _ _ _ _ dans un j _ _ de c _ _ _ _ _.
3 Normalement, un adulte a trente-deux d _ _ _ _.
4 Il y a soixante m _ _ _ _ _ _ dans une h _ _ _ _.
5 Il y a onze joueurs dans une é _ _ _ _ _ de f _ _ _ _ _ _ _.
6 Il y a mille m _ _ _ _ _ dans un k _ _ _ _ _ _ _ _.
7 Il y a dix-huit trous sur un t _ _ _ _ _ _ de g _ _ _.
8 Il y a trente-deux pièces dans un jeu d'é _ _ _ _ _.

## 5 5-4-3-2-1

Trouve …
5 fruits
4 légumes
3 produits laitiers
2 viandes
1 boisson

les cerises

le chou-fleur

le fromage

les haricots verts

l'orangeade

les pêches

les petits pois

le poulet

les poires

les pommes de terre

les raisins

le steak

le yaourt

le beurre

les bananes

## 6 Français–anglais

Trouve les paires.

Exemple: **1** *c*

| | |
|---|---|
| **1** j'ai mal à la gorge | **a** *your eyes hurt* |
| **2** tu as mal au bras | **b** *she has a temperature* |
| **3** il a froid | **c** *my throat hurts* |
| **4** elle a de la fièvre | **d** *they are hot* |
| **5** nous avons faim | **e** *he is cold* |
| **6** vous avez mal aux yeux | **f** *we are hungry* |
| **7** ils ont chaud | **g** *they are thirsty* |
| **8** elles ont soif | **h** *your arm hurts* |

## 7 Qui parle?

**a** Marc (**M**) et Francine (**F**) ont fait ça hier. Décide qui parle à chaque fois. (Regarde les participes passés.)

Exemple: **1** *F*

 **1** Je me suis réveillée à sept heures.
 **2** Je me suis levé à neuf heures.
 **3** Je me suis reposé devant la télé.
 **4** Je me suis promenée avec le chien.
 **5** Après le petit déjeuner, je me suis douchée.
 **6** Je me suis mise à regarder un vieux film.
 **7** Après deux heures de télé, je me suis endormi.
 **8** L'après-midi, je me suis baigné à la piscine.
 **9** Je me suis endormie vers 11 heures.
**10** Je me suis couché à minuit.

**b** Écris un résumé de leur journée.

Exemple: *Francine s'est réveillée à sept heures,*
*puis elle …*
*Marc s'est levé à …*

## 8 Un e-mail

Consulte les images pour compléter le message.

Exemple: **1** *fête*

Cher Paul,

Je regrette, je ne peux pas venir à la …(**1**)… vendredi soir. J'ai mal …(**2**)… et mal …(**3**)… . Qu'est-ce que tu fais …(**4**)… après-midi? Tu veux aller au …(**5**)… en ville? Le week-end, j'ai toujours …(**6**)…!

Ton amie,

Mathilde

①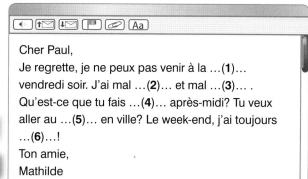

②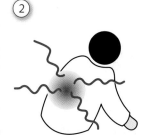

③

④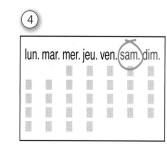

lun. mar. mer. jeu. ven. sam. dim.

⑤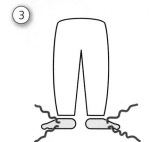

⑥

## Vous allez partir en vacances?
## Venez en France, pays d'aventures!

La France, c'est une destination idéale pour les jeunes qui cherchent des aventures variées et originales. Ne cherchez pas seulement les parcs d'attractions – profitez de la nature et des beaux paysages pour faire quelque chose d'actif, un sport qui vous intéresse, une nouvelle activité, un passe-temps qui est un peu différent.

Ce sont la plage et la mer qui vous attirent? La plage, ce n'est pas seulement pour le bronzage! Venez faire des randonnées à pied ou à cheval, de la planche à voile, du kayak, et d'autres activités fascinantes. Découvrez la variété des côtes et des îles françaises!

*Il y a beaucoup de possibilités au bord de la mer.*

*Le ski est un sport qui est très populaire en hiver.*

*On fait du canyoning dans les Pyrénées.*

Les jeunes qui vont à la montagne sont surtout des passionnés de ski et de snowboard. Mais il y a beaucoup de sports qu'on peut y pratiquer en été aussi. L'escalade et le canyoning, par exemple, sont des sports qui peuvent sembler dangereux, mais bien surveillés, ils sont vraiment sensationnels. Et le rafting, c'est une vraie aventure à l'eau! Ou peut-être que vous préférez le VTT* – comme pour le ski, on vous offre des descentes qui sont extrêmement difficiles ou plutôt tranquilles. À vous de choisir!

Dans beaucoup de régions, on peut faire des promenades à vélo ou à pied sur une 'voie verte' – c'est souvent une ancienne voie ferrée* qui a été transformée en chemin intéressant et sans danger pour les randonneurs et les cyclistes.

*À vélo, on voit la France de tout près.*

Que vous soyez en famille, en groupe ou entre amis, la France vous propose de nombreuses possibilités de vacances actives – profitez-en.

VTT = vélo tout terrain;   une voie ferrée – *railway line*

## 1 Pays d'aventures

**a** Trouve le français.

1 don't just look for …
2 something active
3 that attract you
4 sunbathing
5 hikes (on foot)
6 fans of skiing
7 which can seem dangerous
8 well supervised
9 it's your choice
10 make the most of it

**b** Réponds en anglais.

1 According to the article, adventure is not limited to what?
2 What is said about sunbathing?
3 Which groups of people are usually associated with the mountains?
4 Name two water-based activities the article suggests you can do in the mountains in summer.
5 In what ways are skiing and mountain-biking similar?
6 What have some disused railway lines become?

## 2 Des définitions

Trouve les paires.

| | |
|---|---|
| 1 Le VTT est une activité | a peut être dangereuse. |
| 2 Le ski est un sport qu' | b qu'on pratique sur l'eau. |
| 3 Un skieur est une personne qui | c qui est très populaire. |
| 4 Le canyoning est une activité qui | d les randonneurs aiment prendre. |
| 5 Une voie verte est un chemin que | e fait du ski. |
| 6 Le canoë et le kayak sont des sports | f on pratique en hiver. |

### Dossier-langue    Grammaire p147

All the sentences in activity 2 contain the words **qui** or **que**. These are **relative pronouns** – very useful words for joining two parts of a sentence together, relating things together and avoiding having to repeat words, e.g.

*Le VTT est une activité. Le VTT est très populaire.*

→ *Le VTT est une activité qui est très populaire.*

*Le ski est un sport. Je pratique ce sport en hiver.*

→ *Le ski est un sport que je pratique en hiver.*

Both **qui** and **que** join up sentences.

- How many meanings can you find for each? (Choose from: 'who', 'whom', 'that', 'which'.)
- Only one of them is shortened before a vowel: which one is it?
- Can both of them refer to people and to things?

Find more examples on page 114.

## 3 Mes préférences

Complète ces phrases avec tes préférences.

**Exemple: 1** *Un sport qui m'intéresse est l'escalade.*

1 Un sport qui m'intéresse est …
2 Une activité que je voudrais faire est …
3 Une personne qui m'amuse est …
4 Une personne que j'admire est …

## 4 On part en vacances

Écoute Laura et Boris et décide si c'est vrai (**V**), faux (**F**) ou pas mentionné (**PM**).

**Exemple: 1 V**

1 Laura va partir dans les Alpes en février.
2 Le snowboard est un sport que Laura pratique souvent.
3 C'est son frère qui est passionné de snowboard.
4 La Corse est une île.
5 Cet été, Boris va aller en Corse.
6 Le kayak est une activité que Boris adore.
7 Il va faire une randonnée à cheval qui dure une semaine.
8 Ces vacances vont être fatigantes pour Boris.

## 5 À toi!

**a** Travaillez à deux. Posez les questions et répondez.

■ Il y a un sport ou une activité que tu voudrais essayer? Pourquoi?
  (*Un sport / Une activité que je voudrais essayer est …, parce que c'est passionnant / cool / …*)

■ Il y a un pays, une région ou une ville que tu voudrais visiter? Pourquoi?
  (*… est un pays / une région / une ville que je veux vraiment visiter. On peut y pratiquer différentes activités / J'aime faire des randonnées (à cheval / …) / Son histoire est très intéressante / …*)

■ Qu'est-ce qui t'intéresse comme vacances? Pourquoi?
  (*… est quelque chose qui m'intéresse beaucoup / énormément parce que …*)

■ Tu préfères la montagne ou la côte? Pourquoi?

■ Tu préfères les vacances d'été ou d'hiver? Pourquoi?

**b** Écris quelques phrases sur une activité que tu voudrais faire en France.

**Exemple:** Cet été je voudrais partir à la montagne pour faire de l'escalade. C'est peut-être un peu dangereux, mais c'est un sport qui m'intéresse depuis longtemps.

■ *talk about holiday plans*
■ *revise countries*

## 1 C'est quel pays?

Trouve le bon nom pour chaque pays.

**Exemple: 1 e (l'Italie)**

a l'Allemagne (f)
b l'Espagne (f)
c la Grèce
d l'Irlande (f)
e l'Italie (f)
f l'Écosse (f)
g le Canada
h le Maroc
i les États-Unis

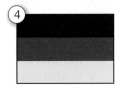

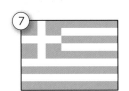

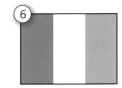

## 2 On parle de vacances

Écoute les huit conversations. On parle de quel pays (a–i)?

**Exemple: 1 i (les États-Unis)**

### Dossier-langue    Grammaire p151

Remember to use the correct tense when talking about holidays.

**Holidays in the past**

Use the perfect tense (*passé composé*) to say what you **did**.

*Je suis allé en Italie. J'ai fait du camping.*

Use the imperfect tense (*imparfait*) to say what it **was like**.

*C'était super! Les gens étaient sympas.*

**Holidays in the future**

Use *aller* + infinitive to say what you **are going to do**.

*Je vais passer deux semaines à Biarritz.*

And don't forget the future tense (*futur simple*) to say what you **will do** – but try not to mix the different future tenses together.

*Nous irons en Espagne en juillet. J'espère qu'il fera chaud.*

To say what you **would like to do**, use *vouloir* + infinitive.

*Je voudrais aller aux États-Unis, mais c'est assez cher.*

Use time clues (adverbs) to make it really clear when you are talking about.

How many phrases can you think of to talk about the past? (*hier, l'été dernier, ...*)

And the future? (*demain, l'année prochaine, ...*)

## 3 C'est quand?

On parle de vacances qui sont au passé (**P**) ou à l'avenir (**A**)?

**Exemple: 1 P**

1 L'année dernière, je suis allée en Corse.
2 L'hôtel n'était pas très bon.
3 Je vais passer une semaine chez mes grands-parents.
4 On passera le mois d'août au Maroc.
5 À Noël, j'ai fait du ski en Autriche.
6 La prochaine fois, on ne prendra pas la voiture.
7 L'été prochain, nous voudrions louer un appartement en Grèce.
8 Il y a deux ans, je suis parti en groupe scolaire au Canada.

## 4 À toi!

a Travaillez à deux. Qu'est-ce que vous allez faire pendant les prochaines vacances? Posez des questions et répondez à tour de rôle. Si vous n'avez pas de projets, inventez-les!

■ Où est-ce que tu vas aller?
■ Pour combien de temps?
■ Avec qui?
■ Comment vas-tu voyager?
■ Où vas-tu loger?

b Écris un e-mail à un(e) ami(e) français(e) pour lui parler de tes projets de vacances cette année.

Pour t'aider, regarde à la page 117.

**Exemple:**

Cher (Chère) …

C'est bientôt les vacances, non?
Moi, je vais passer dix jours
au bord de la mer. Je vais en
France et je vais voyager en
avion. Je pars avec ma famille et
nous allons faire du camping.
Et toi, qu'est-ce que tu vas faire?
@+ …

## Pour t'aider

en France

au Canada

aux États-Unis

à Colwyn Bay

à Margate

à Disneyland Paris

etc.

dix jours

une semaine

quinze jours

un mois

etc.

au bord de la mer

à la campagne

à la montagne

à l'étranger

etc.

avec ma famille

avec des amis

en groupe (scolaire)

etc.

en avion

en bateau

en train

en voiture

à vélo

etc.

faire du camping

louer un gîte

aller à l'hôtel

aller à l'auberge de jeunesse

loger chez une famille française

loger chez mes grands-parents

etc.

Stratégies

There are different ways to translate the word 'to' with places – make sure you choose the correct one. It is usually *à* (or *au/à la/à l'/aux*) but for feminine countries and regions (*la France, l'Espagne, la Normandie, la Provence*, etc.) you use *en*.

The same words are used to say 'in' as to say 'to' – *je vais en France; je passe un mois en France.*

### AOÛT

| Lun | Mar | Mer | Jeu | Ven | Sam | Dim |
|-----|-----|-----|-----|-----|-----|-----|
|     |     |     | 1   | 2   | 3   | 4   |
| 5   | 6   | 7   | 8   | 9   | 10  | 11  |
| 12  | 13  | 14  | 15  | 16  | 17  | 18  |
| 19  | 20  | 21  | 22  | 23  | 24  | 25  |
| 26  | 27  | 28  | 29  | 30  | 31  |     |

AUBERGE DE JEUNESSE
YOUTH HOSTEL JUGENDHERBERGE
LIGUE FRANÇAISE POUR LES AUBERGES DE LA JEUNESSE

GITES DE FRANCE

- **talk about holiday accommodation**
- **stay at campsites and youth hostels**

### 1 Où loger en vacances?

Quand on va en vacances, il y a beaucoup de possibilités de logement. Ça dépend de la région, du prix, des activités qu'on va faire et des préférences du visiteur.

- Beaucoup de jeunes, et des familles aussi, vont dans des auberges de jeunesse. C'est très pratique pour les groupes et les individus, ce n'est pas cher et on peut y prendre le petit déjeuner et le dîner.

- Pour la vie en plein air et pour l'indépendance, on choisit le camping. Ce n'est pas pour tout le monde, mais les prix et l'ambiance sont bons. Un inconvénient: le beau temps n'est pas garanti.
- Surtout pour les familles, un gîte offre de l'indépendance à un prix modéré, sans les inconvénients du mauvais temps et des petites bêtes!

Trouve le français.
1 accommodation
2 youth hostel
3 in the open air
4 the atmosphere
5 at a reasonable price

### 2 On arrive au camping

C'est enfin les vacances! Un groupe de jeunes arrive au camping. Ils vont tout de suite au bureau d'accueil. Malheureusement, beaucoup d'autres personnes arrivent en même temps. Il n'y aura pas de place pour tout le monde!

**a** Écoute les conversations. C'est quelle image?

**Exemple: 1 F**

**b** Quel groupe ne trouve pas de place?

**c** Maintenant, écoute les conversations encore une fois. Note combien de nuits chaque groupe veut passer au camping.

| Tarif | | |
|---|---|---|
| | emplacement (*tente/caravane/ camping-car*) | 6,80 € |
| | voiture | 2,70 € |
| | adulte | 5,60 € |
| | enfant (*de 3 à 14 ans*) | 2,80 € |
| | chien | 2,70 € |
| | électricité | 3,70 € |

### 3 Le plan du camping

Regarde le plan du camping, puis écoute les conversations. Au bureau d'accueil, huit personnes posent des questions. Trouve les deux réponses qui ne sont pas correctes.

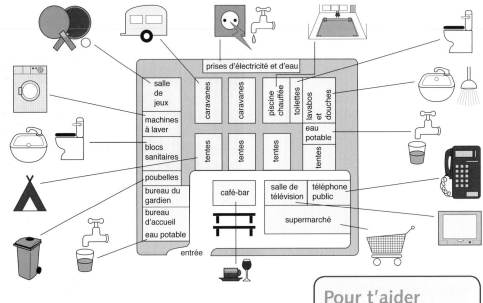

### 4 C'est où?

Travaillez à deux. Vous êtes devant le bureau du gardien. Une personne pose des questions. L'autre consulte le plan du camping et répond. Après quatre questions, changez de rôle.

**Exemple: A** *Où est la piscine, s'il vous plaît?*
**B** *C'est à l'autre bout du camping, entre les caravanes et les toilettes.*
**A** *Merci.*

**Pour t'aider**

| à côté | du … |
|---|---|
| à l'autre bout | de la … |
| en face | de l' … |
| près | des … |

| devant / derrière … |
|---|
| entre … et … |

| à / sur votre gauche / droite |
|---|
| à gauche / droite de … |

## 5 Une réservation

Accueil > Auberges > Nord-Est, Bourgogne, Champagne-Ardenne >
**Strasbourg – Val du Rhin**
**Belle vue sur le Rhin**

Arrivée: 04 ▼ Avril ▼ 20__ ▼ Lun

Depart: 07 ▼ Avril ▼ 20__ ▼ Jeu

Nuits: 3 ▼ Hommes 2 ▼ Femmes 0 ▼

**Valider**

> **Strasbourg – Val du Rhin**
**Cliquez pour voir les coordonnées**

☎ Téléphone
✉ E-mail
€ Tarif de l'auberge
Services
Ouverture
Infos pratiques

Regarde la réservation et complète l'e-mail.

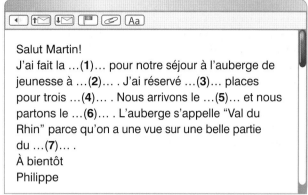

Salut Martin!
J'ai fait la …(**1**)… pour notre séjour à l'auberge de
jeunesse à …(**2**)… . J'ai réservé …(**3**)… places
pour trois …(**4**)… . Nous arrivons le …(**5**)… et nous
partons le …(**6**)… . L'auberge s'appelle "Val du
Rhin" parce qu'on a une vue sur une belle partie
du …(**7**)… .
À bientôt
Philippe

| | | | |
|---|---|---|---|
| deux | 4 avril | 7 avril | nuits |
| réservation | Rhin | Strasbourg | |

 ## 6 Au bureau d'accueil

Travaillez à deux. Lisez la conversation au bureau
d'accueil d'une auberge de jeunesse, puis changez les
mots en couleur pour inventer d'autres conversations.

**A** Bonjour. Avez-vous de la place, s'il vous plaît?
**B** C'est pour combien de personnes?
**A** Deux garçons et deux filles.
**B** Et c'est pour combien de nuits?
**A** Quatre nuits.
**B** Oui, il y a de la place. Vous voulez louer des draps?
**A** Non, merci. Est-ce qu'on peut prendre des repas?
**B** Oui, le dîner est à 19 heures 30 et le petit déjeuner entre
7 heures et 9 heures.
**A** Où sont les chambres?
**B** Au premier étage.
**A** À quelle heure est-ce que l'auberge ferme le soir?
**B** À minuit. Si vous allez rentrer plus tard, il faut demander
une clef.

une personne
deux personnes, etc.

une nuit
deux nuits, etc.

Oui, s'il vous plaît.
Non, merci.

à minuit
11 heures
23 heures 30, etc.

Où sont les chambres?
les dortoirs?
Où est la salle à manger?
la salle de séjour?
la salle de télévision?

au deuxième étage au premier étage
au rez-de-chaussée au sous-sol

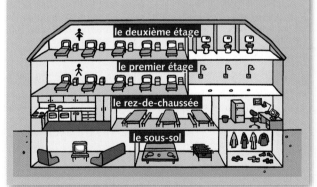

le deuxième étage
le premier étage
le rez-de-chaussée
le sous-sol

 ## 7 À toi!

**a** Travaillez à deux. Posez les questions et répondez à
tour de rôle. Pour vous aider, regardez les expressions
de la case et les activités de ces pages.

■ Tu préfères quel logement pour les vacances?
■ Pourquoi? (Quels sont les avantages ou les inconvénients?)
■ As-tu fait du camping? Où? Quand? Avec qui?
■ Es-tu allé(e) dans une auberge de jeunesse? Où? Quand?

**b** Écris un message à un(e) ami(e) français(e) pour parler
du logement pour les vacances. Pour t'aider, réponds
aux questions ci-dessus.

indépendant prix modéré
(pas) (trop) cher beau / mauvais temps
en plein air petites bêtes
l'ambiance repas

■ *discuss what to take on holiday*
■ *use object pronouns*

## 1 Forum des jeunes: Que mettre dans sa valise?

### forum *des jeunes*

Faire sa valise pour les vacances, c'est toujours un casse-tête. Je remplis ma valise, mon père dit que c'est trop, je lui dis que non, et quand je suis sur place, je ne porte pas la moitié des choses de ma valise! Comment vous faites? Quels sont les indispensables pour vous?

— **Anna, Paris**

`edit`   `Ajouter un commentaire`   `Haut de page ↑`

Moi, j'ai enfin trouvé une méthode pour emporter seulement ce qui est vraiment nécessaire: je fais une liste des indispensables, et il reste même un peu de place pour des souvenirs de vacances. La liste dépend de la destination, bien sûr, mais tout en haut il y a toujours mon sèche-cheveux et mon fer à lisser*!

— **Francine, Pau**

`edit`   `Ajouter un commentaire`   `Haut de page ↑`

Mon baladeur (pour ma musique) et mon portable (pour mes textos) sont indispensables, n'importe où. Et les chargeurs — je ne les oublie pas non plus!

— **Max, Lille**

`edit`   `Ajouter un commentaire`   `Haut de page ↑`

Je mets tout d'abord mon portable dans ma valise. Sans ordinateur, la vie est insupportable — je l'emporte partout. J'ai beaucoup de copains et je leur envoie des e-mails et des photos. À part ça, j'emporte un short, un maillot de bain, des t-shirts, mes tongs* … c'est tout!

— **Daniel, Rennes**

`edit`   `Ajouter un commentaire`   `Haut de page ↑`

En vacances, je suis active et je ne pars pas sans ma raquette de tennis. Je la trouve essentielle. Je prends aussi mes chaussures de marche et des vêtements confortables, et mon appareil numérique est très important pour garder de bons souvenirs.

— **Vaishali, Lyon**

`edit`   `Ajouter un commentaire`   `Haut de page ↑`

Des livres, des magazines, un maillot de bain, une serviette et de la crème solaire. Les vacances sont pour la lecture et la plage. Après, je vais chez mes copains et je leur prête (ou je leur vends) les meilleurs livres.

— **Laura, Calais**

`edit`   `Ajouter un commentaire`   `Haut de page ↑`

Il faut être pratique: je me renseigne bien à l'avance pour savoir quel temps il va faire et quelles activités sont prévues. Je fais une liste et je consulte mes parents. Rien de plus simple!

— **Noé, Lorient**

`edit`   `Ajouter un commentaire`   `Haut de page ↑`

Pour moi, il n'y a pas de problème. Je ne pars jamais en vacances!

— **Jérémy, Clermont-Ferrand**

`edit`   `Ajouter un commentaire`   `Haut de page ↑`

**a** Lis les textes, puis trouve le français.

| | | | |
|---|---|---|---|
| **1** | a headache | **6** | to have happy memories |
| **2** | right at the top | **7** | well in advance |
| **3** | anywhere | **8** | nothing simpler |
| **4** | I don't forget them | | |
| **5** | I take it everywhere | | |

**b** C'est qui?

**Exemple: 1** *Vaishali*

**1** … aime faire du sport.
**2** … emporte trop de vêtements.
**3** … aime lire.
**4** … prend soin de ses cheveux.
**5** … reste toujours à la maison.
**6** … et … restent en contact avec leurs amis.

## 2 Qu'est-ce qu'elle prend?

Charlotte doit porter toutes ses affaires dans son sac à dos.

**a** Écoute et note ce qu'elle prend.

**Exemple:** A (*un appareil photo*), …

**b** Travaillez à deux. Posez des questions et répondez à tour de rôle.

**Exemple:** A *Est-ce qu'elle prend l'appareil photo?*
     B *Oui, elle le prend. Est-ce qu'elle prend les livres?*
     A *Non, elle ne les prend pas.*

(A)  un appareil photo

(B)  un baladeur

(C)  un (ordinateur) portable

(D)  un livre

(E)  des balles de tennis

(F)  des piles

(G)  une planche de surf

(H)  une raquette de tennis

(I)  des chaussures de marche

(J)  une lampe de poche

(K)  un sèche-cheveux

### Pour t'aider

| elle | le | prend |
|---|---|---|
| | la | |
| elle ne | les | prend pas |

un fer à lisser – *hair straighteners*
des tongs – *flip-flops*

## Dossier-langue  Grammaire p146

**Object pronouns** replace nouns that have already been mentioned, to avoid repeating them:

*Je ne vais pas le prendre.* I'm not going to take it. (**le baladeur**)

*Je la laisse ici.* I'm leaving it here. (**la lampe de poche**)

*Je les prends.* I'm taking them. (**les piles**)

Why are there three different direct object pronouns in the sentences above?

**Lui** and **leur** are indirect object pronouns. They are used to replace nouns which have **à**, **au**, **à la**, **à l'** or **aux** in front of them. Look at these examples and work out when **lui** is used and when **leur** is used.

*Je lui achète un cadeau.* I buy a present for him/her.

*Je lui envoie toujours une carte postale.* I always send a postcard to him/her.

*Je leur prête souvent mes livres.* I often lend my books to them.

*Je leur téléphone ou je leur écris.* I telephone them or I write to them.

## 3 Jeu-test

a  Réponds aux questions, puis compte le nombre de ■ ●▲.

b  Trouve …

3  verbes au présent

2  verbes au futur simple

1  verbe au passé composé

c  Trouve des expressions qui ont presque le même sens.

1  un(e) ami(e)

2  tu te mets

3  des personnes

4  tu vas nager

5  immédiatement

6  principalement

## Jeu-test: Quel genre de vacances préfères-tu?

1  Tes parents veulent passer des vacances dans une ferme isolée à la campagne. Quelle est ta réaction?
   - ■ Extra, on pourra faire de longues promenades.
   - ● Est-ce qu'il y aura la télé?
   - ▲ Est-ce que je peux inviter un copain / une copine?

2  Qu'est-ce qu'il ne faut pas oublier?
   - ● Tu prends un tas* de livres que tu vas lire.
   - ■ Le principal, c'est d'avoir ton maillot, un short, des baskets et ton vélo.
   - ▲ Tu emportes beaucoup de vêtements pour être prêt(e) à faire toutes sortes d'activités.

3  Tu t'installes sur la plage. Il y a des gens à côté.
   - ▲ Tu discutes avec le garçon ou la fille qui se trouve tout près.
   - ■ Tu joues au volley ou tu vas te baigner tout de suite.
   - ● Tu lis un bon livre.

4  Ce que tu détestes le plus en vacances?
   - ■ Ne rien faire … tu t'ennuies.
   - ▲ Ne connaître personne … tu te trouves seul(e).
   - ● Visiter des monuments et des musées avec tes parents.

5  Tu rencontres un garçon / une fille sympa à la piscine.
   - ● Tu l'invites à aller au café et vous restez longtemps à discuter.
   - ■ Tu lui proposes de jouer au volley sur la plage.
   - ▲ Tu lui présentes tes amis et tu l'invites à aller en ville avec le groupe.

6  De retour à la maison, tu regardes tes photos de vacances.
   - ▲ Les photos montrent surtout tes amis et ta famille.
   - ■ Ce sont tous les endroits que tu as visités.
   - ● Tu n'as pas pris de photos.

### SOLUTION

**Des vacances sociables**
(*Tu as un maximum de ▲*)

En vacances, tu as besoin de copains. Tu connaîtras bientôt beaucoup de jeunes. Mais n'oublie pas qu'un peu de calme peut te faire du bien de temps en temps!

**Des vacances actives**
(*Tu as un maximum de ■*)

À ton avis, les vacances ne sont pas faites pour se reposer. Tu veux profiter au maximum des choses: faire du sport, visiter la région, tout voir.

**Des vacances repos**
(*Tu as un maximum de ●*)

À ton avis, les vacances sont pour se reposer. Tu n'aimes pas te fatiguer à faire du sport et tu as horreur de faire des visites.

un tas – *pile*

## 4 À toi!

Travaillez à deux. Vous partez en vacances. Posez des questions et répondez à tour de rôle.
- ■ Où vas-tu en vacances?
- ■ Avec qui?
- ■ Qu'est-ce que tu mets dans tes bagages? Pourquoi? (*La chose la plus importante, c'est mon (téléphone) portable*, etc.)
- ■ Qu'est-ce que tu aimes faire en vacances?
- ■ Tu prends des photos? De quoi?

# À toi la parole!

## Les images

Choisis une image et réponds aux questions.

C'est où?
Qu'est-ce qu'on peut faire ici?

Tu aimes les activités aquatiques?
C'est une activité que tu voudrais faire?

Tu as déjà logé dans une auberge de jeunesse?
Est-ce que tu voudrais aller dans une auberge?

## Le Web et toi

**A** Il y a plusieurs 'voies vertes' en France. Cherche un exemple et prends des notes. Quelle en est la longueur? Qu'est-ce qu'on peut faire en route? Il y a des campings ou des auberges de jeunesse en route?

**B** La FUAJ (Fédération Unie des Auberges de Jeunesse) organise des séjours avec activités. Cherche un séjour en France (ou dans un autre pays francophone) où on peut faire une activité qui t'intéresse. C'est où? C'est cher? Qu'est-ce qui est inclus (par exemple le logement, les repas, etc.)?

# Sommaire

## Now I can ...

### ■ talk about holiday plans

| | |
|---|---|
| Je vais passer ... | I'm going to spend ... |
| dix jours | ten days |
| une semaine | a week |
| quinze jours | a fortnight |
| un mois | a month |
| au bord de la mer | at the seaside |
| à la campagne | in the country |
| à la montagne | in the mountains |
| à l'étranger | abroad |
| dans une famille française | with a French family |
| chez mes grands-parents | at my grandparents' |
| Je vais voyager ... | I'll travel ... |
| en avion | by plane |
| en bateau | by boat |
| en train | by train |
| en voiture | by car |
| à vélo | by bike |
| On va ... | We're going ... |
| faire du camping | to go camping |
| louer un gîte | to rent a gîte |
| aller à l'hôtel | to go to a hotel |

### ■ understand the use of qui and que (see page 115)

| | |
|---|---|
| un sport qui m'intéresse | a sport that interests me |
| une activité que je voudrais faire | an activity that I'd like to do |

### ■ say which countries to visit

| les pays | countries |
|---|---|
| l'Allemagne (f) | Germany |
| la Belgique | Belgium |
| l'Espagne (f) | Spain |
| la France | France |
| la Grèce | Greece |
| l'Irlande (f) | Ireland |
| l'Irlande du Nord (f) | Northern Ireland |
| l'Italie (f) | Italy |
| la Suisse | Switzerland |
| l'Angleterre (f) | England |
| l'Écosse (f) | Scotland |
| le pays de Galles | Wales |
| les Pays-Bas (m pl) | Netherlands |
| le Royaume-Uni | UK |
| le Canada | Canada |
| le Maroc | Morocco |
| le Sénégal | Senegal |
| les États-Unis (m pl) | USA |
| les continents | continents |
| l'Afrique (f) | Africa |
| l'Amérique (f) | America |
| l'Antarctique (f) | Antarctic |
| l'Asie (f) | Asia |
| l'Australie (f) | Australia |
| l'Europe (f) | Europe |

### ■ book in at a campsite

| | |
|---|---|
| Avez-vous de la place, s'il vous plaît? | Have you any room please? |
| C'est pour deux adultes et un enfant. | It's for two adults and a child. |
| C'est pour une tente / une caravane / un camping-car. | It's for a tent / a caravan / a camper van. |
| C'est pour deux nuits. | It's for two nights. |

### ■ understand campsite notices

| | |
|---|---|
| les blocs sanitaires (m pl) | showers / toilet block |
| le bureau d'accueil | reception (office) |
| le branchement électrique | connection to electricity |
| complet | full up |
| les douches (f pl) | showers |
| l'eau potable (f) | drinking water |
| un emplacement | a place (on a campsite) |
| la poubelle | dustbin |
| la salle de jeux / de télévision | games / television room |
| le terrain de jeu / de sport | sportsground |
| les toilettes (f pl) | toilets |

### ■ stay at a youth hostel

| | |
|---|---|
| une auberge de jeunesse | youth hostel |
| le bureau d'accueil | reception |
| la carte d'adhérent | membership card |
| Avez-vous de la place? | Have you any room? |
| C'est pour une (deux, trois, etc.) nuit(s). | It's for one (two, three, etc.) night(s). |
| Vous voulez louer des draps? | Do you want to hire sheets? |
| Vous êtes au dortoir 4 / dans la chambre 6. | You are in dormitory 4 / in bedroom 6. |
| Où sont les dortoirs / les douches / les toilettes? | Where are the dormitories / the showers / the toilets? |
| Où est la salle de séjour / la cuisine? | Where is the lounge / the kitchen? |
| Est-ce qu'il y a une salle de jeux? au sous-sol / rez-de-chaussée / premier / deuxième étage | Is there a games room? in the basement / on the ground / first / second floor |
| L'auberge ferme à quelle heure le soir? | What time does the hostel close at night? |
| Est-ce qu'on peut prendre des repas à l'auberge? | Can you get meals in the hostel? |

### ■ describe things to take on holiday

| | |
|---|---|
| une lampe de poche | torch |
| des piles (f pl) | batteries |
| un sac à dos | rucksack |
| un sèche-cheveux | hair dryer |
| une valise | suitcase |

### ■ understand the use of lui and leur (see page 121)

| | |
|---|---|
| Je lui achète un cadeau. | I buy a present for him/her. |
| Je lui envoie toujours une carte postale. | I always send a postcard to him/her. |
| Je leur prête souvent mes livres. | I often lend my books to them. |
| Je leur téléphone ou je leur écris. | I telephone them or I write to them. |

## 1 Tu as des frères et sœurs?

Copie la grille. Écoute les jeunes et note les renseignements.

| frères / demi-frères | sœurs / demi-sœurs | autres renseignements |
|---|---|---|
| I (17 ans) | I (11 ans) | sœur va dans le même collège |
| | | |

## 3 L'amitié – c'est important pour toi?

a Complète le jeu-test avec la bonne forme des verbes.

b Choisis tes réponses et lis la solution.

## 2 On se relaxe

Complète les phrases. Attention! Les verbes en rouge sont irréguliers. Pour t'aider, consulte **Les verbes** aux pages 155–157.

**Exemple: 1** *Moi, je _parle_ à mes amis.*

Pour un sondage récent, on a demandé aux jeunes: Qu'est-ce que vous faites pour vous relaxer? Voici des réponses.

1 Moi, je … à mes amis. (*parler*)
2 Beaucoup de jeunes … de la musique. (*écouter*)
3 Je … dans ma chambre. (*aller*)
4 Mon frère … un livre. (*lire*)
5 Mes amis … du sport. (*faire*)
6 Je …, je … une promenade. (*sortir, faire*)
7 Mes sœurs … la télé. (*regarder*)
8 Quelquefois, je … de la guitare. (*jouer*)
9 Nous … sur Internet. (*surfer*)
10 J'… des messages à mes amis. (*écrire*)

# L'amitié – c'est important pour toi?

1 Un(e) ami(e), c'est quelqu'un,
  a sur qui on peut compter en toutes circonstances.
  b avec qui on … sans effort. (*s'entendre*)
  c sur qui on peut copier en classe.
2 Comment …-tu tes amis? (*choisir*)
  a Je cherche des gens qui me ressemblent et qui ont les mêmes goûts que moi.
  b Je cherche des gens qui sont différents.
  c Je cherche des gens qui me font rire.
3 Pendant les vacances, tu … à tes amis au téléphone ou par e-mail, (*parler*)
  a une fois par semaine.
  b tous les jours.
  c très rarement.
4 Samedi prochain, est-ce que tu sais ce que ton meilleur ami va faire?
  a Non, je ne … pas. (*savoir*)
  b Je sais plus ou moins.
  c Je sais exactement ce qu'il/elle va faire.

5 Quand tu es en vacances, est-ce que tu envoies des textos à tes amis?
  a Non, je laisse mon portable à la maison.
  b Si j'ai le temps, j'… un ou deux textos. (*écrire*)
  c J'… des cartes postales à tous mes amis. (*envoyer*)
6 Il y a un nouvel élève/une nouvelle élève dans ta classe. À la récré, que …-tu? (*faire*)
  a Je lui parle gentiment / amicalement.
  b Je le/la laisse tranquille.
  c Je … à ses questions mais je ne l'encourage pas. (*répondre*)
7 Le nouveau arrive de l'étranger et ne parle pas bien ta langue. Comment …-tu? (*réagir*)
  a Je ne cherche pas à le/la comprendre.
  b J'… de l'aider quand même. (*essayer*)
  c J'apprends quelques mots de sa langue pour communiquer avec lui/elle.
8 Tu arrives à une fête où tu ne … personne. (*connaître*)
  a Je fais un effort pour parler aux autres.
  b J'… qu'on me parle. (*attendre*)
  c Je repars tout de suite.

c Autrement dit

Sometimes the same meaning is expressed in different ways. In the *Jeu-test*, find a different way of saying these phrases.

**Exemple: 1** *sur qui on peut compter en toutes circonstances*

1 quelqu'un qui est très responsable
2 des gens qui sont rigolos
3 Si je ne suis pas trop occupé(e)
4 Je ne fais pas d'effort pour le/la comprendre.
5 Je quitte la fête immédiatement.

**Solution**

Compte tes points:

| | a | b | c |
|---|---|---|---|
| 1 | 5 | 3 | 1 |
| 2 | 3 | 3 | 3 |
| 3 | 3 | 5 | 1 |
| 4 | 1 | 3 | 5 |
| 5 | 1 | 3 | 5 |
| 6 | 5 | 1 | 3 |
| 7 | 1 | 3 | 5 |
| 8 | 5 | 3 | 1 |

**28 +** Les amis, c'est ta deuxième famille. Tu passes donc beaucoup de temps en leur compagnie. Tu es accueillant(e) et gentil(le) envers les autres. Tu t'intéresses aux nouveaux et tu les aides si possible.

**12 +** Les amis sont importants pour toi. Tu es poli(e) envers les nouveaux, mais comme tu as déjà ton petit cercle d'amis, tu n'es pas très accueillant(e).

**12 ou moins** Tu es peut-être très timide ou très indépendant(e). On a l'impression que les amis ne sont pas très importants dans ta vie.

## 4 Des descriptions

**a** Écris l'adjectif au féminin.

**Exemple: 1** *une promenade* <u>*fatigante*</u>

1 un sport fatigant, une promenade …
2 un homme sportif, une femme …
3 un livre ennuyeux, une histoire …
4 un garçon paresseux, une fille …
5 un chat blanc, une souris …

**b** Écris l'adjectif au masculin.
Ces adjectifs sont irréguliers.
(Voir **Grammaire** 144)

**Exemple: 1** *le vieux quartier*

1 la vieille ville, le … quartier
2 une très longue conversation,
un très … message
3 une nouvelle chanson, un … film
4 une belle photo, un … cadeau
5 une bonne idée, un … repas

**c** Écris l'adjectif au pluriel.

**Exemple: 1** *des enfants égoïstes*

1 un enfant égoïste, des enfants …
2 un animal curieux, des animaux …
3 une fille gentille, des filles …
4 une personne généreuse, des personnes …
5 une raquette chère, des raquettes …

## 5 Des phrases

Invente une phrase pour chaque image. Pour t'aider, regarde les verbes pronominaux (*reflexive verbs*) dans le **Sommaire**, à la page 19.

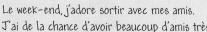

## 6 Deux jeunes francophones

Lis les textes et réponds aux questions.

Je m'appelle Rachid et j'ai 14 ans. Mon anniversaire est le 9 juillet. J'habite à Bruxelles, en Belgique.

J'ai une sœur et un frère. Ma sœur s'appelle Sabina et elle a 7 ans. Mon frère, Hanif, est plus âgé que moi. Il a 16 ans. Je m'entends très bien avec ma petite sœur, mais avec mon frère, on se dispute assez souvent!

Toute la famille aime les animaux et nous avons un chat et deux lapins. Je fais de la natation et du vélo. Souvent le week-end, je surfe le Net. J'aime beaucoup regarder les sites sur les films et sur les vedettes.

**Rachid**

Salut, je suis Karima et je suis canadienne. J'habite au Québec et je parle français.

À mon avis, il est très important d'avoir des amis. Je suis enfant unique et mes amis forment une seconde famille pour moi.

Le week-end, j'adore sortir avec mes amis. J'ai de la chance d'avoir beaucoup d'amis très sympas. Il y a par exemple, Sophie, ma meilleure amie. Elle est petite, mince et complètement folle! Elle a le sens de l'humour et on s'amuse bien ensemble.

J'ai aussi un petit ami, Kévin. Il est grand, il a les cheveux bruns. Il est très gentil, mais un peu sérieux. Je le connais depuis longtemps, mais ça fait seulement un mois que nous sortons ensemble. On s'entend très bien, sauf au sujet du football. Il est passionné par le foot, mais moi, ça ne m'intéresse pas du tout.

**Karima**

1 Il y a combien d'enfants dans la famille de Rachid?
2 Avec qui est-ce qu'il s'entend bien?
3 Qu'est-ce qu'il a comme animaux?
4 Qu'est-ce qu'il aime comme sports?
5 Qu'est-ce qu'il regarde comme sites Web?

1 Karima, est-ce qu'elle a des frères et sœurs?
2 À ton avis, est-elle timide ou sociable?
3 Qui est petite, mince et complètement folle?
4 Kévin, comment est-il?
5 Depuis combien de temps est-il le petit ami de Karima?
6 Quel est son sport préféré?

## 1 Un jeu sur Paris

**a** Réponds aux questions. Pour t'aider, regarde aux pages 22–24.

Comment s'appelle …

**1** le monument construit en métal, qui est très célèbre et qui est très haut?

**2** la cathédrale de Paris, située sur l'Île de la Cité?

**3** le grand musée à Paris qui était autrefois un palais royal?

**4** l'église qui est toute blanche et qui est construite sur une colline à Montmartre?

**5** la plus grande et la plus célèbre avenue à Paris?

**6** le monument énorme qui se trouve dans le quartier de La Défense et qui ressemble à un cube gigantesque?

**b** Maintenant, écoute l'émission pour vérifier.

## 2 Quel temps a-t-il fait?

**a** À Paris, le temps a été variable. Lis les messages à la page 26 pour savoir quel temps il a fait.

**1** samedi après-midi
**2** dimanche après-midi
**3** lundi
**4** mardi

**b** Et quel temps a-t-il fait hier dans le reste de la France? Consulte la carte et fais une phrase pour chaque ville.

**Exemple:** *À Nice, il a fait beau*.

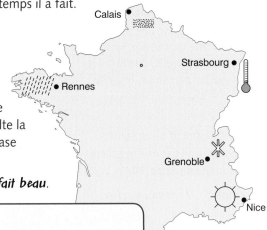

### Pour t'aider

| Il a fait | beau / chaud / froid / mauvais |
|---|---|
| Il y a eu | du soleil / du brouillard / du vent |
| Il a plu / Il a neigé | |

## 3 Programme d'activités

Consulte le **Programme d'activités** à la page 26. Qu'est-ce que Thomas et Audrey ont fait du mercredi au samedi? Écris leurs messages à des copains. Pour t'aider, consulte les autres messages.

**Exemple:** *(mercredi)*

> Chère Laura,
> Aujourd'hui, j'ai passé toute la journée à la Cité des sciences. J'ai vu beaucoup de choses très intéressantes. Thomas a aimé ça aussi. Il a fait mauvais, mais on a pu rester à l'intérieur. J'ai acheté un petit cadeau pour toi.
> Audrey

## 4 Au téléphone

Regarde les images et les bulles. Qui a dit quoi?

**Exemple: 1 I**

1 Les enfants sont partis!
2 Les filles sont parties!
3 Nous sommes arrivés!
4 Nous sommes arrivées!
5 Mon frère est tombé.
6 Ma sœur est tombée.
7 Je suis descendu.
8 Je suis descendue.
9 Je suis arrivé!
10 Je suis arrivée!

## 5 Tu es détective?

Qu'est-ce qui va arriver à la fin de l'histoire du voleur du métro (à la page 31)? Voici quelques versions possibles du 'dernier épisode'. Devine quelle est la bonne version.

1 Le voleur a pris la caisse d'un étalage à bonbons (et il a volé des bonbons aussi, bien sûr!). Deux agents de police l'ont arrêté dans le métro.
2 Après un autre vol, à Invalides, le voleur est descendu dans le métro, comme d'habitude, et un contrôleur de la RATP (les transports parisiens) l'a arrêté, mais pour un acte différent: il n'avait pas validé son billet.
3 Le voleur a acheté des bonbons pralinés, près du métro de l'aérogare des Invalides. Deux garçons, qui étaient en train d'acheter des bonbons aussi, ont reconnu le voleur grâce à son portrait-robot. Ils l'ont suivi dans le métro et un agent l'a arrêté. Les deux garçons ont reçu une grosse récompense.
4 Le voleur du métro a été, lui-même, victime d'une attaque! On lui a volé son portefeuille, 250 grammes de pralinés … et son nouveau carnet de tickets de métro!

Regarde en bas de cette page pour lire la bonne version parue dans le journal.

## 6 Des questions brouillées

Écris des questions correctement.

**Exemple: 1** *Qu'est-ce que tu as fait aujourd'hui?*

1 fait as Qu'est-ce que aujourd'hui tu ?
2 êtes-vous en vacances Où allés ?
3 Paris à de temps Combien passé as-tu ?
4 aimé surtout tu as Qu'est-ce que ?
5 déjeuné Où avez-vous ?
6 avez-vous Comment voyagé ?
7 est allé Qui à Disneyland Paris ?
8 est-il ici venu Pourquoi ?

## 7 Samedi dernier

Écoute la conversation entre Nadine et son amie Louise. Trouve les six questions que Louise a posées.

**Exemple:** *1*, …

1 Tu as passé un bon week-end?
2 Où es-tu allée?
3 Qu'est-ce que tu as fait?
4 Quand es-tu sortie du collège?
5 Qui est allé au café?
6 Tu es restée longtemps au café?
7 Avez-vous pris le métro?
8 Tu as aimé?
9 Est-ce que tu as acheté quelque chose?
10 Tu es rentrée à la maison à quelle heure?

## 8 Une journée récente

Complète les phrases.

**Exemple: 1** *Claire est allée à la bibliothèque*

Le matin, Claire …(1)… , Ibrahim …(2)… , mais Sophie …(3)… .
L'après-midi, Claire et Ibrahim …(4)… et Sophie …(5)… .
Le soir, Claire et Sophie …(6)… , mais Ibrahim …(7)… .

**Claire**

| | |
|---|---|
| 10h30 | aller à la bibliothèque |
| 14h | aller à la piscine |
| 20h | aller au cinéma |

**Sophie**

| | |
|---|---|
| 11h30 | rester au lit! |
| 14h | sortir avec le chien |
| 20h | aller au cinéma |

**Ibrahim**

| | |
|---|---|
| 10h | aller au stade |
| 14h | aller à la piscine |
| 20h | partir en vacances |

**Le 'voleur du métro' arrêté – dans le métro!**

C'est un contrôleur de la RATP qui a arrêté, ce matin, l'homme mystérieux que tout le monde appelle le 'voleur du métro'.

Vers huit heures du matin, un homme a acheté 250 grammes de bonbons pralinés au petit étalage tout près de l'aérogare des Invalides. Puis, tout à coup, il a pris la caisse qui était sur le comptoir et il a disparu dans le métro. Deux agents l'ont suivi, mais ils n'ont pas pu le retrouver.

Cette fois-ci, ce voleur célèbre a fait une erreur. Il est entré dans le métro sans ticket!

Il paraît qu'il avait oublié d'acheter un nouveau carnet ce matin-là! Il est monté dans un train, mais un contrôleur de la RATP est arrivé tout de suite après. Il l'a arrêté parce qu'il voyageait sans ticket, et ce n'est que plus tard qu'on a découvert la caisse du marchand de bonbons sur lui! Quelle surprise pour le contrôleur – et pour le voleur aussi, bien sûr!

## 1 Jeu de mots

Complète les expressions suivantes avec des voyelles.
Elles sont toutes utiles pour parler de quand on fait
quelque chose.

**Exemple: 1** *chaque semaine*

1 c h _ q _ _   s _ m _ _ n _
2 c h _ q _ _   s _ m _ d _ s _ _ r
3 s _ _ v _ n t
4 q _ _ l q _ _ f _ _ s
5 t _ _ j _ _ r s
6 t _ _ s   l _ s   j _ _ r s
7 t _ _ t _   l ' _ n n _ _
8 d _ _ x   f _ _ s   p _ r   _ n
9 r _ g _ l _ _ r _ m _ n t
10 d _ _ x   f _ _ s   p _ r   s _ m _ _ n _

## 2 Le journal de Christophe

Ce sont les vacances. Regarde le journal et complète
les phrases. Choisis de la case.

**Exemple: 1** *chaque dimanche*

1 Christophe sort avec le chien … .
2 …, il va au cinéma.
3 …, il se lève assez tard.
4 Il joue au football … .
5 …, il va toujours à la piscine.
6 Il regarde un peu la télé … .
7 Il aime faire du vélo et il fait un petit tour … .

| | | | | | |
|---|---|---|---|---|---|
| Lundi | 18h ⚽ | | 21h 📺 | | |
| Mardi | 10h 🚲 | | 14h 📺 | | 19h 🎥 |
| Mercredi | 14h 🚲 | | 20h 📺 | | |
| Jeudi | 18h ⚽ | | 21h 📺 | | |
| Vendredi | 10h 🛌 | | 18h 📺 | | |
| Samedi | 11h ⏰ | | 13h 🚲 | | 18h 📺 |
| Dimanche | 11h ⏰ | | 15h 🐕 | | 20h 📺 |

> chaque dimanche    deux fois par semaine
> le week-end    mardi soir    tous les jours
> trois fois par semaine    le vendredi matin

## 3 Français–anglais

Trouve les paires.

**Exemple: 1** *d*

| | |
|---|---|
| 1 Quand j'étais jeune. | a *It was different there.* |
| 2 J'habitais à Paris. | b *We used to play football.* |
| 3 J'étais content. | c *I loved sweets.* |
| 4 On allait au jardin public. | d *When I was young.* |
| 5 On jouait au football. | e *We used to go to the park.* |
| 6 Il y avait une fête chaque été. | f *I used to live in Paris.* |
| 7 C'était différent là-bas. | g *There was a festival every summer.* |
| 8 J'aimais les bonbons. | h *I was happy.* |

## 4 Il y a cinq ans

Choisis la bonne forme du verbe à l'imparfait.

**Exemple: 1** *j'habitais*

1 Il y a cinq ans, j'… (*habitais / habitait*) à la campagne.
2 Mon père … (*travaillais / travaillait*) aux États-Unis.
3 Chaque été, on … (*allais / allait*) au Québec.
4 Ma sœur …(*étais / était*) avec nous.
5 On … (*regardais / regardait*) souvent des dessins animés à la télé.
6 Ma mère … (*jouais / jouait*) souvent du piano.
7 Est-ce que tu … (*avais / avait*) des cours de musique?
8 Que … (*faisais / faisait*)-tu il y a cinq ans?

## 5 Présent ou passé?

Lis les phrases et décide si c'est au présent (**PR**) ou à
l'imparfait (**IMP**).

**Exemple: 1** *PR*

1 J'habite un appartement à Calais.
2 Il y avait un grand jardin.
3 Nous n'avons pas de jardin.
4 Ma chambre était assez grande.
5 Je n'avais pas d'ordinateur dans ma chambre.
6 Mes parents choisissaient mes vêtements.
7 Je choisis mes propres vêtements.
8 Nous habitions une maison près de Rennes.
9 Mon collège est intéressant.
10 On allait à l'école primaire.

## 6 Plus ou moins …

**a** Quelles sont tes opinions sur les loisirs? Complète les phrases avec **plus …**, **moins …** ou **aussi …** .

**Exemple: 1** *Le football est moins intéressant que le rugby.*

**1** Le football est … que le rugby. (*intéressant*)
**2** À mon avis, la danse est … que la natation. (*fatigant*)
**3** Je trouve que le badminton est … que le tennis. (*facile*)
**4** Pour moi, la musique pop est … que la musique classique. (*important*)
**5** Moi, je pense que la photo est … que le dessin. (*ennuyeux*)
**6** Les jeux vidéo sont … que les jeux de société. (*simple*)

**b** Qu'est-ce que tu penses d'autres passe-temps? Utilise les adjectifs (ci-dessus) pour comparer deux autres passe-temps. Puis invente deux phrases avec d'autres adjectifs.

**Exemple: 1** *À mon avis, la planche à voile est plus facile que le skate.*
**2** *Pour moi, le football est aussi nul que le rugby.*

## 7 Enquête 7–14–21

Écris le verbe en français.

**Exemple: 1** *j'adorais*

On a interviewé des enfants de 7 ans. Maintenant, ces jeunes ont 14 ans et on leur a demandé, 'Comment la vie a-t-elle changé pour toi?'.

**Magali:** Autrefois, j'… (**1** *used to like*) les bonbons et les chips, mais maintenant, je mange des choses qui sont meilleures pour la santé.
**Robert:** J'… (**2** *used to listen to*) de la musique classique et je … (**3** *used to read*) beaucoup. C'est toujours comme ça – mes goûts n'ont pas changé!
**Anne et Sandrine:** Avec notre argent de poche, nous … (**4** *used to buy*) des jouets ou des bonbons. Maintenant, nous achetons surtout des vêtements et des CD.
**Grégoire:** Mon frère et moi, nous … (**5** *used to be*) de petits garçons très sérieux. Nous … (**6** *used to have*) les cheveux très courts et nous … (**7** *didn't (use to) like*) la musique pop. Maintenant, nous avons les cheveux longs et nous jouons dans un groupe très moderne!
**Sébastien:** À l'âge de sept ans, j'… (**8** *used to be*) enfant unique, mais je … (**9** *didn't (use to) like*) ça et je … (**10** *used to want*) des compagnons. Maintenant, j'ai deux petites sœurs et un chien – la vie a vraiment changé!
**Élise:** Il y a sept ans, mes grands-parents … (**11** *used to live*) dans le Midi et il … (**12** *used to be*) beau la plupart du temps, mais maintenant, ils habitent dans le nord-est – c'est très différent!

*Et la vie de ces jeunes à l'âge de 21 ans? On va voir dans 7 ans.*

## 8 Autrefois

Tu as changé de college. Combien de phrases correctes peux-tu faire en dix minutes?

**Exemple:** *Maintenant, je sors souvent, tandis qu'autrefois, je sortais moins souvent.*

| | il y a … , | | |
|---|---|---|---|
| Ici, | j'aime … , | tandis qu' | je n'y allais pas. |
| Aujourd'hui, | j'ai … , | mais | je sortais moins souvent. |
| Maintenant, | je vais … , | par contre, | il n'y avait pas ça. |
| Récemment, | je sors souvent, | d'autre part, | je n'aimais pas ça. |
| | | | je n'avais pas ça. |

## 9 Un commentaire

Lis le commentaire et les phrases. Écris vrai (**V**), faux (**F**) ou pas mentionné (**PM**).

**1** *Harry Potter à l'École des Sorciers* est le dernier livre de la série.
**2** Harry Potter a 11 ans dans ce livre.
**3** L'école des sorciers s'appelle 'Poudlard' en français.
**4** Le livre n'est pas du goût de Nadine.
**5** Selon Nadine, le film est plus intéressant.
**6** Le personnage principal s'appelle Nadine.
**7** Selon Nadine, Harry Potter est assez sympa.
**8** Il n'y a pas assez d'action dans le jeu vidéo.

*Harry Potter à l'École des Sorciers* est le premier livre de la série Harry Potter. C'est l'histoire d'un garçon de onze ans qui est sorcier. Ça se passe dans une école pour sorciers en Grande-Bretagne. Harry et les autres élèves ont beaucoup d'aventures. Moi, je n'aime pas tellement le livre parce que ce n'est pas de mon goût. Je trouve que c'est ennuyeux. Le personnage principal est assez sympa, mais je déteste les histoires d'école. Je préfère le jeu vidéo. C'est super parce qu'il y a beaucoup d'action.

Nadine S., Paris

## 1 Es-tu fort en géo?

Choisis la bonne réponse, puis écoute pour vérifier.

1 Quelle est la plus haute montagne?
   a Le Mont Blanc
   b l'Everest
   c le Ben Nevis

2 Quelle est la plus grande forêt du monde?
   a la forêt de Fontainebleau en France
   b la Forêt-Noire en Allemagne
   c la forêt amazonienne en Amérique du Sud

3 Dans quel pays se trouve le lac le plus profond?
   a au Canada
   b en Inde
   c en Russie

4 Quels sont les deux fleuves les plus longs?
   a l'Amazonie
   b la Loire
   c le Nil
   d la Seine
   e la Tamise

5 Quel est le plus grand désert?
   a le désert d'Arabie
   b le Sahara en Afrique
   c le désert de Gobi en Chine

## 2 Invente des phrases

Combien de phrases correctes peux-tu faire?

**Exemples:** *Le TGV est le train le plus rapide du monde.*
*La Loire est le fleuve le plus long de France.*

| | | | |
|---|---|---|---|
| Le TGV | | | |
| Le Mont Blanc | le train | | |
| La tour Eiffel | la montagne | | |
| Le Québec | le monument | rapide | |
| Toronto | la province | long | du monde |
| La Loire | la ville | haut | de France |
| Paris | le fleuve | célèbre | du Canada |
| L'Everest | le désert | grand | |
| Le Sahara | la mer | | |
| Le Pacifique | | | |

## 3 Haïti

Complète le texte avec les verbes au présent.

En Haïti beaucoup d'habitants (**1** *être*) d'origine africaine. Ils (**2** *parler*) le créole haïtien et le français.

La religion (**3** *avoir*) une grande importance dans la vie de la population. Beaucoup de personnes (**4** *être*) catholiques ou protestantes et (**5** *aller*) à l'église plusieurs fois par semaine.

## 4 Ma vie en Haïti

Complète le texte avec les verbes à l'imparfait.

Avant le tremblement de terre, je (**1** *jouer*) souvent dans la rue avec les autres jeunes. On (**2** *jouer*) au foot, c'(**3** *être*) sympa. Il y a (**4** *avoir*) une grande solidarité entre les gens.

En Haïti, on (**5** *manger**) une variété de fruits et de légumes tropicaux et très frais. Quand je suis arrivé au Canada, je n'(**6** *aimer*) pas beaucoup la nourriture mais maintenant je m'y suis habituée.

*manger – the 'nous' form is mangeons

## 5 Des climats difficiles

a Complète les textes avec un mot de la case.

b Écoute pour vérifier.

### a Ville sous la glace

En hiver, il fait souvent très …(**1**)… au Québec, mais ces dernières années, l'hiver a été particulièrement difficile.

Le froid, la neige et la …(**2**)… verglaçante ont paralysé le pays. La moitié de la population était sans électricité et …(**3**)… chauffage. Pour la première fois de son histoire, le centre-ville de Montréal était dans le …(**4**)… . Les deux principaux ponts de la ville et une partie du métro ont été …(**5**)… .

### b Des températures très variées

En Sibérie, le climat est très …(**1**)… . Il y a quelques années, le jour le plus froid (en décembre), il faisait –60°C. Le jour le plus …(**2**)… (en juillet), il faisait +34°C. Ça fait 94 degrés de différence!

| | | | |
|---|---|---|---|
| chaud | fermés | froid | noir |
| pluie | sans | varié | |

## 6 Des dessins

Trouve le bon texte pour chaque image.

Allez les Bleus!

BOISSONS FRAÎCHES

A Elle nous explique comment aller à l'auberge de jeunesse.

B Je vous entends très mal.

C Le football, ça vous intéresse?

D Qu'est-ce que je vous sers?

E Je peux vous aider?

F Il nous a offert une glace.

## 7 À la maison

Complète ces conversations avec **me**, **m'**, **te** ou **t'**.

1 – Charles, je …(**1**)… parle. Tu …(**2**)… entends?
 – Oui, maman, je …(**3**)… entends.
 – Alors tu vas …(**4**)… répondre?
 – Euh, je n'ai pas entendu la question.
 – Qu'est-ce qu'on …(**5**)… a donné comme devoirs?
 – Pas grand-chose.
 – Bon, alors, peux-tu …(**6**)… aider dans la cuisine, s'il te plaît?

2 – Papa, est-ce que tu peux …(**1**)… prêter de l'argent?
 – Oui, Sophie, je peux …(**2**)… prêter 10 euros, mais tu …(**3**)… dois* déjà 5 euros.
 – C'est vrai, mais je vais …(**4**)… rendre tout ça, samedi, je …(**5**)… assure!

*devoir *can also mean 'to owe'*

## 8 Que faut-il faire?

Trouve les paires.

**Exemple: 1** *b*

1 Il faut améliorer les transports en commun.
2 Il faut visiter Montréal, un jour.
3 Il ne faut pas tout acheter.
4 Il faut faire vite.
5 Qu'est-ce qu'il faut faire?
6 Il ne faut pas crier.
7 Est-ce qu'il faut réserver?

a *You don't have to shout.*
b *We should improve public transport.*
c *Do you have to book?*
d *What shall we do?*
e *We must act quickly.*
f *You don't need to buy everything.*
g *You should visit Montreal one day.*

## 9 Les espèces en péril

Lis le texte pour trouver les réponses.
1 Donne deux exemples d'animaux en danger d'extinction.
2 Le risque est grave dans quelle région?
3 Voici les principales causes de la disparition des espèces, mais une seule est mentionnée dans le texte. Laquelle?
 a les hommes, leur manière de vivre, leurs activités (la chasse, la pêche)
 b la destruction des habitats par l'agriculture
 c la pollution de l'air, des eaux et du sol
 d la destruction de la forêt

### Les espèces en péril

- Selon les spécialistes internationaux, plus de **11 000 espèces** de plantes et d'animaux sont en risque d'extinction dans un avenir proche.
- Le risque est très grave dans la forêt tropicale, où la diversité des plantes et des animaux est très riche.

**LE GRAND PANDA**
On estime qu'il y a seulement un peu plus d'un millier de pandas en Chine et au Tibet. Il y en a environ 100 dans les zoos.

**LA BALEINE**
Depuis 1986, il est interdit de tuer les baleines pour les vendre. Cependant, certains pays continuent de pêcher les baleines parce que leur viande est très appréciée.

**LES ÉLÉPHANTS ET LES RHINOCÉROS**
Les éléphants et les rhinocéros ont été pourchassés et tués par des bandits pour leurs défenses en ivoire. Cette matière est utilisée pour fabriquer des bijoux et des sculptures. En 1989, la majorité des pays ont signé un accord pour interdire le commerce de l'ivoire.

## 1 Jeu de mémoire

Tu as bien lu le message de Raj, **Choisir – c'est difficile!**, à la page 71, alors choisis les cinq phrases qui sont vraies.

1 L'année prochaine, Raj va aller au lycée.
2 Dans deux ans, il va aller au lycée.
3 Sa matière préférée est les maths.
4 Ses matières préférées ce sont les langues vivantes.
5 Sa petite amie, Marine, est nulle en maths.
6 Il est nul en maths.
7 Il n'est pas très fort en chimie.
8 Il va laisser tomber le dessin.
9 Il voudrait être professeur d'anglais.
10 Il ne sait pas encore ce qu'il va faire plus tard.

## 2 Quel mot?

Choisis le bon mot.

1 Nous n'avons (*rien / jamais / personne*) fait ce matin.
2 Je n'ai (*rien / personne / jamais*) fait de latin.
3 L'année prochaine, je ne veux (*personne / plus / rien*) faire d'histoire.
4 Il n'y a (*pas / personne / jamais*) dans la salle de classe.
5 À l'école primaire, on n'avait (*plus / personne / jamais*) de devoirs.
6 Je suis nouveau ici et je ne connais (*jamais / personne / plus*).
7 Je ne vais (*personne / plus / rien*) au club de gym.
8 Je ne suis (*jamais / rien / pas*) fort en anglais.

## 3 Une journée peu réussie

Réponds pour le touriste.

**Exemple: 1** *Je n'ai rien vu.*

1 Qu'est-ce que tu as vu au musée?
2 Tu as acheté beaucoup de souvenirs?
3 Tu as écrit beaucoup de cartes postales?
4 Tu as pris beaucoup de photos?
5 Tu as vu un bon film?
6 Alors, qu'est-ce que tu as fait?

## 4 Offres d'emploi

Regarde les offres d'emploi et trouve les réponses.

**Exemple: 1** *Elle peut trouver du travail à la Banque Américaine.*

1 Ta cousine (25 ans) est secrétaire. Elle veut travailler en France. Où peut-elle trouver du travail?
2 Ton oncle travaille chez Vauxhall en Angleterre, mais il veut travailler en France. Il peut chercher un emploi dans quel garage?
3 Le frère de ton correspondant téléphone au 03 38 24 42 27. Qu'est-ce qu'il fait dans la vie?
4 Les vendeurs et les vendeuses aux Galeries Lafayette à Paris …
   – commencent leur travail à … ?
   – finissent leur travail à … ?
   – ne travaillent pas le … ?
5 Un de tes copains veut travailler comme boulanger. Il se présente au 29 avenue de Voltaire à quatre heures de l'après-midi. Est-ce qu'il trouve du travail?
6 Ta tante veut travailler à la clinique d'Aulnay. Qu'est-ce qu'elle fait dans la vie?

**A**

**Galeries Lafayette**
recherchent
POUR SAISON ÉTÉ
VENDEURS / VENDEUSES
HORAIRES DE TRAVAIL
9h45 – 15h15
repos lundi
Se présenter 25, rue de la Chausée-d'Antin, Paris 9e

**B**

**Pour LEVALLOIS BOULANGERS**

Se présenter
ce jour de 10h à 15h
29, av. de Voltaire

**C**

**BANQUE AMÉRICAINE**
recherche

**SECRÉTAIRE BILINGUE**
anglais, 2 à 4 ans d'expérience
Se prés. 1, rue La Fayette

**D**

Agent Renault recherche
**MÉCANICIENS**

*Garage Rembert,
108 avenue de la République*

**E**

**INFIRMIÈRES
BON SALAIRE**
Clinique d'Aulnay
4 av. de la République

**F**

**Recherche TRÈS BON ÉLECTRICIEN
Pour banlieue NORD
Tel: 03 38 24 42 27**

## 5 Mes projets

a Complète les phrases comme indiqué.

b Complète les phrases comme tu veux.

1 L'année prochaine, je vais étudier … (*une matière*)

2 Je ne vais plus étudier … (*une matière*)

3 Plus tard, je voudrais travailler dans … (*un magasin [de sport], etc., un grand hôtel, un théâtre, un bureau, etc.*)

4 Si possible, je voudrais être … (*une profession*) ou si possible, je voudrais travailler … (*dans l'informatique / pour une grande entreprise / une organisation humanitaire, etc.*)

## 6 Voilà pourquoi

Trouve les paires.

1 Lise veut travailler chez un vétérinaire, parce qu'…
2 Nicolas va aider dans une école, parce qu'…
3 J'espère travailler dans l'informatique, parce que …
4 Mon ami veut travailler dans un magasin de musique, parce qu'il …
5 L'année prochaine, je voudrais travailler dans une piscine, parce que je …
6 Ma sœur veut travailler à la bibliothèque, parce qu'elle …

a aime lire.
b ça m'intéresse beaucoup.
c elle adore les animaux.
d fais régulièrement de la natation et j'aime ça.
e s'intéresse beaucoup à la musique.
f il aime les enfants.

## 7 On ne peut pas travailler tout le temps!

Invente des phrases.

a Jette un dé ou écris des numéros au hasard.

Exemple: *1, 3, 5 Ce soir, j'espère lire un livre.*

| 1 Ce soir, | je voudrais | www. |
| 2 Demain, | je vais | |
| 3 Après-demain, | j'espère | |
| 4 Mercredi prochain, | on peut | |
| 5 Plus tard, | nous voulons | |
| 6 La semaine prochaine, | on veut | |

## 9 Deux Français célèbres

De qui parle-t-on, Pierre de Coubertin (**PC**) ou Jean-François Champollion (**JFC**)?

Exemple: **1** *JFC*

1 Il est né à l'époque de la Révolution française.
2 Il est allé en Grèce.
3 Il a visité l'Égypte.
4 Il s'intéressait au sport.
5 Il n'était pas fort en maths mais il aimait le latin.
6 Il travaillait dans un grand musée à Paris.
7 Il a organisé un grand événement international.
8 Il est mort à l'âge de 41 ans.

## 8 Une lettre de Mélanie

Complète cette lettre avec des verbes au présent, au passé ou au futur proche (**aller** + infinitif).

Exemple: **1** *je vais passer*

Montréal, le 20 avril

Chère Nicole,

Cet été, je … (**1 passer**) deux mois en France. Est-ce que tu … (**2 être**) en France cet été aussi? J'… (**3 trouver**) un poste comme au pair à Paris. La famille … (**4 s'appeler**) Rey. Ce … (**5 être**) des amis de mon professeur de français.

Les Rey … (**6 habiter**) dans la banlieue de Paris. M. Rey … (**7 travailler**) dans l'informatique et Mme Rey … (**8 être**) pharmacienne. Ils … (**9 avoir**) deux enfants.

Je … (**10 partir**) le 5 juillet en avion et je … (**11 rester**) en France jusqu'au 2 septembre.

La semaine dernière, je … (**12 aller**) à une grande exposition pour les jeunes. C'était génial.

Alors, à bientôt, j'espère,

Mélanie

## 1 Une visite à Paris

Tu organises une visite à Paris pour un groupe de touristes. Réponds à leurs questions.

**Exemple: 1** *On y va samedi.*

| lu. | la tour Eiffel |
| mar. | la Cité des sciences |
| mer. | le musée du Louvre |
| jeu. | le château de Versailles |
| ven. | la Grande Arche |
| sam. | le stade de France |
| dim. | la cathédrale de Notre-Dame |

**1** Quand est-ce qu'on va au stade de France?
**2** Quand est-ce qu'on va à la tour Eiffel?
**3** C'est quand, la visite au Louvre?
**4** Quand est-ce qu'on va à Versailles?
**5** Quand est-ce qu'on va à la Cité des sciences?
**6** C'est quand, la visite à Notre-Dame?
**7** Est-ce qu'on va à la Grande Arche?

## 2 Une conversation

Complète les réponses et note les mots qui sont remplacés par **y**.

**Exemple: 1** *J'y vais en bus. (en ville)*

**1** – Comment vas-tu en ville normalement?
– J'… vais en bus.
**2** – Comment allez-vous au collège?
– Nous … allons à pied.
**3** – Quand est-ce que les élèves vont à la piscine avec le collège?
– Ils … vont chaque mercredi.
**4** – Est-ce que ta mère travaille au théâtre depuis longtemps?
– Oui, elle … travaille depuis deux ans.
**5** – Quand est-ce que tu travailles au café?
– J'… travaille le samedi après-midi.
**6** – Il y a un bon film au cinéma. On y va samedi?
– Oui, je veux bien … aller.

## 3 Mes prochaines vacances

Écris six phrases au futur.

**Exemple:** *Je passerai mes vacances en Italie.*

| | | à | Paris / Rome / Berlin / … |
| | passer mes vacances | en | Écosse / France / Irlande / … |
| | loger | dans | un grand hôtel / un petit hôtel /… |
| Je | | chez | des amis / … |
| | prendre | | l'avion / le train / le car / … |
| | visiter | | les monuments / les marchés / les montagnes / la ville / … |
| | manger | | des glaces / des pâtes / des frites / … |
| J'y | rester | | une semaine / dix jours / un mois / … |

## 4 Vendredi prochain

Trouve les paires.

| | |
| **1** Quand est-ce que vous … | **a** finirons à quatre heures. |
| **2** Nous … | **b** rentreras directement à la maison? |
| **3** Est-ce qu'on … | **c** attendra les autres au café? |
| **4** Ma sœur a son portable, alors elle … | **d** joueront aussi? |
| **5** Est-ce que tu … | **e** téléphonera s'il y a un problème. |
| **6** Non, je … | **f** jouerai au badminton. |
| **7** Est-ce que Jean et Claude … | **g** ne joueront pas, ils prendront le bus en ville. |
| **8** Non, ils … | **h** sortirez du collège, vendredi prochain? |

## 5 C'est pour combien de nuits?

**a** Écoute les six conversations. Note les informations mentionnées pour chaque réservation (nuits + personnes).

**Exemple: 1** *4 nuits, 3 personnes*

**b** Dans les deux dernières conversations (5 et 6), les personnes ne font pas de réservation. Pourquoi?

**a** l'hôtel est complet
**b** l'hôtel est trop cher

## 6 Des vacances de neige

Choisis le bon mot.
**1** Nous … (*irai / irons / iront*) en Suisse.
**2** On … (*fera / feras / ferez*) du ski.
**3** J'… (*irai / ira / iront*) à l'école de ski.
**4** Mes amis … (*sera / serons / seront*) aussi à la montagne.
**5** J'espère qu'il y … (*aura / aurez / auront*) beaucoup de neige.
**6** Nous … (*ferai / ferons / ferez*) aussi du patinage.
**7** Le soir, on … (*irai / iras / ira*) au café.
**8** Ce … (*sera / serez / seront*) fantastique.

## 7 Pilote de course

Choisis le bon verbe.

**Exemple: 1** *Je serai*

– Dis donc, qu'est-ce que tu feras plus tard, toi, dans la vie?

– Je **1** … (*suis / serai / seront*) pilote de course.

– Pilote de course? Pas mal! Qu'est-ce que tu **2** … (*auras / as / as eu*) comme voiture?

– Une Williams, bien sûr!

– Est-ce que tu **3** … (*gagnes / gagneras / as gagné*) beaucoup de courses?

– Moi, gagner beaucoup de courses? Mais **4** … (*j'ai gagné / je gagne / je gagnerai*) toutes les courses! J'**5** … (*ai / aurai / ai eu*) les meilleurs mécaniciens du monde et **6** … (*je conduirai / je conduis / j'ai conduit*) très, très vite: les gens ne me **7** … (*verront / verra / voient*) pas passer.

– Bah, ce n'est pas possible!

– Si, avec ma voiture, ce sera possible; j'**8** … (*ai / ai eu / aurai*) la voiture la plus rapide du monde et **9** … (*je suis / j'ai été / je serai*) le meilleur pilote du monde.

## 8 L'avenir en questions

Complète les questions avec les verbes au futur.

**Exemple: 1** *les écoles continueront, on apprendra*

**1** Est-ce que les écoles … (*continuer*) à exister ou est-ce qu'on … (*apprendre*) tout sur Internet?

**2** On … (*vivre*) plus longtemps, mais est-ce qu'on … (*découvrir*) des remèdes contre les maladies?

**3** Les gens … (*faire*) leurs courses sur Internet, alors est-ce qu'il y … (*avoir*) toujours des magasins?

**4** Est-ce que les hommes … (*aller*) sur la planète Mars?

**5** Est-ce qu'on … (*pouvoir*) passer ses vacances dans l'espace?

**6** Est-ce qu'on … (*inventer*) des voitures plus petites qui … (*consommer*) moins d'énergie?

**7** Est-ce qu'on … (*trouver*) de nouvelles méthodes pour produire de l'énergie?

**8** L'avenir, comment … (*être*)-t-il?

## 9 À mon avis

**a** Choisis trois questions de l'activité 8 et écris tes réponses. Écris des phrases complètes.

**b** Invente trois prédictions pour décrire la vie à l'avenir.

Voilà des idées:

Il y aura … des robots pour faire le ménage.

Il sera possible / impossible de … voyager en espace.

## 10 Des questions et des réponses

Trouve les paires.

**1** Qu'est-ce que tu as fait le week-end dernier?

**2** Quand est-ce que vous irez à Paris?

**3** Est-ce que tu partiras en vacances cet été?

**4** Qu'est-ce que tu feras pendant les prochaines vacances?

**5** Où est-ce que vous êtes allés l'année dernière?

**6** Qu'est-ce que tu fais aujourd'hui?

**a** Oui, nous irons en Espagne en juillet.

**b** Nous irons là-bas en août.

**c** Je passerai une semaine chez mon correspondant en Écosse.

**d** Je joue sur l'ordinateur et je surfe sur Internet.

**e** J'ai joué un match de hockey.

**f** Nous sommes allés aux États-Unis.

## 11 Une lettre de Thomas

Complète la lettre avec des verbes au présent, au passé ou au futur.

**Exemple: 1** *Je passe*

Cher Benoît,

Je **1** … (*passer*) de très bonnes vacances ici.

Mercredi dernier, j'**2** … (*prendre*) l'avion de Genève à Paris et Mathieu et sa mere **3** … (*venir*) me chercher à l'aéroport.

Le week-end dernier, nous **4** … (*aller*) au Futuroscope. C'était excellent. Nous **5** … (*voir*) beaucoup de films avec des effets spéciaux. J'**6** … (*aimer*) le spectacle nocturne aussi.

Demain, nous **7** … (*aller*) à la tour Eiffel. J'espère qu'il **8** … (*faire*) beau. Après-demain, on **9** … (*aller*) au stade de France pour voir un match de football. Je **10** … (*rentrer*) en Suisse jeudi prochain.

À bientôt,

Thomas

## 1 C'est la même chose

Trouve les paires de phrases qui ont (presque) le même sens.

| | | | |
|---|---|---|---|
| **1** | Elle prend des cours de danse deux fois par semaine. | **a** | Il joue bien au foot. |
| **2** | Chez lui, l'alcool est rare. | **b** | Il boit rarement de l'alcool. |
| **3** | L'athlète est lent. | **c** | Elle danse régulièrement. |
| **4** | C'est un bon joueur de foot. | **d** | Il court lentement. |
| **5** | Elle parle d'une voix douce. | **e** | Elle parle doucement. |

## 2 Invente des phrases

Invente des phrases avec des adverbes. Combien de phrases peux-tu faire? Ça peut être au passé, au présent ou au futur.

**Exemples:** *Mon père a vite mangé une pomme.*

*Tu travailles bien en classe.*

*Elle va partir immédiatement pour Paris.*

| | | |
|---|---|---|
| Je | aller | bien |
| Tu | écrire | dangereusement |
| Il / Mon ami / Le train / … | lire | doucement |
| Elle / Ta mère / La voiture / … | manger | immédiatement |
| Nous / Mes amis et moi / … | parler | lentement |
| Vous | partir | mal |
| Ils / Mes parents / Les bus / … | rouler | silencieusement |
| Elles / Tes amies / Les filles / … | travailler | vite |

## 3 Que fais-tu?

Complète le message avec les mots de la case.

**Exemple: 1** *forme*

Chère Laura,
Pour rester en …(1)…, je joue au hockey deux fois par …(2)… . J'aime …(3)… en équipe et ça me …(4)… . J'aime aussi la natation et je vais à la …(5)… chaque …(6)… après-midi. Je ne nage pas très …(7)…, mais ça me fait du bien. Et je ne …(8)… jamais, parce que ça, c'est mauvais pour la santé. J'adore les …(9)… au chocolat et j'en mange chaque semaine. Ce n'est pas tellement bon pour la …(10)…, mais c'est délicieux!
Ton ami,
Fabien

| | | | | |
|---|---|---|---|---|
| détend | forme | fume | gâteaux | jouer |
| piscine | samedi | santé | semaine | vite |

## 4 Faites de l'exercice

Complète cette liste de conseils pour encourager les gens à faire de l'exercice, même s'ils n'ont pas le temps.

**Exemple: 1** *l'ascenseur*

**1** Montez l'escalier plutôt que de prendre … . C'est un bon moyen de faire de l'exercice sans perdre de temps!

**2** Pour de petits trajets de moins de 500 mètres, laissez … à la maison et allez-y … ou … .

**3** Si vous commencez un nouveau … , ne forcez pas trop au début.

**4** Faites des … petit à petit.

**5** Faites attention aux … et aux courbatures, au mal de dos surtout et, si nécessaire, modérez vos efforts.

**6** … avant, pendant et après l'effort. Ça diminue les risques de crampes.

| | | | |
|---|---|---|---|
| l'ascenseur | Buvez | crampes | à pied |
| progrès | sport | à vélo | la voiture |

## 5 Fais ça!

Choisis le bon mot.

**Exemple: 1** *Choisissez*

**1** (*Choisis / Choisit / Choisissez*) un fruit si vous avez faim.

**2** N' (*oublie / oublions / oublient*) pas de fermer la porte, papa.

**3** Tu as ton appareil? Alors, (*prends / prenons / prenez*) une photo de moi.

**4** Anne et Luc, (*regardes / regarde / regardez*) le tableau, s'il vous plaît.

**5** Ne (*mange / manges / mangeons*) pas tes repas trop vite.

**6** (*Finis / Finissent / Finissez*) les légumes, puis vous pourrez manger du dessert.

**7** (*Mettons / Mettez / Mets*)-toi là, s'il te plaît.

**8** Si vous voulez boire quelque chose, (*prends / prenez / prennent*) une bouteille d'eau.

## 6 Complète les phrases

Complète les phrases avec l'impératif du verbe (dans la case).

**Exemple: 1** *envoie*

**1** J'attends de tes nouvelles, alors …-moi un texto.

**2** Julie, … ici! J'ai quelque chose pour toi.

**3** Monsieur, … un moment, s'il vous plaît. Le train va bientôt arriver.

**4** Et maintenant, … en groupes.

**5** Tu as vu ma photo? Ne … pas! Ce n'est pas drôle!

**6** Bon appétit, tout le monde, …-vous!

**7** Tu te couches? Alors, … bien!

**8** Avant de prendre ce médicament, … bien les instructions.

| | | | | |
|---|---|---|---|---|
| attendez | dors | envoie | lisez | ris |
| servez | travaillez | viens | | |

## 7 Une vie active

Décris la journée de Sanjay et de sa sœur, Sika.

Exemple: 1 *Sanjay s'est réveillé à 7 heures et il s'est levé immédiatement.*

① se réveiller; se lever immédiatement

② s'habiller; se disputer avec Sika – musique trop forte

③ Sanjay + Sika se dépêcher pour aller à la piscine

④ se doucher; entrer dans la piscine

⑤ se baigner pendant une heure; Sika – ne pas se baigner; s'ennuyer

⑥ après-midi – Sanjay + ami se mettre à jouer au foot; Sika + amie s'asseoir au soleil

## 8 J'ai mal

Trouve le bon texte pour chaque image.

Exemple: 1 *e*

a Nous avons mal à l'estomac.
b J'ai soif.
c Tu as mal au nez?
d Vous avez de la fièvre!
e Elle a mal à la tête.
f Le comte a mal aux dents.
g On a faim.

 ①

 ②

 ③

 ④

 ⑤

 ⑥

 ⑦

## 9 Depuis quand?

Aujourd'hui, c'est vendredi. Depuis quand est-ce que ça ne va pas? Complète les phrases avec les mots de la case.

Exemple: 1 *depuis deux jours*

1 J'ai mal aux yeux depuis … jours.
2 J'ai mal aux pieds depuis … jours.
3 – Depuis … avez-vous mal à la …?
   – Depuis mardi.
4 J'ai mal à la … depuis hier.
5 Mon vélo ne marche pas depuis … .
6 J'ai faim … ce matin, mais il n'y a rien à manger!

| dimanche | lundi | mardi | mercredi | jeudi | vendredi |
|---|---|---|---|---|---|
|  |  |  |  |  |  |

cinq   depuis   deux   gorge   lundi   quand   tête

## 1 En vacances

**a** Voici deux phrases. Fais une phrase avec **qui**.

**Exemple: 1** *Nous louons un gîte qui se trouve en Bretagne.*

1 Nous louons un gîte. Le gîte se trouve en Bretagne.
2 Voici notre chien. Notre chien s'appelle Fifi.
3 J'aime nager dans la piscine. La piscine est tout près.
4 Ma sœur va sortir avec un garçon. Le garçon habite en face.
5 Chaque matin, je vais à la boulangerie. La boulangerie vend le meilleur pain.

**b** Fais une phrase avec avec **que/qu'**.

**Exemple: 1** *Je mange souvent des crêpes que j'achète à la crêperie.*

1 Je mange souvent des crêpes. J'achète les crêpes à la crêperie.
2 Mon père a des livres. Il lit ses livres toute la journée.
3 On a visité un musée. J'ai trouvé le musée ennuyeux.
4 Ma mère va acheter des cartes postales. Elle va envoyer les cartes à ses amis.
5 Nous aurons un bon souvenir des vacances. Nous passons les vacances ici.

## 2 Encore des définitions

Complète les phrases avec les mots de la case.

**Exemple: 1** *maison*

Un gîte est une …(**1**)… qu'on peut louer pour les vacances.

Un camping est un endroit où on dort sous une …(**2**)… ou dans une caravane.

Un hôtel est un bâtiment comprenant de nombreuses …(**3**)… où on peut dormir confortablement. Quelquefois, on peut y …(**4**)… aussi.

Une auberge de jeunesse est un …(**5**)… composé de chambres ou dortoirs où on peut dormir à un …(**6**)… très modéré. Il faut souvent …(**7**)… une chambre. C'est surtout pour les …(**8**)…, mais des adultes et des familles peuvent y loger aussi.

> bâtiment   chambres   jeunes   maison
> manger   partager   prix   tente

## 3 C'est au camping

Complète les mots avec des voyelles et écris l'anglais.

**Exemple: 1** *les douches – showers*

1 l_s d__ch_s
2 _n _mpl_c_m_nt
3 _n_ t_nt_
4 l_s bl_cs s_n_t__r_s
5 l_ b_r___ d'_cc___l
6 _n c_r_v_n_
7 l_ p__b_ll_
8 l_s _ll_d_ j__x
9 l_s t__l_tt_s
10 _n c_mp_ng-c_r

## 4 À l'auberge de jeunesse

Complète le texte, puis écoute pour vérifier.

**Exemple: 1** *auberge*

Philippe et Martin arrivent à l'…(**1**)… de jeunesse. Ils vont au …(**2**)… d'accueil.

– Bonjour. Nous avons réservé deux …(**3**)… pour cinq …(**4**)… .
– Bon. Vous avez la lettre de confirmation et vos cartes?
– Oui. Les voilà.
– Merci. Vous …(**5**)… louer des draps?
– Non, merci.
– Alors, vous êtes au dortoir 6, au deuxième …(**6**)… .
– D'accord. Et où est-ce que nous pouvons mettre nos …(**7**)…?
– Il y a un garage à …(**8**)… de l'auberge.
– Bon. Est-ce qu'on peut prendre des …(**9**)… à l'auberge?
– Oui, le dîner est à 19h30 et le petit …(**10**)… est entre 7h30 et 8h30.
– Bon, merci. Et l'auberge …(**11**)… à quelle heure le soir?
– On ferme à minuit ici. Si vous avez l'intention de rentrer plus tard, il faut …(**12**)… une clef au bureau.

> auberge   bureau   côté   déjeuner   demander
> étage   ferme   nuits   places   repas   vélos   voulez

## 5 Qu'est-ce qu'elle prête?

Avant les vacances, Charlotte prête des choses à ses amis. Complète les phrases.

**Exemple: 1** *Charlotte lui prête un baladeur.*

1 Mathilde  Charlotte lui prête …

2 David  Charlotte lui prête …

3 ses voisines  Charlotte leur prête …

4 ses cousins  Charlotte leur prête …

5 Kévin et Maude  Charlotte leur prête …

## 6 Ici, on parle toutes les langues

Luc est gardien de camping et il adore parler des langues étrangères. Trouve les paires.

**Exemple: 1 *d***

1 José vient de Madrid.
2 Peter et Sam viennent de New York.
3 Michaela et Luigi viennent de Rome.
4 Michouko vient de Tokyo.
5 Christina et Aristote viennent d'Athènes.
6 Sigrid vient de Berlin.
7 Annette et Kirsten viennent de Copenhague.
8 Boris vient de Moscou.

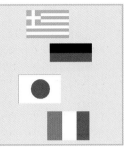

a Luc lui parle en allemand.
b Luc leur parle en italien.
c Luc leur parle en anglais.
d Luc lui parle en espagnol.
e Luc leur parle en grec.
f Luc leur parle en danois.
g Luc lui parle en japonais.
h Luc lui parle en russe.

## 7 Lui ou leur?

Complète les phrases avec **lui** ou **leur**.

1 – Quand est-ce que tu as écrit **à ton amie**?
  – Je … ai écrit hier.
2 – Quand est-ce que tu vas téléphoner **à tes parents**?
  – Je vais … téléphoner ce soir.
3 – Qu'est-ce qu'on a offert **aux participants au concours**?
  – On … a offert un t-shirt.
4 – Qu'est-ce que tu vas prêter **à Mathilde**?
  – Je vais … prêter mon baladeur.
5 – Qui a envoyé le message **aux propriétaires du camping**?
  – Moi, je … ai envoyé le message.

## 8 Un séjour en France

a Paul est revenu d'un séjour. Complète la conversation avec **lui** ou **leur**.

b Note l'expression que **lui** ou **leur** remplace.

**Exemple: 1a *lui*; b *à mon copain***

– Qu'est-ce que tu as offert à ton copain?
– Je…(**1**)… ai offert un CD.
– Et à ses parents?
– Je…(**2**)… ai offert un livre sur la Grande-Bretagne.
– Est-ce que tu as téléphoné à tes parents?
– Oui, je …(**3**)… ai téléphoné deux fois.
– Est-ce que tu as envoyé une carte postale à ton ami?
– Non, je ne …(**4**)… ai pas envoyé de carte postale.
– Tu as parlé aux parents de ton copain en français?
– Oui, bien sûr, je …(**5**)… ai parlé en français.
– Tu as écrit à ses parents pour dire merci?
– Non, je ne …(**6**)… ai pas encore écrit.
– Et tu vas écrire à sa cousine aussi?
– Bien sûr! Je vais …(**7**)… envoyer un e-mail ce soir! Je …(**8**)… ai déjà donné une photo de moi!
– Est-ce qu'elle a une amie qui veut un copain britannique?
– Je vais …(**9**)… demander!

## 9 Mon séjour

a Complète le message avec la bonne forme des verbes. Utilise le passé composé ou l'imparfait.

**Exemple: 1 *J'ai passé***

b Écris une carte postale à un(e) ami(e). Décris une visite ou un séjour. Utilise des verbes à l'imparfait et au passé composé.

Chère Amarjeet,

J'… (**1**) … (passer) de très bonnes vacances avec des amis en Alsace. Nous … (**2**) … (loger) dans une auberge de jeunesse à Saverne. Moi, j' … (**3**) … (aimer) la nourriture, mais les garçons … (**4**) … (avoir) toujours faim car les portions étaient trop petites!

Un jour, pendant que nous … (**5**) … (marcher) le long du canal, Sanjay … (**6**) … (tomber) à l'eau. Heureusement, il … (**7**) … (pouvoir) sortir, mais il … (**8**) … (renter) à l'auberge où il … (**9**) … (changer) de vêtements!

Jeudi, comme il … (**10**) … (pleuvoir) très fort, nous … (**11**) … (décider) d'aller à Strasbourg. Pendant que les autres … (**12**) … (visiter) la cathédrale et les musées, avec Thomas, je … (**13**) … (aller) au Palais de l'Europe qui … (**14**) … (être) impressionnant!

À bientôt!

Sika

## 1 Numbers, time and date

| Les nombres | | Numbers | |
|---|---|---|---|
| 0 | zéro | 21 | vingt et un |
| 1 | un | 22 | vingt-deux |
| 2 | deux | 23 | vingt-trois |
| 3 | trois | 30 | trente |
| 4 | quatre | 31 | trente et un |
| 5 | cinq | 40 | quarante |
| 6 | six | 41 | quarante et un |
| 7 | sept | 50 | cinquante |
| 8 | huit | 51 | cinquante et un |
| 9 | neuf | 60 | soixante |
| 10 | dix | 61 | soixante et un |
| 11 | onze | 70 | soixante-dix |
| 12 | douze | 71 | soixante et onze |
| 13 | treize | 72 | soixante-douze |
| 14 | quatorze | 80 | quatre-vingts |
| 15 | quinze | 81 | quatre-vingt-un |
| 16 | seize | 82 | quatre-vingt-deux |
| 17 | dix-sept | 90 | quatre-vingt-dix |
| 18 | dix-huit | 91 | quatre-vingt-onze |
| 19 | dix-neuf | 100 | cent |
| 20 | vingt | 1000 | mille |
| | | 1 000 000 | un million |
| | | a billion | un milliard |

| Dans l'ordre | In order |
|---|---|
| premier (première) | first |
| deuxième | second |
| troisième | third |
| quatrième | fourth |
| cinquième | fifth |
| vingtième | twentieth |
| vingt et unième | twenty-first |

### L'heure — Time

Il est une heure / deux heures / trois heures …

... moins cinq / ... cinq
... moins dix / ... dix
... moins le quart / ... et quart
... moins vingt / ... vingt
... moins vingt-cinq / ... vingt-cinq
... et demie

Quelle heure est-il?

| ☀ | ☾ |
|---|---|
| 12:00 Il est midi. 12:30 Il est midi et demi. | Il est minuit. Il est minuit et demi. |

**The 24-hour clock is often used.**

**18:30** Il est dix-huit heures trente. (6.30 pm)

| Les jours de la semaine | Days of the week |
|---|---|
| lundi | Monday |
| mardi | Tuesday |
| mercredi | Wednesday |
| jeudi | Thursday |
| vendredi | Friday |
| samedi | Saturday |
| dimanche | Sunday |

| Les mois de l'année | Months of the year |
|---|---|
| janvier | January |
| février | February |
| mars | March |
| avril | April |
| mai | May |
| juin | June |
| juillet | July |
| août | August |
| septembre | September |
| octobre | October |
| novembre | November |
| décembre | December |

| Les saisons | Seasons |
|---|---|
| en hiver (m) | in winter |
| au printemps (m) | in spring |
| en été (m) | in summer |
| en automne (m) | in autumn |

| Expressions utiles | General time expressions |
|---|---|
| après | after |
| avant de (+ infinitive) | before |
| combien de temps? | how long? |
| combien de fois? | how often? |
| d'abord | first of all |
| d'habitude | normally |
| de temps en temps | now and again |
| durer | to last |
| encore une fois | once more |
| enfin | at last |
| en général | in general |
| ensuite | next |
| généralement | usually |
| longtemps | for a long time |
| normalement | normally |
| parfois | sometimes |
| plus tard | later |
| puis | then |
| quelquefois | sometimes |
| seulement | only |
| souvent | often |
| toujours | always |
| tous les jours | every day |
| toutes les (dix) minutes | every (ten) minutes |
| très peu de | very little, not much |

## 2 Saying where things are

| C'est où? | Where is it? |
|---|---|
| à | in, at, to |
| à côté de | next to |
| au bord de | on the edge of |
| au bout de | at the end of |
| au centre de | at the centre of |
| au coin de | at the corner of |
| au-dessous de | below |
| au-dessus de | above |
| au fond de | at the bottom of |
| au milieu de | in the middle of |
| autour de | around |
| avant | before |
| contre | against |
| dans | in |
| dedans | inside |
| derrière | behind |

| devant | in front of |
|---|---|
| en bas | below |
| en haut | above |
| en face de | opposite |
| entre | in between |
| ici | here |
| jusqu'à | as far as |
| là | there |
| là-bas | over there |
| loin de | far from |
| vers | towards |
| continuer | to continue |
| descendre | to go down |
| monter | to go up |

| À quelle distance? | How far? |
|---|---|
| loin de | far from |
| près de | near |
| près d'ici | near here |
| proche | nearby, close |
| tout près | very close |
| à … kilomètres de | … kilometres from |
| à … miles de | … miles from |

| Quelle direction? | Which direction? |
|---|---|
| à droite | (on the) right |
| à gauche | (on the) left |
| tout droit | straight ahead |

| Les points cardinaux | Points of the compass |
|---|---|
| nord | north |
| sud | south |
| est | east |
| ouest | west |
| nord-est | north-east |
| nord-ouest | north-west |
| sud-est | south-east |
| sud-ouest | south-west |

## 3 Giving descriptions

| Les couleurs | Colours |
|---|---|
| blanc / blanche | white |
| bleu | blue |
| bleu marine (*inv.) | navy blue |
| blond | blond |
| brun | brown |
| châtain | chestnut brown (hair) |
| (bleu) clair (*inv.) | light (blue) |
| doré | gold(en) |
| (vert) foncé (*inv.) | dark (green) |
| gris | grey |
| jaune | yellow |
| marron (*inv.) | brown (eyes) |
| noir | black |
| orange (*inv.) | orange |
| pourpre | purple |
| rose | pink |
| rouge | red |
| roux / rousse | red / auburn (hair) |
| vert | green |
| violet(te) | violet |

*inv. Some adjectives are invariable and don't change to agree with the noun. This applies to all colours used with clair and foncé.

| Les quantités | Quantities |
|---|---|
| assez | enough |
| beaucoup (de) | a lot (of) |
| boîte (f) | box, tin |
| bouteille (f) | bottle |
| demi-douzaine (f) | half dozen |
| encore du/de la/de l'/des | some more … |
| gramme (m) | gram |
| kilo (m) | kilo |
| litre (m) | litre |
| moins | less |
| morceau (m) | piece |
| paquet (m) | packet |
| un peu (plus) | a little (more) |
| plein de | full of |
| plus de | more (of) |
| plusieurs | several |
| portion (f) | portion |
| pot (m) | pot |
| presque | almost |
| quelques | a few |
| rien | nothing |
| rondelle (f) | round slice |
| tablette (f) | bar (chocolate, etc.) |
| tout | everything |
| tranche (f) | slice |
| très | very |
| trop | too much |

| Des caractéristiques physiques | Describing people (physical features) |
|---|---|
| avoir environ … ans | to be aged about … |
| barbe (f) | beard |
| beau / bel / belle | beautiful / lovely / good looking |
| chauve | bald |
| cheveux (m pl) | hair |
| court | short |
| fort | well built, strong |
| frisé | curly |
| grand | tall |
| gros(se) | big |
| joli | pretty |
| long(ue) | long |
| lunettes (f pl) | glasses |
| mince | slim |
| moustache (f) | moustache |
| petit | small |
| raide | straight |
| sembler | to seem |
| de taille moyenne | medium size |
| yeux (m pl) | eyes |

| Des caractéristiques personnelles | Describing people (personality) |
|---|---|
| agréable | pleasant |
| aimable | polite, kind, likeable |
| ambitieux/-euse | ambitious |
| amusant | amusing, funny |
| calme | quiet |
| content | happy, contented |
| fatigant | tiring |
| fort | strong |

| | |
|---|---|
| généreux/-euse | generous |
| gentil(le) | nice, kind |
| heureux/-euse | happy |
| honnête | honest |
| impatient | impatient |
| impoli | impolite, rude |
| intelligent | intelligent |
| malheureux/-euse | unhappy |
| méchant | naughty, bad, spiteful |
| mignon(ne) | sweet, cute |
| paresseux/-euse | lazy |
| patient | patient |
| poli | polite |
| sportif/-ive | sporty, athletic |
| sympa | nice |
| timide | shy |
| travailleur/-euse | hard working |

## 4 Expressing opinions

| Remarques d'ordre général | General comments |
|---|---|
| c'est très bien / super! | it's/that's very good / great! |
| c'est bien triste | it's/that's very sad |
| c'est vraiment affreux | it's/that's really awful |
| c'est difficile | it's/that's difficult |
| c'est (bien) dommage | it's/that's a (real) pity |
| tu as de la chance | you're lucky |
| Félicitations! | Congratulations! |
| ça me fait rire | it makes me laugh |
| ça me fait pleurer | it makes me cry |
| j'aime | I like |
| ça m'énerve | it gets on my nerves |
| je m'intéresse à | I'm interested in |
| j'adore | I love |
| je déteste | I hate |

| Des réflexions positives | Positive comments |
|---|---|
| amusant | amusing |
| (très) bien | (very) good |
| drôle | funny |
| excellent | excellent |
| fantastique | fantastic |
| formidable / génial | great! |
| intéressant | interesting |
| pas mal | not bad |
| passionnant | exciting |
| super | super |
| touchant | touching |

| Des réflexions négatives | Negative comments |
|---|---|
| affreux/-euse | dreadful |
| bête | stupid |
| ennuyeux/-euse | boring |
| épouvantable | dreadful |
| mauvais | bad |
| moche | lousy |
| nul(le) | rubbish |
| pénible | painful, tiresome |

| On donne son avis | Expressing your opinion |
|---|---|
| à mon avis | in my opinion |
| je n'ai vraiment pas d'opinion | I have no strong feelings about it |
| ça, c'est très important | that's very important |
| par contre | on the other hand |
| il y a du pour et du contre | there are points for and against |
| je pense que … | I think that … |
| je trouve cela étonnant / intéressant | I think it's astonishing / interesting |

| On demande un avis | Asking for someone's opinion |
|---|---|
| Quel est ton/votre avis? | What is your opinion? |
| Es-tu/Êtes-vous pour ou contre? | Are you for or against? |
| C'était comment? | What was it like? |

| On est (complètement) d'accord | Agreeing with someone (fully) |
|---|---|
| je suis de ton/ votre avis | I'm of the same opinion |
| c'est exactement ce que je pense | that's exactly what I think |
| je suis absolument / tout à fait d'accord | I quite agree |
| c'est bien mon avis | that's certainly my opinion |
| c'est ça | that's right |
| voilà | that's it |
| vous avez/tu as raison | you're right |
| moi aussi, je pense … | I also think … |

| On est d'accord (mais pas tout à fait) | Agreeing with someone (to a certain extent) |
|---|---|
| oui, mais … | yes, but … |
| ça dépend | it depends |
| c'est possible | it's possible |
| peut-être | perhaps |
| je ne suis pas tout à fait d'accord | I don't entirely agree |
| je n'en suis pas sûr(e) / certain(e) | I'm not sure |

| On n'est pas d'accord | Disagreeing with someone's view |
|---|---|
| là, je ne suis pas d'accord | there I disagree |
| je ne suis absolument pas d'accord | I disagree entirely |
| je ne suis pas du tout d'accord | I disagree entirely |
| il ne faut quand même pas exagérer | don't go to extremes |
| vous exagérez/ tu exagères | you're exaggerating |

## 5 Describing events in past / present / future

| On parle du passé | Talking about the past |
|---|---|
| l'année dernière | last year |
| avant-hier | the day before yesterday |
| ce jour-là | that day |
| en ce temps-là | at that time |
| hier | yesterday |
| hier matin / soir | yesterday morning / evening |
| pendant les dernières vacances | during the last holidays |
| la semaine dernière, | last week |
| je suis allé(e) | I went |
| j'ai vu … | I saw … |
| je me suis (très) bien amusé(e) | I had a (really) good time |
| il faisait chaud / froid | it was hot / cold |

| On parle du présent | Talking about the present |
|---|---|
| à présent | at present |
| aujourd'hui | today |
| chaque année, au mois de … | every year, in the month of … |
| en ce moment | at the moment |

| On parle de l'avenir | Talking about the future |
|---|---|
| après-demain | the day after tomorrow |
| bientôt | soon |
| ce soir | this evening (tonight) |
| cet été | this summer |
| dans cinq jours | in five days |
| demain (après-midi) | tomorrow (afternoon) |
| d'ici (deux jours) | (two days) from now |
| l'année prochaine | next year |
| plus tard | later |
| un jour | one day |
| à l'avenir | in the future |
| je voudrais voyager | I would like to travel |
| Quand je quitterai l'école, | When I leave school, |
| j'aimerais travailler dans l'informatique. | I would like to work in the computer industry. |

## 6 Linking words and phrases

| à la fin | in the end |
|---|---|
| cependant | however |
| d'abord | (at) first |
| déjà | already |
| de toute façon | in any case |
| en ce moment | at the moment, just now |
| en fait | in fact |

| en général | in general |
|---|---|
| en plus | what's more, moreover |
| en revanche | on the other hand |
| enfin | at last, finally |
| ensuite | then, next |
| et | and |
| finalement | finally |
| heureusement | fortunately |
| mais | but |
| malheureusement | unfortunately |
| naturellement | of course |
| parce que | because |
| par conséquent | as a result, consequently |
| par contre | on the other hand |
| peut-être | perhaps |
| pourtant | however |
| puis | then, next |
| quand | when |
| quand même | all the same |
| soudain | suddenly |
| surtout | above all |
| tout de suite | immediately |

## 7 Communications

| Des expressions de politesse | Social conventions |
|---|---|
| à tout à l'heure! | see you later! |
| au revoir! | goodbye! |
| bonjour! | hello / good morning! |
| bonne nuit! | good night! |
| bonsoir! | good evening! |
| bravo! | well done! |
| félicitations! | congratulations! |
| (à votre) santé! | good health! cheers! |
| (comment) ça va? | how are you? |
| bien, merci | fine, thanks |
| pas mal | not bad |
| comme ci comme ça | not too bad |
| et toi/vous? | how about you? |
| salut! | hello / hi! |
| à ce soir / demain / bientôt | see you this evening / tomorrow / soon |

| Les fêtes et les vœux | Festivals and greetings |
|---|---|
| le jour de l'An | New Year's Day |
| la fête du 14 juillet / la fête nationale | Bastille Day (14th July) |
| Pâques | Easter |
| Noël | Christmas |
| Mardi gras | Shrove Tuesday |
| Bonne année! | Happy New Year! |
| Joyeuses Pâques! | Happy Easter! |
| Joyeux Noël! | Happy Christmas! |
| Bon anniversaire! | Happy Birthday! |
| Bonne fête! | Best Wishes on your Saint's Day! |

| On écrit des messages | Writing messages |
|---|---|
| À plus tard (A+;@+) | See you later |
| e-mail (m) / courrier électronique (m) | e-mail |
| message (m) | message |
| Objet | Subject/Re |
| Répondre | Reply |
| se connecter | to connect to the internet / log on |
| SMS (m)/texto (m) | text message |

| On écrit des lettres aux amis | Writing letters to friends |
|---|---|
| Salut! | Hello! Hi! |
| (Mon) cher / (Ma) chère / (Mes) chers … | (My) dear … |
| Chers / Chères ami(e)s | Dear friends |
| Maintenant, je dois terminer ma lettre. | I must stop now. |
| J'espère te/vous lire bientôt | I hope to hear from you soon |
| En attendant de tes/vos nouvelles | Waiting to hear from you |
| Écris/Écrivez-moi bientôt | Write soon |
| Encore merci pour tout | Once again, thanks for everything |
| Bien à vous | Yours, |
| (Bien) amicalement | All the best, Best wishes |
| Amitiés | Best wishes |
| Ton ami(e) | Your friend |
| Ton/Ta correspondant(e) | Your penfriend |
| Je t'embrasse | Love and kisses |
| Bises / Bisous | Love and kisses |

## 8 Language difficulties

| Tu comprends?/ Vous comprenez? | Do you understand? |
|---|---|
| Excusez-moi, mais je n'ai pas compris. | Sorry, but I didn't understand. |
| Je ne comprends pas (très bien). | I don't understand (very well). |
| Pouvez-vous/Peux-tu répéter cela? | Could you repeat that? |
| Pouvez-vous/Peux-tu parler plus fort/ plus lentement, s'il vous/te plaît? | Could you speak more loudly/ more slowly, please? |
| Qu'est-ce que ça veut dire (en anglais)? | What does that mean (in English)? |
| Comment dit-on 'computer' en français? | What's the French for 'computer'? |
| Ça s'écrit comment? | How is that spelt? |
| C'est pour … | It's for/to … |
| C'est le contraire de… | It's the opposite of… |
| Comment? Pardon? | What was that? |
| Pouvez-vous/Peux-tu écrire cela? | Could you write that down? |

# 1 Nouns

## 1.1 Masculine and feminine

A noun is the name of someone or something or the word for a thing (e.g. a box, a pencil, laughter). All nouns in French are either masculine or feminine. (This is called their **gender**.)

| masculine singular | feminine singular |
|---|---|
| **le** garçon | **la** fille |
| **un** village | **une** ville |
| **l'**appartement | **l'**épicerie |

Nouns which refer to people often have a special feminine form. Most follow one of these patterns:

| | masculine | feminine |
|---|---|---|
| add -e | un ami | une am**ie** |
| -(i)er → -(i)ère | un ouvr**ier** | une ouvr**ière** |
| -eur → -euse | un vend**eur** | une vend**euse** |
| -teur → -trice | un institu**teur** | une institu**trice** |
| -(i)en → -(i)enne | un lycé**en** | une lycé**enne** |
| stay same | un touriste | une touriste |
| | un élève | une élève |
| | un enfant | une enfant |
| no pattern | un copain | une copine |
| | un roi | une reine |

## 1.2 Is it masculine or feminine?

Sometimes the ending of a word can give you a clue as to whether it's masculine or feminine. Here are some guidelines:

| endings normally masculine | exceptions | endings normally feminine | exceptions |
|---|---|---|---|
| -age | une image | -ade | |
| -aire | | -ance | |
| -é | | -ation | |
| -eau | l'eau (f) | -ée | un lycée |
| -eur | | -ère | |
| -ier | | -erie | |
| -in | la fin | -ette | un squelette |
| -ing | | -que | le plastique, |
| -isme | | | un moustique, |
| -ment | | | un kiosque |
| -o | la météo | -rice | le dentifrice |
| | | -sse | |
| | | -ure | |

## 1.3 Singular and plural

Nouns can also be singular (referring to just one thing or person) or plural (referring to more than one thing or person):

une chambre          des chambres

In many cases, it is easy to use and recognise plural nouns because the last letter is an -s. (Remember that an -s on the end of a French word is often silent.)

un livre          des livre**s**

### 1.3a Some common exceptions:

**1** Most nouns which end in -eau or -eu add an -x:

un château          des château**x**
un jeu          des jeu**x**

**2** Some nouns which end in -ou add an -s in the plural, others add an -x:

un trou          des trou**s**
un chou          des chou**x**

**3** Most nouns which end in -al change this to -aux in the plural:

un animal          des anim**aux**

**4** Nouns which already end in -s, -x or -z don't change in the plural:

un repas          des repas
le prix          les prix

**5** A few nouns don't follow any clear pattern:

un œil          des yeux

# 2 Articles

## 2.1 *le*, *la*, *les* (definite article)

The definite article is the word for 'the' which appears before a noun. It is often left out in English, but it must not be left out in French (except in a very few cases).

| singular | | | plural |
|---|---|---|---|
| masculine | feminine | before a vowel | (all forms) |
| **le** village | **la** ville | **l'**épicerie | **les** touristes |

## 2.2 *un*, *une*, *des* (indefinite article)

These are the words for 'a', 'an' or 'some' in French.

| singular | | plural |
|---|---|---|
| masculine | feminine | (all forms) |
| **un** appartement | **une** maison | **des** appartements |
| | | **des** maisons |

No article is used in French when describing a person's occupation:

*Elle est dentiste.*      She's a dentist.
*Il est employé de bureau.*      He's an office worker.

Note: if there is an adjective before the noun, *des* changes to *de*.

*On a vu de beaux châteaux au pays de Galles.*
We saw some fine castles in Wales.

## 2.3 Some or any (partitive article)

The word for 'some' or 'any' changes according to the noun it is used with:

| singular | | | plural |
|---|---|---|---|
| masculine | feminine | before a vowel | (all forms) |
| **du** pain | **de la** viande | **de l'**eau | **des** poires |

Use de (d') instead of *du/de la/de l'/des* in the following cases:

- after a negative (ne ... pas, ne ... plus, ne ... jamais, etc.)

  *Je n'ai pas **d'**argent.*    I haven't any money.
  *Il n'y a plus **de** légumes.*  There are no vegetables left.

- after expressions of quantity:

*un kilo **de** poires*     a kilo of pears

But not with the verb *être* or after *ne ... que*, e.g.

*Ce n'est pas du sucre,*     It's not sugar, it's salt.
*c'est du sel.*

*Il ne reste que du café.*     There's only coffee left.

## 2.4   *ce*, *cet*, *cette*, *ces* (this, that, these, those)

The different forms of *ce* are used instead of *le, l', la, les* when you want to point out a particular thing or person:

| singular | | | plural |
| masculine | before a vowel (masculine only) | feminine | (all forms) |
|---|---|---|---|
| **ce** *chapeau* | **cet** *anorak* | **cette** *jupe* | **ces** *chaussures* |

*Ce* can mean either 'this' or 'that'. *Ces* can mean either 'these' or 'those'. To make it clearer which you mean, you can also add *-ci* and *-là* to distinguish between 'this' object and 'that' object:

*Est-ce que tu préfères **ce pull-ci** ou **ce pull-là**?*
Do you prefer this pullover or that pullover?

*Je vais acheter **cette robe-là**.*     I'm going to buy that dress.

# 3   Adjectives

## 3.1   Agreement of adjectives

Adjectives, or describing words (e.g. tall, important) tell you more about a noun. In French, adjectives are masculine, feminine, singular or plural to agree with the noun.

Look at the patterns in the tables below to see how adjectives agree.

### 3.1a   Regular adjectives

| singular | | plural | |
| masculine | feminine | masculine | feminine |
|---|---|---|---|
| *grand* | *grande* | *grands* | *grandes* |

A lot of adjectives follow the above pattern.

Adjectives which end in *-u*, *-i* or *-é* change in spelling, but sound the same.

| *bleu* | *bleue* | *bleus* | *bleues* |
|---|---|---|---|
| *joli* | *jolie* | *jolis* | *jolies* |
| *fatigué* | *fatiguée* | *fatigués* | *fatiguées* |

Adjectives which already end in *-e* (with no accent) have no different feminine form:

| *jaune* | *jaune* | *jaunes* | *jaunes* |
|---|---|---|---|

Adjectives which already end in *-s* have no different masculine plural form:

| *français* | *française* | *français* | *françaises* |
|---|---|---|---|

Adjectives which end in *-er* follow this pattern:

| *cher* | *chère* | *chers* | *chères* |
|---|---|---|---|

Adjectives which end in *-eux* follow this pattern:

| *délicieux* | *délicieuse* | *délicieux* | *délicieuses* |
|---|---|---|---|

Some adjectives double the last letter before adding an *-e* for the feminine form:

| *gros* | *grosse* | *gros* | *grosses* |
|---|---|---|---|
| *bon* | *bonne* | *bons* | *bonnes* |

### 3.1b   Irregular adjectives

Many common adjectives are irregular, and you need to learn each one separately. Here are some you have already met:

| *blanc* | *blanche* | *blancs* | *blanches* |
|---|---|---|---|
| *long* | *longue* | *longs* | *longues* |
| *vieux (vieil)* | *vieille* | *vieux* | *vieilles* |
| *nouveau (nouvel)* | *nouvelle* | *nouveaux* | *nouvelles* |
| *beau (bel)* | *belle* | *beaux* | *belles* |

*Vieil, nouvel* and *bel* are used before masculine nouns which begin with a vowel.

A few adjectives are invariable (inv.) and do not change at all:

| *marron* | *marron* | *marron* | *marron* |
|---|---|---|---|
| *bleu marine* | *bleu marine* | *bleu marine* | *bleu marine* |
| *vert foncé* | *vert foncé* | *vert foncé* | *vert foncé* |
| *gris clair* | *gris clair* | *gris clair* | *gris clair* |

## 3.2   Position of adjectives

Adjectives normally follow the noun:

*J'ai vu un film très intéressant hier soir.*

*Regarde cette jupe noire.*

Some common adjectives go before the noun, e.g. *beau, bon, court, grand, gros, haut, jeune, joli, long, mauvais, petit, premier, vieux.*

*C'est un petit garçon.*
*Il prend le premier train pour Paris.*

Adjectives of colour and nationality follow the noun.

## 3.3   Comparisons

To compare one person or thing with another, you use *plus* (more), *moins* (less) or *aussi* (as) before the adjective, followed by *que* (than/as):

| | *plus* | | taller than |
| *Il est* | *moins* | *grand que mon père* | not as tall as |
| | *aussi* | | as tall as |

Remember to make the adjective agree in the usual way:

*Jean-Luc est plus âgé que Nicole.*

*Nicole est plus âgée que Robert.*

*Jean-Luc et Nicole sont plus âgés que Robert.*

Notice these special forms:

*bon*          *meilleur* (better)
*mauvais*     *plus mauvais* or *pire* (worse)

*Ce livre est meilleur que l'autre.*
*Cette maison est meilleure que l'autre.*
*Cet article est pire que l'autre.*

## 3.4   The superlative

You use the superlative when you want to say that something is the best, the biggest, the most expensive, etc.

*La tour Eiffel est le plus célèbre monument de Paris.*
The Eiffel Tower is the most famous monument in Paris.

*Paris est la plus belle ville du monde.*
Paris is the most beautiful city in the world.

*Les TGV sont les trains français les plus rapides.*
The TGV are the fastest French trains.

Notice that

- you use *le plus, la plus, les plus* and the correct form of the adjective, depending on whether you are describing something which is masculine, feminine, singular or plural.

- if the adjective normally goes after the noun, then the superlative also follows the noun:

  *(C'est un monument moderne.)*
  *C'est le monument le plus moderne de Paris.*
  It's the most modern monument in Paris.

- if the adjective normally goes before the noun, then the superlative can go before the noun:

  *(C'est un haut monument.)*
  *C'est le plus haut monument de Paris.*
  It's the tallest monument in Paris.

- you usually use *le/la/les plus* (meaning 'the most') but you can also use *le/la/les moins* (meaning 'the least'):

  *J'ai acheté ce gâteau parce que c'était le moins cher.*
  I bought this cake because it was the least expensive.

  Here are some useful expressions:

| | |
|---|---|
| *le moins cher* | the least expensive |
| *le plus cher* | the most expensive |
| *le plus petit* | the smallest |
| *le plus grand* | the biggest |
| *le meilleur* | the best |
| *le pire* | the worst |
| *le moindre* | the least, slightest |
| *Il n'y a pas la moindre chance.* | There's not the slightest chance. |

## 4 Adverbs

### 4.1 Formation

Adverbs usually tell you how, when or where something happened, or how often something is done.

Many adverbs in English end in -ly, e.g. quietly. Similarly, many adverbs in French end in -ment, e.g. *doucement*.

To form an adverb in French you can often add -ment to the feminine singular of the adjective:

| masculine singular | feminine singular | | adverb |
|---|---|---|---|
| *malheureux* | *malheureuse* | + ment | *malheureusement* unfortunately |
| *lent* | *lente* | + ment | *lentement* slowly |

If a masculine singular adjective ends in a vowel, just add -ment:

  *vrai*      + ment *vraiment* (= really, truly)

If a masculine singular adjective ends in -ent, change to -emment:

  *évident*      *évidemment* (= obviously)

### 4.2 Comparative and superlative

As with adjectives, you can use the comparative or superlative to say that something goes more quickly or fastest, etc.

*Marc skie **plus vite** que Chantal.*
Marc skis faster than Chantal.

*Allez à la gare **le plus vite** possible.*
Go to the station as quickly as possible.

Notice these special forms:

| | | | |
|---|---|---|---|
| *bien* | *mieux* | well | better |
| *mal* | *pire* | badly | worse |

*Ça va mieux aujourd'hui?*      Are you feeling better today?
*Non, je me sens encore pire.*      No, I feel even worse.

### 4.3 Quantifiers

These are useful words which add more intensity to meaning.

| | |
|---|---|
| *à peine* | hardly |
| *assez* | quite, rather |
| *beaucoup* | much |
| *pas beaucoup* | not much |
| *(un) peu* | (a) little |
| *tout à fait* | completely, quite |
| *très* | very |
| *trop* | too |
| *vraiment* | really |
| *Elle est assez grande.* | She's quite tall. |
| *Il reste un peu de chocolat.* | There's a bit of chocolate left. |
| *Ce n'est pas beaucoup plus loin.* | It's not much further. |
| *Tu as tout à fait raison.* | You are absolutely right. |
| *C'est trop cher.* | It's too expensive. |
| *C'était vraiment excellent.* | It was really excellent. |

### 4.4 Place, number, dates, time

See *Vocabulaire et expressions utiles* (**1–2**).

## 5 Expressing possession

### 5.1 My, your, his, her, its, our, their

| | singular | | | plural |
|---|---|---|---|---|
| | **masculine** | **feminine** | **before a vowel** | **(all forms)** |
| my | *mon* | *ma* | *mon* | *mes* |
| your | *ton* | *ta* | *ton* | *tes* |
| his/hers/its | *son* | *sa* | *son* | *ses* |
| our | *notre* | *notre* | *notre* | *nos* |
| your | *votre* | *votre* | *votre* | *vos* |
| their | *leur* | *leur* | *leur* | *leurs* |

These words show who something or somebody belongs to. They agree with the noun that follows them, NOT the person.

This means that *son, sa, ses* can mean 'his', 'her' or 'its'. The meaning is usually clear from the context.

*Paul mange son déjeuner.*      Paul eats his lunch.
*Marie mange son déjeuner.*      Marie eats her lunch.
*Le chien mange son déjeuner.*      The dog eats its lunch.

Before a feminine noun beginning with a vowel, you use *mon, ton* or *son*:

*Mon amie s'appelle Nicole.*
*Où habite ton amie, Françoise?*
*Son école est fermée aujourd'hui.*

## 5.2    *à* + name

Another way of saying who something belongs to is to use *à* + the name of the owner or an emphatic pronoun (*moi, toi,* etc.).

| | |
|---|---|
| *C'est à qui, ce stylo?* | Whose pen is this? |
| *C'est à toi?* | Is it yours? |
| *Non, c'est à Paul.* | No, its Paul's. |
| *Ah oui, c'est à moi.* | Oh yes, it's mine. |

This way of expressing possession is common in conversational French.

## 5.3    *de* + noun

There is no use of apostrophe -s in French, so to translate 'Sophie's house' or 'Hugo's skis' you have to use *de* followed by the name of the owner:

| | |
|---|---|
| *C'est la maison de Sophie.* | It's Sophie's house. |
| *Ce sont les skis d'Hugo.* | They are Hugo's skis. |

If you don't actually name the person, you have to use the appropriate form of *de* (*du, de la, de l'* or *des*):

*C'est la tente de la famille anglaise.*
It's the English family's tent.

# 6   Pronouns

## 6.1    Subject pronouns

Subject pronouns are pronouns like 'I', 'you', etc. which usually come before the verb. In French, the subject pronouns are:

| *je* | I |
|---|---|
| *tu* | you (to a young person, close friend, relative) |
| *il* | he, it |
| *elle* | she, it |
| *on* | one, you<br>we (often used in place of *nous* in spoken French)<br>they, people in general |
| *nous* | we |
| *vous* | you (to an adult you don't know well)<br>you (to more than one person) |
| *ils* | they (for a masculine plural noun)<br>they (for a mixed group) |
| *elles* | they (for a feminine plural noun) |

## 6.2    Object pronouns

These pronouns replace a noun, or a phrase containing a noun, which is not the subject of the verb.
They are used a lot in conversation and save you having to repeat a noun or phrase. The pronoun goes immediately before the verb, even when the sentence is a question or in the negative:

| | |
|---|---|
| *Tu **le** vois?* | Can you see him? |
| *Non, je ne **le** vois pas.* | No, I can't see him. |

If a verb is used with an infinitive, the pronoun goes before the infinitive:

*Quand est-ce que vous allez **les** voir?*
When are you going to see them?

*Elle veut **l'**acheter tout de suite.*
She wants to buy it straight away.

In the perfect tense, the object pronoun goes before the auxiliary verb (*avoir* or *être*):

*C'est un bon film. Tu **l'**as vu?*
It's a good film. Have you seen it?

### 6.2a    *le, la, les* (direct object pronouns)

*Le* replaces a masculine noun and *la* replaces a feminine noun to mean 'it', 'him' or 'her'. *Les* means 'them'.

| | |
|---|---|
| *Tu prends **ton** vélo?* | *Oui, je **le** prends.* |
| Are you taking your bike? | Yes, I'm taking it. |
| *Vous prenez **votre écharpe**?* | *Oui, je **la** prends.* |
| Are you taking your scarf? | Yes, I'm taking it. |
| *N'oubliez pas **vos gants**!* | *Ça va, je **les** porte.* |
| Don't forget your gloves. | It's OK, I'm wearing them. |
| *Tu as vu **Raj** en ville?* | *Oui, je **l'**ai vu au café.* |
| Did you see Raj in town? | Yes, I saw him in the café. |
| *Tu verras **Yasmine** ce soir?* | *Non, je ne **la** verrai pas.* |
| Will you see Yasmine tonight? | No, I won't be seeing her. |

These pronouns can also be used with *voici* and *voilà*:

| | | |
|---|---|---|
| *Tu as **ta carte**?* | ***La** voici.* | Here it is. |
| *Vous avez **votre billet**?* | ***Le** voilà.* | Here it is. |
| *Où sont **Lucas et Claire**?* | ***Les** voilà.* | There they are. |

### 6.2b    *lui* and *leur* (indirect object pronouns)

– *Qu'est-ce que tu vas offrir **à ta sœur**?*
  What will you give your sister?

| | |
|---|---|
| – *Je vais **lui** offrir un CD.* | I'll give her a CD. |
| – *Et **à ton frère**?* | And your brother? |
| – *Je vais **lui** offrir un livre.* | I'll give him a book. |

*Lui* is used to replace masculine or feminine singular nouns, often in a phrase beginning with *à*. It usually means 'to him' or 'for him' or 'to her' or 'for her'.

In the same way, *leur* is used to replace masculine or feminine plural nouns, often in a phrase beginning with *à* or *aux*. It usually means 'to them' or 'for them'.

– *Tu as déjà téléphoné **à tes parents**?*
– *Non, mais je vais **leur** téléphoner plus tard.*

  Have you already phoned your parents?
  No, but I'll phone them later.

### 6.2c    *me, te, nous, vous*

These are used as both direct and indirect object pronouns.
*Me* (or *m'*) means 'me', 'to me' or 'for me':

– *Est-ce que tu peux **m'**acheter une glace?*
– *Oui, si tu **me** donnes de l'argent.*

  Can you buy me an ice cream?
  Yes, if you give me some money.

*Te* (or *t'*) means 'you', 'to you' or 'for you':

*Thomas ... Thomas, je **te** parle. Qui **t'**a donné cet argent?*
Thomas, I'm speaking to you. Who gave you this money?

*Nous* means 'us', 'to us' or 'for us':

*Jean-Pierre vient **nous** chercher à la maison.*

*Les autres **nous** attendent au café.*
Jean-Pierre is picking us up at home.
The others are waiting for us at the café.

*Vous* means 'you', 'to you' or 'for you':

*Je **vous** dois combien?*　　　How much do I owe you?

*Je **vous** rendrai les skis la semaine prochaine.*
I'll give you the skis back next week.

## 6.3　*y*

*Y* usually means 'there' and is used instead of repeating the name of a place.

– *Quand est-ce que tu vas au musée d'Orsay?*
　When are you going to the musée d'Orsay?

– *J'**y** vais dimanche.*　　　I'm going there on Sunday.

It is also used to replace *à* (*au, aux*) or *dans* + a noun or phrase which does not refer to a person.

*Est-ce que tu penses quelquefois aux vacances au Canada?*
Do you sometimes think about the holiday in Canada?

*Oui, j'**y** pense souvent.*　　　Yes, I often think about it.

It is also used in the following phrases:

| | |
|---|---|
| *il y a* | there is, there are |
| *il y a deux ans* | two years ago |
| *On y va?* | Shall we go? Let's go |
| *J'y vais* | I'll go |
| *Ça y est* | It's done, that's it |
| *Vas-y!/Allez-y!* | Go on! Come on! |
| *Je n'y peux rien* | I can't do anything about it |

## 6.4　*en*

*En* can mean 'of it', 'of them', 'some' or 'any'.

*J'aime le pain/les légumes, j'**en** mange beaucoup.*
I like bread/vegetables, I eat a lot of it/of them.

*Il y a un gâteau: tu **en** veux?*
There is a cake: do you want some (of it)?

*Non merci, je n'**en** mange jamais.*
No thank you, I never eat any (of it).

In French it is essential to include *en*, whereas in English the pronoun is often left out.

*En* is also used to replace an expression beginning with *de, d', du, de la, de l'* or *des*:

*Quand es-tu revenu **de Paris**?*
When did you get back from Paris?

*J'**en** suis revenu samedi dernier.*
I got back (from there) last Saturday.

*Est-ce que j'aurai besoin **d'argent**?*
Will I need any money?

*Oui, tu **en** auras besoin.*
Yes, you will need some.

*En* is also used in the following expressions:

| | |
|---|---|
| *J'en ai assez* | I have enough |
| *J'en ai marre* | I'm fed up with it |
| *Je n'en peux plus* | I can't take any more |
| *Il n'en reste plus* | There's none (of it) left |
| *Il n'y en a pas* | There isn't/aren't any |
| *Je n'en sais rien* | I don't know anything about it |

# 7　Relative pronouns

## 7.1　*qui*

When talking about people, *qui* means 'who':

*Voici l'infirmière **qui** travaille à la clinique à La Rochelle.*
There's the nurse who works in the hospital in La Rochelle.

When talking about things or places, *qui* means 'which' or 'that':

*C'est une ville française **qui** est très célèbre.*
It's a French town which is very famous.

It links two parts of a sentence together, or joins two short sentences into a longer one. It is never shortened before a vowel.

*Qui* replaces a noun or phrase that is the subject of the verb.

## 7.2　*que*

*Que* in the middle of a sentence means 'that' or 'which':

*C'est le cadeau **que** Lucie a acheté pour son amie.*
It's the present that Lucie bought for her friend.

*C'est un plat célèbre **qu**'on sert en Provence.*
It's a famous dish which is served in Provence.

*Que* can also refer to people:

*C'est le garçon **que** j'ai vu à Paris.*
It's/He's the boy (that) I saw in Paris.

Sometimes you would miss 'that' out in English, but you can never leave *que* out in French.

Like *qui*, it links two parts of a sentence together or joins two short sentences into a longer one. But *que* is shortened to *qu'* before a vowel. The word or phrase which *que* replaces is the object of the verb, and not the subject:

– *Qu'est-ce que c'est comme livre?*

– *C'est le livre **que** Lucas m'a offert à Noël.*

(In this example *que* refers to *le livre*. It (the book) didn't give itself to me, Lucas gave it to me.)

# 8　Prepositions

## 8.1　*à* (to, at)

| singular | | | plural |
|---|---|---|---|
| **masculine** | **feminine** | **before a vowel** | **(all forms)** |
| *au parc* | *à la piscine* | *à l'épicerie*　*à l'hôtel* | *aux magasins* |

The word *à* can be used on its own with nouns which do not have an article (*le, la, les*):

*Il va **à** Paris.*　　　He's going to Paris.

## 8.2　*de* (of, from)

| singular | | | plural |
|---|---|---|---|
| **masculine** | **feminine** | **before a vowel** | **(all forms)** |
| *du centre-ville* | *de la gare* | *de l'hôtel* | *des magasins* |

*Le bus part **du** centre-ville.*
The bus leaves from the town centre.

*Je vais **de la** gare à la maison en taxi.*
I go home from the station by taxi.

*Elle téléphone **de l'**hôtel.*
She is phoning from the hotel.

*Elle est rentrée **des** magasins avec beaucoup d'achats.*
She's come back from the shops with a lot of shopping.

*De* can be used on its own with nouns which do not have an article (*le, la, les*):

*Elle vient **de** Boulogne.*          She comes from Boulogne.

## 8.3   *en* (in, by, to, made of)

*En* is often used with the names of countries and regions:

*Arles se trouve **en** Provence.*     Arles is in Provence.
*Nous passons nos vacances **en** Italie.*
We are spending our holidays in Italy.

You use *en* with most means of transport:

| | |
|---|---|
| **en** bus | by bus |
| **en** voiture | by car |

You use *en* with dates, months and the seasons (except *le printemps*):

| | |
|---|---|
| **en** 1900 | in 1900 |
| **en** janvier | in January |
| **en** hiver | in winter |

(but **au** printemps)

## 8.4   Other prepositions

| | | | |
|---|---|---|---|
| à côté de | next to | entre | between |
| dans | in | loin de | far from |
| derrière | behind | près de | near to |
| devant | in front of | sur | on |
| en face de | opposite | sous | underneath |

*Le collège est en face du parc.*  The school is opposite the park.
*J'habite près de la piscine.*      I live near the swimming pool.

## 8.5   Prepositions with countries and towns

You use *à* (or *au*) with names of towns:

*Je vais **à** Paris.*                  I go to Paris.
*Je passe mes vacances **au** Havre.*
I spend the holidays in Le Havre.

You use *en* (or *au* or *aux*) with names of countries:

| | |
|---|---|
| *Elle va **en** France.* | (la France) |
| *Il passe ses vacances **au** Canada.* | (le Canada) |
| *Je vais **aux** États-Unis.* | (les États-Unis) |

To say where someone or something comes from, you use *de* (or *du* or *des*):

| | |
|---|---|
| *Je viens **de** Belgique.* | (la Belgique) |
| *Ils viennent **du** Canada.* | (le Canada) |
| *Elle vient **des** États-Unis.* | (les États-Unis) |

## 9   Conjunctions (Connectives)

Conjunctions (or connectives) are words like 'and', 'but', 'then'. They are used to link two sentences together.

See *Vocabulaire et expressions utiles* (**6** Linking words and phrases).

## 10   The negative

### 10.1   *ne ... pas*

To say what is **not** happening or **didn't** happen (in other words to make a sentence negative), put *ne(n')* and *pas* round the verb.

*Je **ne** joue **pas** au badminton.*   I don't play badminton.

In the perfect tense, *ne* and *pas* go round the auxiliary verb.

*Elle **n'**a **pas** vu le film.*        She didn't see the film.

In reflexive verbs, the *ne* goes before the reflexive pronoun.

*Il **ne** se lève **pas**.*              He's not getting up.

To tell someone not to do something, put *ne* and *pas* round the command.

*N'oublie **pas** ton argent.*       Don't forget your money.
*Ne regardez **pas**!*               Don't look!
*N'allons **pas** en ville!*         Let's not go to town.

If two verbs are used together, the *ne ... pas* usually goes around the first verb:

*Je **ne** veux **pas** faire ça.*        I don't want to do that.

If there is an extra pronoun before the verb, *ne* goes before it:

*Je **n'**en ai **pas**.*                 I haven't any.
*Il **ne** lui a **pas** téléphoné.*      He didn't phone her.

Sometimes *pas* is used on its own:

| | |
|---|---|
| **Pas** encore | Not yet |
| **Pas** tout à fait | Not quite |
| **Pas** du tout | Not at all |

Remember to use *de* after the negative instead of *du, de la, des, un* or *une* (except with the verb *être* and after *ne ... que*):

| | |
|---|---|
| – *Avez-vous du lait?* | Have you any milk? |
| – *Non, je ne vends pas **de** lait.* | No, I don't sell milk. |

### 10.2   Other negative expressions

Here are some other negative expressions which work in the same way as *ne ... pas*:

| ne ... plus | no more, no longer, none left |
|---|---|
| ne ... rien | nothing, not anything |
| ne ... jamais | never |

*Je **n'**habite **plus** en France.*   I no longer live in France.
*Il **n'**y a **rien** à la télé.*       There's nothing on TV.
*Je **ne** suis **jamais** allé à Paris.*  I've never been to Paris.

The following expressions work like *ne ... pas* in the present tense:

*ne ... personne*                nobody, not anybody

However, in the perfect tense: the second part (*personne*) goes after the past participle:

*Elle **n'**a vu **personne** ce matin.*
She didn't see anyone this morning.

*Rien, jamais* and *personne* can be used on their own:

| | |
|---|---|
| – *Qu'est-ce que tu as fait?* | What did you do? |
| – **Rien** *de spécial.* | Nothing special. |
| – *Qui est dans le garage?* | Who is in the garage? |
| – **Personne**. | Nobody. |
| *Avez-vous déjà fait du ski?* | Have you ever been skiing? |
| *Non, **jamais**.* | No, never. |

# 11 Asking questions

## 11.1 Ways of asking questions

There are several ways of asking a question in French.

You can just raise your voice in a questioning way:

*Tu viens?*     Are you coming?

*Vous avez décidé?*     Have you decided?

You can add *Est-ce que* to the beginning of the sentence:

*Est-ce que vous êtes allé à Paris?* Have you been to Paris?

You can turn the verb around:

*Jouez-vous au badminton?*     Do you play badminton?

Notice that if the verb ends in a vowel in the third person you have to add -t- when you turn it round:

*Joue-t-il au football?*     Does he play football?

*Émilie, a-t-elle ton adresse?*     Has Emily got your address?

In the perfect tense you just turn the auxiliary verb round:

*As-tu envoyé un texto à Michel?*
Have you sent a text to Michael?

*Avez-vous vu le film au cinéma Rex?*
Have you seen the film at the Rex cinema?

*Yasmine, a-t-elle téléphoné à Charlotte?*
Did Yasmine phone Charlotte?

## 11.2 Question words

*Qui est-ce?*     Who is it?
*Quand arriverez-vous?*     When will you arrive?
*Combien l'avez-vous payé?*     How much did you pay for it?
*Combien de temps restez-vous en France?*     How long are you staying in France?
*Comment est-il?*     What is it (he) like?
*Comment allez-vous?*     How are you?
*Pourquoi avez-vous fait ça?*     Why did you do that?
*Qu'est-ce que c'est?*     What is it?
*C'est quoi?*     What is it?
*À quelle heure?*     At what time?
*Depuis quand?*     Since when?
*D'où?*     From where?
*Qui ...?*     Who ...?
*Que?/Qu'est-ce que ...?*     What ...?

### 11.2a *quel*

*Quel* is an adjective and agrees with the noun that follows:

*Quel âge avez-vous?*     How old are you?
*De quelle nationalité est-elle?*     What nationality is she?
*Quels sont tes vêtements préférés?*
What are your favourite clothes?
*Quelles matières préfères-tu?*     Which subjects do you prefer?

# 12 Verbs – main uses

## 12.1 Infinitive

This is the form of the verb which you would find in a dictionary. It means 'to ... ', e.g. 'to speak', 'to have'. Regular verbs in French have an infinitive which ends in -er, -re or -ir, e.g. *parler*, *vendre* or *finir*. The infinitive never changes its form.

### 12.1a Verb + infinitive

Some verbs (such as *pouvoir* and *vouloir*) are often followed by another verb in the infinitive. See section 16.

## 12.2 Regular and irregular verbs

There are three main types of regular verbs in French. They are grouped according to the last two letters of the infinitive.

-er verbs e.g. *jouer* (to play)

-re verbs e.g. *vendre* (to sell)

-ir verbs e.g. *choisir* (to choose)

However, many common French verbs are irregular. These are listed in *Les verbes*, (page 155).

## 12.3 Tense

The tense of the verb tells you when something happened, is happening or is going to happen. Each verb has several tenses. There are several important tenses, such as the present tense, the perfect tense, the future tense and the imperfect tense.

## 12.4 The present tense

The present tense describes what is happening now, at the present time or what happens regularly.

*Je travaille ce matin.*     I am working this morning.
*Il vend des glaces aussi.*     He sells ice cream as well.
*Elle joue au tennis le samedi.*     She plays tennis on Saturdays.

The expressions *depuis* and *ça fait ... que* are used with the present tense when the action is still going on:

*Je l'attends depuis deux heures.*
I've been waiting for him for two hours (and still am!).

*Ça fait trois ans que j'habite ici.*
I've lived here for three years.

## 12.5 Imperative

To tell someone to do something, you use the imperative or command form.

*Attends!*     Wait! (to someone you call *tu*)
*Regardez ça!*     Look at that! (to people you call *vous*)

It is often used in the negative.

*Ne fais pas ça.*     Don't do that.
*N'oubliez pas!*     Don't forget!

To suggest doing something, use the imperative form of *nous*.

*Allons au cinéma!*     Let's go to the cinema!

It is easy to form the imperative: in most cases you just leave out *tu*, *vous* or *nous* and use the verb by itself. With -er verbs, you take the final -s off the *tu* form of the verb.

## 12.6 The perfect tense

The perfect tense is used to describe what happened in the past, an action which is completed and is not happening now.

It is made up of two parts: an auxiliary (helping) verb (either *avoir* or *être*) and a past participle.

*Samedi dernier, j'ai joué au football.*
Last Saturday, I played football.

*Hier, ils sont allés à La Rochelle.*
Yesterday, they went to La Rochelle.

### 12.6a Forming the past participle
Regular verbs form the past participle as follows:

**-er** verbs change to **-é**, e.g. *travailler* becomes *travaillé*
**-re** verbs change to **-u**, e.g. *attendre* becomes *attendu*

*-ir* verbs change to *-i*, e.g. *finir* becomes *fin**i***

Many verbs have irregular past participles.

### 12.6b *avoir* as the auxiliary verb

Most verbs form the perfect tense with *avoir*. This includes many common verbs which have irregular past participles.

| | | | | |
|---|---|---|---|---|
| *avoir* | *eu* | | *faire* | *fait* |
| *boire* | *bu* | | *mettre* | *mis* |
| *comprendre* | *compris* | | *pouvoir* | *pu* |
| *connaître* | *connu* | | *prendre* | *pris* |
| *croire* | *cru* | | *savoir* | *su* |
| *devoir* | *dû* | | *voir* | *vu* |
| *dire* | *dit* | | *vouloir* | *voulu* |
| *être* | *été* | | | |

With *avoir*, the past participle doesn't change to agree with the subject.

### 12.6c *être* as the auxiliary verb

About thirteen verbs, mostly verbs of movement like *aller* and *partir*, form the perfect tense with *être* as their auxiliary. Some compounds of these verbs (e.g. *revenir* and *rentrer*) and all reflexive verbs also form the perfect tense with *être* (see Reflexive verbs, 14.4 and 17.2).

Here are three ways to remember which verbs use *être*.

**1** If you have a visual memory, this picture may help you.

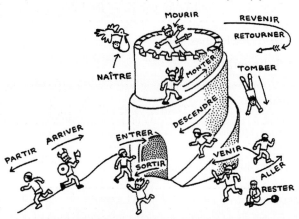

**2** Learn them in pairs of opposites according to their meaning. Here are twelve of them in pairs:

| | | |
|---|---|---|
| *aller* | to go | *je suis allé* |
| *venir* | to come | *je suis venu* |
| *entrer* | to go in | *je suis entré* |
| *sortir* | to go out | *je suis sorti* |
| *arriver* | to arrive | *je suis arrivé* |
| *partir* | to leave, to depart | *je suis parti* |
| *descendre* | to go down | *je suis descendu* |
| *monter* | to go up | *je suis monté* |
| *rester* | to stay, to remain | *je suis resté* |
| *tomber* | to fall | *je suis tombé* |
| *naître* | to be born | *il est né* |
| *mourir* | to die | *il est mort* |

and one odd one:

| | | |
|---|---|---|
| *retourner* | to return | *je suis retourné\** |

\**revenir* (like *venir*) and *rentrer* (like *entrer*) can often be used instead of this verb.

**3** Each letter in the phrase 'Mrs van de Tramp' stands for a different verb. Can you work them out?

When you form the perfect tense with *être*, the past participle agrees with the subject of the verb (the person doing the action). This means that you need to add an extra *-e* if the subject is feminine, and to add an extra *-s* if the subject is plural (more than one). Often the past participle doesn't actually sound any different when you hear it or say it.

| | |
|---|---|
| *je suis allé/allé**e*** | *nous sommes allé**s**/allé**es*** |
| *tu es allé/allé**e*** | *vous êtes allé/allé**e**/allé**s**/allé**es*** |
| *il est allé* | *ils sont allé**s*** |
| *elle est allé**e*** | *elles sont allé**es*** |
| *on est allé/allé**e**/allé**s**/allé**es*** | |

## 12.7 The imperfect tense

The imperfect tense is another past tense.

It is used to describe something that used to happen frequently or regularly in the past:

*Quand j'étais petit, j'allais à l'école primaire.*
When I was small, I used to go to the primary school.

It is also used for description in the past, particularly of weather:

| | |
|---|---|
| *J'étais en vacances.* | I was on holiday. |
| *Il faisait beau.* | The weather was fine. |
| *L'homme, comment était-il?* | What was the man like? |
| *Est-ce qu'il portait des lunettes?* | Did he wear glasses? |

It describes how things used to be:

*À cette époque, il y avait beaucoup moins de circulation.*
At that time, there was much less traffic.

It often translates 'was ... ing' and 'were ... ing':

*Que faisiez-vous quand j'ai téléphoné?*
What were you doing when I phoned?

It can be used to describe something you wanted to do, but didn't:

*Nous voulions aller à Paris, mais il y avait une grève des transports.*
We wanted to go to Paris but there was a transport strike.

It describes something that lasted for a long period of time:

*En ce temps-là, nous habitions à Marseille.*
At that time we lived in Marseille.

*C'était* + adjective can be used to say what you thought of something:

| | |
|---|---|
| *C'était magnifique.* | It was great. |
| *C'était affreux.* | It was awful. |

The imperfect tense can often be used for making excuses, for example in the following expressions.

| | |
|---|---|
| *Ce n'était pas de ma faute.* | It wasn't my fault. |
| *Je croyais/pensais que ...* | I thought that ... |
| *Je voulais seulement ...* | I only wanted to ... |
| *Je ne savais pas que ...* | I didn't know that ... |

### 12.7a Forming the imperfect tense

The endings for the imperfect tense are the same for all verbs:

| je | ... **ais** |  | nous | ... **ions** |
|---|---|---|---|---|
| tu | ... **ais** |  | vous | ... **iez** |
| il | ... **ait** |  | ils | ... **aient** |
| elle | ... **ait** |  | elles | ... **aient** |
| on | ... **ait** |  |  |  |

To form the imperfect tense, you take the *nous* form of the present tense, e.g. *nous allons*. Take away the *nous* and the -*ons* ending. This leaves the imperfect stem *all-*. Then add the imperfect endings:

| j'all**ais** | nous all**ions** |
|---|---|
| tu all**ais** | vous all**iez** |
| il / elle / on all**ait** | ils / elles all**aient** |

A few verbs form the imperfect stem (the part before the endings) in a different way, but the endings are always the same.

The most important exception is *être*. The imperfect stem is *ét-*.

| j'étais | nous étions |
|---|---|
| tu étais | vous étiez |
| il / elle / on était | ils / elles étaient |

In the present tense, verbs like *manger*, *ranger*, etc. take an extra -e in the *nous* form. This is to make the g sound soft (like a j sound). However, the extra -e is not needed before -*i*:

| je mang**e**ais | nous mangions |
|---|---|
| tu mang**e**ais | vous mangiez |
| il / elle / on mang**e**ait | ils / elles mang**e**aient |

Similarly, with verbs like *commencer*, *lancer* etc. the final c becomes ç before *a* or *o* to make it sound soft. This gives *je commençais* but *nous commencions* etc.

## 12.8 Using the perfect and imperfect tenses

The imperfect tense and the perfect tense are often used together. One way to help you decide which tense to use is to imagine a river running along, with bridges crossing over it at intervals.

The imperfect tense is like the river: it describes the state of things, what was going on, e.g. *il faisait beau*. The perfect tense is like the bridges: it is used for the actions and events, for single things which happened and are completed, e.g. *Nous sommes allés à la plage*.

## 12.9 The future tense

The future tense is used to describe what will (or will not) happen at some future time:

*L'année prochaine, je passerai mes vacances à Paris.*
Next year I'll spend my holidays in Paris.
*Qu'est-ce que tu feras quand tu quitteras l'école?*
What will you do when you leave school?

The future tense must be used after *quand* if the idea of future tense is implied. (This differs from English.)

*Je lui dirai de vous téléphoner quand il rentrera.*
I'll ask him to phone you when he gets home.

The endings for the future tense are the same as the endings of the verb *avoir* in the present tense.

| je | ... **ai** |  | nous | ... **ons** |
|---|---|---|---|---|
| tu | ... **as** |  | vous | ... **ez** |
| il | ... **a** |  | ils | ... **ont** |
| elle | ... **a** |  | elles | ... **ont** |
| on | ... **a** |  |  |  |

### 12.9a Regular -er and -ir verbs

To form the future tense of these verbs, you just add the endings to the infinitive of the verb:

| travailler | je travaillerai |  | partir | nous partirons |
|---|---|---|---|---|
| donner | tu donneras |  | jouer | vous jouerez |
| finir | il finira |  | sortir | ils sortiront |

### 12.9b Regular -re verbs

To form the future tense, you take the final -e off the infinitive and add the endings:

| prendre | je prendrai |
|---|---|
| attendre | elles attendront |

### 12.9c Irregular verbs

Some common verbs have an irregular future stem but they still have the same endings.

| acheter | j'achèterai |  | faire | je ferai |
|---|---|---|---|---|
| aller | j'irai |  | pouvoir | je pourrai |
| avoir | j'aurai |  | recevoir | je recevrai |
| courir | je courrai |  | savoir | je saurai |
| devoir | je devrai |  | venir | je viendrai |
| envoyer | j'enverrai |  | voir | je verrai |
| être | je serai |  | vouloir | je voudrai |

You will notice that, in all cases, the endings are added to a stem which ends in -*r*. This means that you will hear an *r* sound whenever the future tense is used.

### 12.9d aller + infinitive

You can use the present tense of the verb *aller* + an infinitive to talk about the future and what you are going to do:

*Qu'est-ce que vous allez faire ce week-end?*
What are you going to do this weekend?

*Je vais passer le week-end à Paris.*
I'm going to spend the weekend in Paris.

# Grammaire

## 13 Reflexive verbs

### 13.1 Infinitive

Reflexive verbs are listed in a dictionary with the pronoun *se* (called the reflexive pronoun) in front of the infinitive, e.g. *se lever*. The *se* means 'self' or 'each other' or 'one another'.

| | |
|---|---|
| *Je me lave.* | I get (myself) washed. |
| *Ils se regardaient.* | They were looking at each other. |
| *Quand est-ce qu'on va se revoir?* | When shall we see one another again? |

### 13.1a Some common reflexive verbs

| | |
|---|---|
| *s'amuser* | to enjoy oneself |
| *s'appeler* | to be called |
| *s'approcher (de)* | to approach |
| *s'arrêter* | to stop |
| *se baigner* | to bathe |
| *se coucher* | to go to bed |
| *se débrouiller* | to sort things out, manage |
| *se demander* | to ask oneself, to wonder |
| *se dépêcher* | to be in a hurry |
| *se déshabiller* | to get undressed |
| *se détendre* | to relax |
| *se disputer (avec)* | to have an argument (with) |
| *s'ennuyer* | to be bored |
| *s'entendre (avec)* | to get on (with) |
| *se fâcher* | to get angry |
| *s'habiller* | to get dressed |
| *s'habituer (à)* | to get used (to) |
| *s'inquiéter* | to be worried |
| *s'intéresser (à)* | to be interested (in) |
| *se laver* | to get washed |
| *se lever* | to get up |
| *se marier* | to get married |
| *s'occuper (de)* | to be concerned (with) |
| *se promener* | to go for a walk |
| *se reposer* | to rest |
| *se réveiller* | to wake up |
| *se sentir (bien/mal)* | to feel (well/unwell) |
| *se trouver* | to be (situated) |

### 13.2 The present tense

Many reflexive verbs are regular *-er* verbs:

| | |
|---|---|
| *Je me lave* | I get washed |
| *Tu te lèves?* | Are you getting up? |
| *Il se rase* | He gets shaved |
| *Elle s'habille* | She gets dressed |
| *On s'entend (bien)* | We get on (well) |
| *Nous nous débrouillons* | We manage/We get by |
| *Vous vous dépêchez?* | Are you in a hurry? |
| *Ils s'entendent (bien)* | They get on (well) |
| *Elles se disputent (toujours)* | They are (always) arguing |

### 13.3 Commands

To tell someone to do (or not to do) something, use the imperative or command form.

Reflexive verbs follow this pattern – in the *tu* form, *te* changes to *toi*:

| | |
|---|---|
| *Assieds-toi!* | Sit down! |
| *Amusez-vous bien!* | Have a good time! |
| *Dépêchons-nous!* | Let's hurry! |

In the negative, this changes as follows:

| | |
|---|---|
| *Ne te lève pas!* | Don't get up! |
| *Ne vous inquiétez pas!* | Don't worry! |
| *Ne nous dépêchons pas!* | Let's not rush! |

### 13.4 The perfect tense

Reflexive verbs form the perfect tense with *être*. The past participle appears to agree with the subject: add an *-e* if the subject is feminine and an *-s* if it is plural.

| *se réveiller* | |
|---|---|
| *je me suis réveillé(e)* | *nous nous sommes réveillé(e)s* |
| *tu t'es réveillé(e)* | *vous vous êtes réveillé(e)(s)* |
| *il s'est réveillé* | *ils se sont réveillés* |
| *elle s'est réveillée* | *elles se sont réveillées* |
| *on s'est réveillé(e)(s)* | |

## 14 Verbs – some special uses

### 14.1 *avoir*

In French, *avoir* is used for certain expressions where the verb 'to be' is used in English:

| *J'ai ...* | *... quatorze ans.* | I'm fourteen. |
|---|---|---|
| *Tu as ...* | *... quel âge?* | How old are you? |
| *Il a ...* | *... froid.* | He's cold. |
| *Elle a ...* | *... chaud.* | She's hot. |
| *Nous avons ...* | *... faim.* | We're hungry. |
| *Vous avez ...* | *... soif?* | Are you thirsty? |
| *Ils / Elles ont ...* | *... peur.* | They're afraid. |

*Avoir* is also used in *avoir besoin de*, meaning 'to need' (or 'to have need of').

| | |
|---|---|
| *J'ai besoin d'argent.* | I need some money. |

### 14.2 *devoir*

The verb *devoir* has different uses:

**1** to owe

When it means 'to owe', *devoir* is not followed by an infinitive:

| | |
|---|---|
| *Je te **dois** combien?* | How much do I **owe** you? |

**2** to have to, must

With this meaning, *devoir* is nearly always followed by a second verb in the infinitive:

| | |
|---|---|
| *Je **dois** me dépêcher.* | I have to rush off. |
| *Elle **a dû** travailler tard.* | She had to work late. |

### 14.3 *falloir* (to be necessary, must, need)

This is an unusual verb which is only used in the *il* form.

*Il **faut** deux heures pour aller à Paris.*
It takes two hours to get to Paris.

*Il ne **faut** pas oublier ses livres.*   You mustn't forget your books.

## 14.4 *faire*

The verb *faire* is used with weather phrases:

*Il fait beau.*                    The weather's fine.
*Il fait froid.*                   It's cold.

It is also used to describe some activities and sports:

*faire des courses*               to go shopping
*faire du vélo*                    to go cycling

## 14.5 *savoir* and *connaître* (to know)

*Savoir* is used when you want to talk about knowing specific facts or knowing how to do something.

*Je ne savais pas que son père était mort.*
I didn't know that his father was dead.
*Tu sais faire du ski?*            Do you know how to ski?

*Connaître* is used to say you know people or places. It has the sense of 'being acquainted with'.

*Vous connaissez mon professeur de français?*
Do you know my French teacher?
*Il connaît bien Paris.*           He knows Paris well.

## 14.6 *savoir* and *pouvoir* (to know how to, can)

*Savoir* is used to say you can (know how to) do something.

*Tu sais jouer du piano?*
Can you (Do you know how to) play the piano?

*Pouvoir* is used to say whether something is possible or not.

*Tu peux venir à la maison, samedi?*
Can you (Is it possible for you to) come to the house on Saturday?

## 14.7 *venir de*

To say something has just happened, you use the present tense of *venir* + *de* + the infinitive:

*Elle vient de téléphoner.*        She's just phoned.
*Vous venez d'arriver?*            Have you just arrived?
*Ils viennent de partir.*          They've just left.

## 14.8 Verb + infinitive

Some verbs are nearly always used with the infinitive of another verb, e.g. *pouvoir*, *devoir*, *vouloir* and *savoir*:

*Est-ce que je peux vous aider?*   Can I help you?

*Vous devez prendre le métro à Bir-Hakeim.*
You have to take the metro to Bir-Hakeim.

*Voulez-vous jouer au tennis?*     Do you want to play tennis?

The verb *savoir* + infinitive is used to talk about something you can do:

*Je sais nager.*                   I can swim.

*Il sait faire marcher l'ordinateur.*
He knows how to work the computer.

# 15 Verb constructions

It is common to find two verbs in sequence in a sentence: a main verb followed by an **infinitive**.

Sometimes the infinitive follows directly, sometimes you must use *à* or *de* before the infinitive.

## 15.1 Verbs followed directly by the infinitive

| | |
|---|---|
| *adorer* | to love |
| *aimer* | to like, love |
| *aller* | to go |
| *détester* | to hate |
| *devoir* | to have to, must |
| *espérer* | to hope |
| *penser* | to think, intend |
| *pouvoir* | to be able, can |
| *préférer* | to prefer |
| *savoir* | to know how |
| *vouloir* | to want, wish |

## 15.2 Verbs followed by *à* + infinitive

| | |
|---|---|
| *aider qqn à* | to help someone to |
| *s'amuser à* | to enjoy doing |
| *apprendre à* | to learn to |
| *commencer à* | to begin to |
| *consentir à* | to agree to |
| *continuer à* | to continue to |
| *encourager à* | to encourage to |
| *hésiter à* | to hesitate to |
| *s'intéresser à* | to be interested in |
| *inviter qqn à* | to invite someone to |
| *se mettre à* | to begin to |
| *passer (du temps) à* | to spend time in |
| *réussir à* | to succeed in |

## 15.3 Verbs followed by *de* + infinitive

| | |
|---|---|
| *arrêter de* | to stop |
| *cesser de* | to stop |
| *décider de* | to decide to |
| *se dépêcher de* | to hurry |
| *empêcher de* | to prevent |
| *essayer de* | to try to |
| *éviter de* | to avoid |
| *menacer de* | to threaten to |
| *être obligé de* | to be obliged to |
| *oublier de* | to forget to |
| *refuser de* | to refuse to |

Many expressions with *avoir* are followed by *de* + infinitive, e.g. *avoir besoin de* to need to.

# Grammaire

## 16 Les verbes

### 16.1 Regular verbs

The following verbs show the main patterns for regular verbs. There are three main groups: those whose infinitives end in -er, -ir or -re. Verbs which do not follow these patterns are called irregular verbs.

| infinitive | present | perfect | imperfect | future |
|---|---|---|---|---|
| *jouer* | je jou**e** | j'ai jou**é** | je jou**ais** | je jou**erai** |
| *to play* | tu jou**es** | tu as jou**é** | tu jou**ais** | tu jou**eras** |
| **imperative** | il jou**e** | il a jou**é** | il jou**ait** | il jou**era** |
| joue! | nous jou**ons** | nous avons jou**é** | nous jou**ions** | nous jou**erons** |
| jouons! | vous jou**ez** | vous avez jou**é** | vous jou**iez** | vous jou**erez** |
| jouez! | ils jou**ent** | ils ont jou**é** | ils jou**aient** | ils jou**eront** |
| *choisir* | je chois**is** | j'ai chois**i** | je chois**issais** | je chois**irai** |
| *to choose* | tu chois**is** | tu as chois**i** | tu chois**issais** | tu chois**iras** |
| **imperative** | il chois**it** | il a chois**i** | il chois**issait** | il chois**ira** |
| choisis! | nous chois**issons** | nous avons chois**i** | nous chois**issions** | nous chois**irons** |
| choisissons! | vous chois**issez** | vous avez chois**i** | vous chois**issiez** | vous chois**irez** |
| choisissez! | ils chois**issent** | ils ont chois**i** | ils chois**issaient** | ils chois**iront** |
| *vendre* | je vend**s** | j'ai vend**u** | je vend**ais** | je vend**rai** |
| *to sell* | tu vend**s** | tu as vend**u** | tu vend**ais** | tu vend**ras** |
| **imperative** | il vend | il a vend**u** | il vend**ait** | il vend**ra** |
| vends! | nous vend**ons** | nous avons vend**u** | nous vend**ions** | nous vend**rons** |
| vendons! | vous vend**ez** | vous avez vend**u** | vous vend**iez** | vous vend**rez** |
| vendez! | ils vend**ent** | ils ont vend**u** | ils vend**aient** | ils vend**ront** |

| infinitive | present | future | infinitive | present | future |
|---|---|---|---|---|---|

Some verbs are only slightly irregular. Here are some which you have met.
The main difference in the verbs **acheter** and **jeter** is in the *je, tu, il* and *ils* forms of the present tense and in the stem for the future tense:

| | | | | | |
|---|---|---|---|---|---|
| *acheter* | j'ach**è**te | j'ach**è**terai | *jeter* | je je**tt**e | je je**tt**erai |
| *to buy* | tu ach**è**tes | tu ach**è**teras | *to throw* | tu je**tt**es | tu je**tt**eras |
| **imperative** | il ach**è**te | il ach**è**tera | **imperative** | il je**tt**e | il je**tt**era |
| ach**è**te! | nous achetons | nous ach**è**terons | je**tt**e! | nous jetons | nous je**tt**erons |
| achetons! | vous achetez | vous ach**è**terez | jetons! | vous jetez | vous je**tt**erez |
| achetez! | ils ach**è**tent | ils ach**è**teront | jetez! | ils je**tt**ent | ils je**tt**eront |

**manger** (and **arranger**, **nager**, **partager**, **ranger**, **voyager**, etc.)
There is an extra e before endings starting with a, o or u to make the g sound soft.
**present:** *nous mang**e**ons*; **imperfect:** *je mang**e**ais*, etc.; **present participle:** *en mang**e**ant*

**commencer** (and **placer**, **remplacer**, etc.)
The second c becomes ç before endings starting with a, o or u to make the c sound soft.
**present:** *nous commen**ç**ons*; **imperfect:** *je commen**ç**ais* etc.; **present participle:** *en commen**ç**ant*

### 16.2 Reflexive verbs

Reflexive verbs are used with a reflexive pronoun (*me, te, se, nous, vous*). Sometimes this means 'self' or 'each other'. Many reflexive verbs are regular -er verbs and they all form the perfect tense with être as the auxiliary, so you must remember to make the past participle agree with the subject.

| infinitive | present | | perfect | | imperative |
|---|---|---|---|---|---|
| *se laver* | je **me** lave | nous **nous** lavons | je **me** suis lavé(e) | nous **nous** sommes lavé(e)s | lave-**toi**! |
| *to get washed,* | tu **te** laves | vous **vous** lavez | tu **t'**es lavé(e) | vous **vous** êtes lavé(e)(s) | lavons-**nous**! |
| *wash oneself* | il **se** lave | ils **se** lavent | il **s'**est lavé | ils **se** sont lavés | lavez-**vous**! |
| | elle **se** lave | elles **se** lavent | elle **s'**est lavée | elles **se** sont lavées | |
| | on **se** lave | | on **s'**est lavé(e)(s) | | |

## 16.3 Irregular verbs

In the following verbs the *il* form is given. The *elle* and *on* forms follow the same pattern unless shown separately. The same applies to *ils* and *elles*.

| infinitive | present | perfect | imperfect | future |
|---|---|---|---|---|
| **aller**<br>*to go*<br><br>**imperative**<br>va!<br>allons!<br>allez! | je vais<br>tu vas<br>il va<br><br>nous allons<br>vous allez<br>ils vont | je suis allé(e)<br>tu es allé(e)<br>il est allé<br>elle est allée<br>nous sommes allé(e)s<br>vous êtes allé(e)(s)<br>ils sont allés<br>elles sont allées | j'allais<br>tu allais<br>il allait<br><br>nous allions<br>vous alliez<br>ils allaient | j'irai<br>tu iras<br>il ira<br><br>nous irons<br>vous irez<br>ils iront |
| ***apprendre*** *to learn*      see **prendre** | | | | |
| ***avoir***<br>*to have*<br>**imperative**<br>aie!<br>ayons!<br>ayez! | j'ai<br>tu as<br>il a<br>nous avons<br>vous avez<br>ils ont | j'ai eu<br>tu as eu<br>il a eu<br>nous avons eu<br>vous avez eu<br>ils ont eu | j'avais<br>tu avais<br>il avait<br>nous avions<br>vous aviez<br>ils avaient | j'aurai<br>tu auras<br>il aura<br>nous aurons<br>vous aurez<br>ils auront |
| ***boire***<br>*to drink*<br>**imperative**<br>bois!<br>buvons!<br>buvez! | je bois<br>tu bois<br>il boit<br>nous buvons<br>vous buvez<br>ils boivent | j'ai bu<br>tu as bu<br>il a bu<br>nous avons bu<br>vous avez bu<br>ils ont bu | je buvais<br>tu buvais<br>il buvait<br>nous buvions<br>vous buviez<br>ils buvaient | je boirai<br>tu boiras<br>il boira<br>nous boirons<br>vous boirez<br>ils boiront |
| ***comprendre*** *to understand*  see **prendre** | | | | |
| ***connaître***<br>*to know*<br>**imperative**<br>connais!<br>connaissons!<br>connaissez! | je connais<br>tu connais<br>il connaît<br>nous connaissons<br>vous connaissez<br>ils connaissent | j'ai connu<br>tu as connu<br>il a connu<br>nous avons connu<br>vous avez connu<br>ils ont connu | je connaissais<br>tu connaissais<br>il connaissait<br>nous connaissions<br>vous connaissiez<br>ils connaissaient | je connaîtrai<br>tu connaîtras<br>il connaîtra<br>nous connaîtrons<br>vous connaîtrez<br>ils connaîtront |
| ***considérer*** *to consider*      see **espérer** | | | | |
| ***courir***<br>*to run*<br>**imperative**<br>cours!<br>courons!<br>courez! | je cours<br>tu cours<br>il court<br>nous courons<br>vous courez<br>ils courent | j'ai couru<br>tu as couru<br>il a couru<br>nous avons couru<br>vous avez couru<br>ils ont couru | je courais<br>tu courais<br>il courait<br>nous courions<br>vous couriez<br>ils couraient | je courrai<br>tu courras<br>il courra<br>nous courrons<br>vous courrez<br>ils courront |
| ***croire***<br>*to believe, think*<br>**imperative**<br>crois!<br>croyons!<br>croyez! | je crois<br>tu crois<br>il croit<br>nous croyons<br>vous croyez<br>ils croient | j'ai cru<br>tu as cru<br>il a cru<br>nous avons cru<br>vous avez cru<br>ils ont cru | je croyais<br>tu croyais<br>il croyait<br>nous croyions<br>vous croyiez<br>ils croyaient | je croirai<br>tu croiras<br>il croira<br>nous croirons<br>vous croirez<br>ils croiront |
| ***devoir***<br>*to have to*<br>**imperative**<br>dois!<br>devons!<br>devez! | je dois<br>tu dois<br>il doit<br>nous devons<br>vous devez<br>ils doivent | j'ai dû<br>tu as dû<br>il a dû<br>nous avons dû<br>vous avez dû<br>ils ont dû | je devais<br>tu devais<br>il devait<br>nous devions<br>vous deviez<br>ils devaient | je devrai<br>tu devras<br>il devra<br>nous devrons<br>vous devrez<br>ils devront |
| ***dire***<br>*to say*<br>**imperative**<br>dis!<br>disons!<br>dites! | je dis<br>tu dis<br>il dit<br>nous disons<br>vous dites<br>ils disent | j'ai dit<br>tu as dit<br>il a dit<br>nous avons dit<br>vous avez dit<br>ils ont dit | je disais<br>tu disais<br>il disait<br>nous disions<br>vous disiez<br>ils disaient | je dirai<br>tu diras<br>il dira<br>nous dirons<br>vous direz<br>ils diront |

| infinitive | present | perfect | imperfect | future |
|---|---|---|---|---|
| **écrire** <br> *to write* <br> **imperative** <br> écris! <br> écrivons! <br> écrivez! | j'écris <br> tu écris <br> il écrit <br> nous écrivons <br> vous écrivez <br> ils écrivent | j'ai écrit <br> tu as écrit <br> il a écrit <br> nous avons écrit <br> vous avez écrit <br> ils ont écrit | j'écrivais <br> tu écrivais <br> il écrivait <br> nous écrivions <br> vous écriviez <br> ils écrivaient | j'écrirai <br> tu écriras <br> il écrira <br> nous écrirons <br> vous écrirez <br> ils écriront |
| **envoyer** <br> *to send* <br> **imperative** <br> envoie! <br> envoyons! <br> envoyez! | j'envoie <br> tu envoies <br> il envoie <br> nous envoyons <br> vous envoyez <br> ils envoient | j'ai envoyé <br> tu as envoyé <br> il a envoyé <br> nous avons envoyé <br> vous avez envoyé <br> ils ont envoyé | j'envoyais <br> tu envoyais <br> il envoyait <br> nous envoyions <br> vous envoyiez <br> ils envoyaient | j'enverrai <br> tu enverras <br> il enverra <br> nous enverrons <br> vous enverrez <br> ils enverront |
| **espérer** <br> *to hope* <br> **imperative** <br> espère! <br> espérons! <br> espérez! | j'espère <br> tu espères <br> il espère <br> nous espérons <br> vous espérez <br> ils espèrent | j'ai espéré <br> tu as espéré <br> il a espéré <br> nous avons espéré <br> vous avez espéré <br> ils ont espéré | j'espérais <br> tu espérais <br> il espérait <br> nous espérions <br> vous espériez <br> ils espéraient | j'espérerai <br> tu espéreras <br> il espérera <br> nous espérerons <br> vous espérerez <br> ils espéreront |
| **essayer** <br> *to try* <br> **imperative** <br> essaie! <br> essayons! <br> essayez! | j'essaie <br> tu essaies <br> il essaie <br> nous essayons <br> vous essayez <br> ils essaient | j'ai essayé <br> tu as essayé <br> il a essayé <br> nous avons essayé <br> vous avez essayé <br> ils ont essayé | j'essayais <br> tu essayais <br> il essayait <br> nous essayions <br> vous essayiez <br> ils essayaient | j'essaierai <br> tu essaieras <br> il essaiera <br> nous essaierons <br> vous essaierez <br> ils essaieront |
| **être** <br> *to be* <br> **imperative** <br> sois! <br> soyons! <br> soyez! | je suis <br> tu es <br> il est <br> nous sommes <br> vous êtes <br> ils sont | j'ai été <br> tu as été <br> il a été <br> nous avons été <br> vous avez été <br> ils ont été | j'étais <br> tu étais <br> il était <br> nous étions <br> vous étiez <br> ils étaient | je serai <br> tu seras <br> il sera <br> nous serons <br> vous serez <br> ils seront |
| **faire** <br> *to do, make* <br> **imperative** <br> fais! <br> faisons! <br> faites! | je fais <br> tu fais <br> il fait <br> nous faisons <br> vous faites <br> ils font | j'ai fait <br> tu as fait <br> il a fait <br> nous avons fait <br> vous avez fait <br> ils ont fait | je faisais <br> tu faisais <br> il faisait <br> nous faisions <br> vous faisiez <br> ils faisaient | je ferai <br> tu feras <br> il fera <br> nous ferons <br> vous ferez <br> ils feront |
| **falloir** *must, is necessary* | il faut | il a fallu | il fallait | il faudra |
| **se lever** <br> *to get up* <br> **imperative** <br> lève-toi! <br> levons-nous! <br> levez-vous! | je me lève <br> tu te lèves <br> il se lève <br><br> nous nous levons <br> vous vous levez <br> ils se lèvent | je me suis levé(e) <br> tu t'es levé(e) <br> il s'est levé <br> elle s'est levée <br> nous nous sommes levé(e)s <br> vous vous êtes levé(e)(s) <br> ils se sont levés <br> elles se sont levées | je me levais <br> tu te levais <br> il se levait <br><br> nous nous levions <br> vous vous leviez <br> ils se levaient | je me lèverai <br> tu te lèveras <br> il se lèvera <br><br> nous nous lèverons <br> vous vous lèverez <br> ils se lèveront |
| **lire** <br> *to read* <br> **imperative** <br> lis! <br> lisons! <br> lisez! | je lis <br> tu lis <br> il lit <br> nous lisons <br> vous lisez <br> ils lisent | j'ai lu <br> tu as lu <br> il a lu <br> nous avons lu <br> vous avez lu <br> ils ont lu | je lisais <br> tu lisais <br> il lisait <br> nous lisions <br> vous lisiez <br> ils lisaient | je lirai <br> tu liras <br> il lira <br> nous lirons <br> vous lirez <br> ils liront |
| **mettre** <br> *to put, put on* <br> **imperative** <br> mets! <br> mettons! <br> mettez! | je mets <br> tu mets <br> il met <br> nous mettons <br> vous mettez <br> ils mettent | j'ai mis <br> tu as mis <br> il a mis <br> nous avons mis <br> vous avez mis <br> ils ont mis | je mettais <br> tu mettais <br> il mettait <br> nous mettions <br> vous mettiez <br> ils mettaient | je mettrai <br> tu mettras <br> il mettra <br> nous mettrons <br> vous mettrez <br> ils mettront |

| infinitive | present | perfect | imperfect | future |
|------------|---------|---------|-----------|--------|
| **ouvrir** | j'ouvre | j'ai ouvert | j'ouvrais | j'ouvrirai |
| to open | tu ouvres | tu as ouvert | tu ouvrais | tu ouvriras |
| **imperative** | il ouvre | il a ouvert | il ouvrait | il ouvrira |
| ouvre! | nous ouvrons | nous avons ouvert | nous ouvrions | nous ouvrirons |
| ouvrons! | vous ouvrez | vous avez ouvert | vous ouvriez | vous ouvrirez |
| ouvrez! | ils ouvrent | ils ont ouvert | ils ouvraient | ils ouvriront |
| **partir** | je pars | je suis parti(e) | je partais | je partirai |
| to leave, depart | tu pars | tu es parti(e) | tu partais | tu partiras |
| **imperative** | il part | il est parti | il partait | il partira |
| pars! | | elle est partie | | |
| partons! | nous partons | nous sommes parti(e)s | nous partions | nous partirons |
| partez! | vous partez | vous êtes parti(e)(s) | vous partiez | vous partirez |
| | ils partent | ils sont partis | ils partaient | ils partiront |
| | | elles sont parties | | |
| **pouvoir** | je peux | j'ai pu | je pouvais | je pourrai |
| to be able to | tu peux | tu as pu | tu pouvais | tu pourras |
| (I can, etc.) | il peut | il a pu | il pouvait | il pourra |
| | nous pouvons | nous avons pu | nous pouvions | nous pourrons |
| | vous pouvez | vous avez pu | vous pouviez | vous pourrez |
| | ils peuvent | ils ont pu | ils pouvaient | ils pourront |
| **prendre** | je prends | j'ai pris | je prenais | je prendrai |
| to take | tu prends | tu as pris | tu prenais | tu prendras |
| **imperative** | il prend | il a pris | il prenait | il prendra |
| prends! | nous prenons | nous avons pris | nous prenions | nous prendrons |
| prenons! | vous prenez | vous avez pris | vous preniez | vous prendrez |
| prenez! | ils prennent | ils ont pris | ils prenaient | ils prendront |
| **préférer** to prefer | see **espérer** | | | |
| **recevoir** | je reçois | j'ai reçu | je recevais | je recevrai |
| to receive | tu reçois | tu as reçu | tu recevais | tu recevras |
| **imperative** | il reçoit | il a reçu | il recevait | il recevra |
| reçois! | nous recevons | nous avons reçu | nous recevions | nous recevrons |
| recevons! | vous recevez | vous avez reçu | vous receviez | vous recevrez |
| recevez! | ils reçoivent | ils ont reçu | ils recevaient | ils recevront |
| **savoir** | je sais | j'ai su | je savais | je saurai |
| to know | tu sais | tu as su | tu savais | tu sauras |
| **imperative** | il sait | il a su | il savait | il saura |
| sache! | nous savons | nous avons su | nous savions | nous saurons |
| sachons! | vous savez | vous avez su | vous saviez | vous saurez |
| sachez! | ils savent | ils ont su | ils savaient | ils sauront |
| **sortir** to go out | see **partir** | | | |
| **venir** | je viens | je suis venu(e) | je venais | je viendrai |
| to come | tu viens | tu es venu(e) | tu venais | tu viendras |
| **imperative** | il vient | il est venu | il venait | il viendra |
| viens! | | elle est venue | | |
| venons! | nous venons | nous sommes venu(e)s | nous venions | nous viendrons |
| venez! | vous venez | vous êtes venu(e)(s) | vous veniez | vous viendrez |
| | ils viennent | ils sont venus | ils venaient | ils viendront |
| | | elles sont venues | | |
| **voir** | je vois | j'ai vu | je voyais | je verrai |
| to see | tu vois | tu as vu | tu voyais | tu verras |
| **imperative** | il voit | il a vu | il voyait | il verra |
| vois! | nous voyons | nous avons vu | nous voyions | nous verrons |
| voyons! | vous voyez | vous avez vu | vous voyiez | vous verrez |
| voyez! | ils voient | ils ont vu | ils voyaient | ils verront |
| **vouloir** | je veux | j'ai voulu | je voulais | je voudrai |
| to want | tu veux | tu as voulu | tu voulais | tu voudras |
| **imperative** | il veut | il a voulu | il voulait | il voudra |
| veuille! | nous voulons | nous avons voulu | nous voulions | nous voudrons |
| veuillons! | vous voulez | vous avez voulu | vous vouliez | vous voudrez |
| veuillez! | ils veulent | ils ont voulu | ils voulaient | ils voudront |

# Glossaire — Anglais–français

## A

to be **a** un, une
  **able to** pouvoir
  **about** à peu près, environ
  **above** au-dessus de
  **above all** surtout
  **abroad** à l'étranger
to **accept** accepter
  **accommodation** logement (m)
  **according to** selon
  **accountant** comptable (m/f)
  **across** à travers
  **active** actif/-ive
  **activity** activité (f)
  **actor, actress** acteur (m), actrice (f), comédien (m), comédienne (f)
  **actually** en fait, vraiment
to **add** ajouter
  **addicted** accroché, accro
  **address** adresse (f)
to **adore, to love** adorer
in **advance** à l'avance, d'avance
  **advantage** avantage (m)
  **adventure film** film d'aventures (m)
  **advert** annonce (f)
  **advert (on TV), advertising** publicité, pub (f)
to **advise** conseiller
  **aerial** antenne (f)
  **aeroplane** avion (m)
to be **afraid (of)** avoir peur (de)
  **Africa, African** Afrique (f), africain(e)
  **after** après
(in the) **afternoon** (l')après-midi (m/f)
  **afterwards** après, ensuite, par la suite
  **again** encore (une fois), de nouveau
  **against** contre
  **age** âge (m)
(a year) **ago** il y a (un an)
  **agreed** d'accord
  **air conditioning** climatisation (f)
  **air hostess/steward** hôtesse de l'air/ steward (f/m)
  **airport** aéroport (m)
  **alarm clock** réveil (m)
  **A-level student** lycéen(ne) (m/f)
  **A-levels (French equivalent of)** bac (baccalauréat) (m)
  **Algeria, Algerian** Algérie (f), algérien(ne)
  **all** tout
are you **all right?** ça va?
  **All Saints' Day** Toussaint (f)
to **allow** permettre
  **almost** presque
  **alone** seul
  **along** le long de
  **Alps** Alpes (f pl)
  **already** déjà
  **also** aussi
  **always** toujours
  **amazing** étonnant
  **ambulance** ambulance (f)
  **America, American** Amérique (f), américain(e)
  **among** parmi, entre
  **amusing** amusant
  **and** et
  **angry** en colère, fâché
  **animal (pet)** animal (domestique) (m)
  **announcement** annonce (f)
  **annoying** embêtant
it **annoys me** ça m'énerve
  **answer** réponse (f)
to **answer** répondre
  **answerphone** répondeur (m)
  **anxious** anxieux/-ieuse, inquiet/-iète
to **apologise** s'excuser
to **appear** paraître
  **appetite** appétit (m)
  **apple** pomme (f)
  **appointment** rendez-vous (m)
  **apprentice** apprenti(e) (m/f)
to **approach** (s')approcher (de)
  **apricot** abricot (m)
  **architect** architecte (m/f)
  **area** quartier (m)
  **area code** indicatif (m)

to **argue** discuter, se disputer
  **arm** bras (m)
  **armchair** fauteuil (m)
  **army** armée (f)
  **around** autour de
  **arrival** arrivée (f)
to **arrive** arriver
  **art** dessin (m), art (m)
  **art gallery** musée d'art (m), galerie d'art (f) **(shop)**
  **artist** artiste (m/f)
  **as** comme
  **as … as** aussi … que
  **Asia, Asian** Asie (f), asiatique
to **ask** demander
  **asleep** endormi
  **aspirin** aspirine (f)
  **assorted raw veg.** crudités (f pl)
  **at** à **(place/time)**, chez **(someone's house)**
  **athletics** athlétisme (m)
  **atmosphere** ambiance (f)
  **attic** grenier (m)
  **aunt** tante (f)
  **Australia, Australian** Australie (f), australien(ne)
  **Austria, Austrian** Autriche (f), autrichien(ne)
  **author** auteur(e) (m/f)
  **autumn** automne (m)
  **available, free** disponible
to **avoid** éviter
  **awful** affreux/-euse

## B

  **baby** bébé (m)
to **babysit** faire du baby-sitting, garder des enfants
  **back (body)** dos (m)
at the **back** à l'arrière
  **back to school** rentrée (f)
  **bacon** bacon (m), lard (m)
  **bad, badly** mauvais (adj.), mal (adv.)
  **bad luck** malchance (f)
to be **bad weather** faire mauvais
  **bag (handbag/plastic)** sac (m) (à main/en plastique)
  **baker** boulanger/-ère (m/f)
  **baker's** boulangerie (f)
  **balanced** équilibré
  **balcony** balcon (m)
  **bald** chauve
  **ball** balle (f), ballon (m)
  **balloon** ballon (m)
  **banana** banane (f)
  **bandage** pansement (m), bandage (m)
  **bank** banque (f)
  **bank card** carte bancaire (f)
  **bank holiday** jour férié (m)
  **basement** sous-sol (m)
  **basketball** basket (m)
  **bath** bain (m)
  **bath (tub)** baignoire (f)
to **bathe** se baigner
  **bathroom** salle de bains (f)
  **battery** pile (f), batterie (f) **(of car)**
to **be** être
  **beach** plage (f)
  **beans (green/baked)** haricots (verts/ à la sauce tomate) (m pl)
  **beard** barbe (f)
  **beautiful** beau/bel/belle
  **because** parce que, car, puisque
  **because of** à cause de
to **become** devenir
  **bed** lit (m)
  **bed & breakfast** chambre d'hôte (f)
  **bedlinen** draps (m pl)
  **bee** abeille (f)
  **beef** bœuf (m)
  **beer** bière (f), pression **(draught)** (f)
  **before** avant (de)
  **beforehand, in advance** à l'avance, d'avance
  **beginning** commencement (m), début (m)
  **behind** derrière
to **believe** croire

  **Belgium, Belgian** Belgique (f), belge
  **belongings** affaires (f pl)
  **below** au-dessous (de)
  **belt** ceinture (f)
the **best** le meilleur (adj.), le mieux (adv.)
  **best wishes** amicalement, amitiés (fpl)
  **better** meilleur (adj.), mieux (adv.)
all the **better** tant mieux
  **between** entre
  **big** grand, gros(se) **(of animal)**
  **bike** vélo (m), bicyclette (f)
  **bill** addition (f), note (f), facture (f)
  **biology** biologie (f)
  **bird** oiseau (m)
  **biro** bic (m)
  **birth** naissance (f)
  **birthday** anniversaire (m)
  **biscuit** biscuit (m)
  **bistro, bar** bistro(t) (m)
  **bit, piece** morceau (m)
  **bite (of insect)** piqûre (f)
  **black** noir
  **blackcurrant** cassis (m)
  **blanket** couverture (f)
  **blind** aveugle
  **block of flats** immeuble (m)
  **blogger** bloggeur (m)
  **blond** blond
  **blouse** chemisier (m)
  **blue** bleu
  **board (interactive whiteboard)** tableau (blanc interactif) (m)
  **boat** bateau (m)
  **body** corps (m)
  **bone** os (m)
  **book (paperback)** livre (m) (de poche)
  **book (of tickets)** carnet (m)
to **book** réserver
  **bookcase** bibliothèque (f)
  **bookshop** librairie (f)
  **boot** botte (f)
  **boot (of car)** coffre (m)
  **border** frontière (f)
to be **bored** s'ennuyer
  **boring** ennuyeux/-euse, barbant
  **born (on + date)** né(e) (le + date)
to be **born** naître
to **borrow** emprunter
  **boss** chef (m), patron(ne) (m/f)
  **both** tous les deux
  **bottle** bouteille (f)
  **bowl** bol (m)
  **bowling** bowling (m)
  **bowls** boules (f)
  **box (cardboard)** boîte (f) (en carton)
  **boy** garçon (m)
  **boyfriend** petit ami/copain (m)
  **bracelet** bracelet (m)
  **brakes** freins (m pl)
  **bread** pain (m)
  **bread roll** petit pain (m)
  **break** pause (f), récréation (f)
to **break** casser
  **breakfast** petit déjeuner (m)
to **breathe** respirer
  **bridge** pont (m)
  **bright (colour)** vif/vive
  **brilliant** génial
to **bring** apporter
to **bring along/with you** amener **(person)**, apporter **(thing)**
  **Brittany** Bretagne (f)
  **brochure** brochure (f)
  **broken** cassé
  **brother** frère (m)
  **brother-in-law** beau-frère (m)
  **brown** brun **(hair, etc.)**
  **brown** marron (inv.)
to **brush (hair/teeth)** (se) brosser (les cheveux/les dents)
  **budgerigar** perruche (f)
to **build** construire
  **builder** maçon (m)
  **building** bâtiment (m), immeuble (m)
  **bunk beds** lits superposés (m pl)
  **bus** autobus (m), bus (m)

# Anglais–français

**bus station** gare routière (f)
**bus stop** arrêt (d'autobus) (m)
**busy** occupé
**but** mais
**butcher** boucher/-ère (m/f)
**butcher's** boucherie (f)
**butter** beurre (m)
to **buy** acheter
**by** par

## C

**cabbage** chou (m)
**café** café (m), bistro(t) (m)
**cake** gâteau (m)
**cake shop** pâtisserie (f)
to **calculate, to work out** calculer
**calculator** calculatrice (f)
to **call** appeler
to be **called** s'appeler
**calm** tranquille
**camcorder** caméscope (m)
**camera** appareil photo (m)
to **camp** camper, faire du camping
**campsite** (terrain de) camping (m)
**can (be able to)** pouvoir
**Canada, Canadian** Canada (m),
   canadien(ne)
**canoeing** canoë (m), canoë-kayak (m)
**canteen** cantine (f)
**cap** casquette (f)
**capital** capitale (f)
**car** voiture (f), auto (f)
**car ferry** ferry (m)
**car park (multi-storey/underground)**
   parking (m) (à étages/souterrain)
**caravan** caravane (f)
**carbon dioxide** gaz carbonique (m)
**card (credit/bank/identity)** carte
   (de crédit/bancaire/d'identité) (f)
**cardboard** carton (m)
**caretaker** concierge (m/f)
**carpet** moquette (f), tapis (m)
**carrot** carotte (f)
to **carry** porter
**cartoon (TV or film)** dessin animé (m)
**cash machine** distributeur
   automatique (m)
**cashier** caissier/-ière (m/f)
**castle** château (m)
**cat** chat(te) (m/f)
**cathedral** cathédrale (f)
**cauliflower** chou-fleur (m)
**CD (compact disc)** disque compact/
   CD (m)
**CD player** lecteur CD (m)
**CDT (design and technology)**
   EMT (éducation manuelle et
   technique) (f)
**ceiling** plafond (m)
to **celebrate** fêter
**cello** violoncelle (m)
**century** siècle (m)
**cereals** céréales (f pl)
**certainly** bien sûr
**chair** chaise (f)
**championship** championnat (m)
by **chance** par hasard (m)
**change (small)** monnaie (f)
to **change (trains)** changer
**channel** chaîne (f)
**character** caractère (m), personnage (m)
**charity** organisation caritative (f)
to **chat** bavarder
**chatty** bavard
**cheap** bon marché, peu cher
to **check** contrôler, vérifier
**checkout** caisse (f)
**cheers!** à votre/à ta santé!
**cheese** fromage (m)
**chef** chef (m)
**chemist** pharmacien(ne) (m/f)
**chemist's** pharmacie (f)
**chemistry** chimie (f)
**cherry** cerise (f)
**chess** échecs (m pl)
**chest** poitrine (f)
**chicken** poulet (m)
**child** enfant (m/f)

**childhood** enfance (f)
**China, Chinese** Chine (f), chinois(e)
**chips, fried potatoes** (pommes) frites
   (f pl)
**chocolate** chocolat (m)
**choice** choix (m)
**choir** chœur (m), chorale (f)
to **choose** choisir
**chop, cutlet** côtelette (f)
**Christian** chrétien(ne) (m/f)
**Christmas** Noël (m)
**church** église (f)
**cinema** cinéma (m)
**citizenship** instruction civique (f)
**city** grande ville (f)
**civil servant** fonctionnaire (m/f)
**clarinet** clarinette (f)
**classmate** camarade de classe (m/f)
**classroom** salle de classe (f)
**clean** propre
to **clean (dry clean)** nettoyer
   (nettoyer à sec)
**clear** transparent
to **clear away** débarrasser
to **click** cliquer
**climate** climat (m)
to **climb, to get on** monter
**cloakroom** vestiaire (m)
**clock** horloge (f)
to **close** fermer
**close, nearby** proche, tout près
**closed** fermé
**clothes** vêtements (m pl)
**cloudy** nuageux/-euse
**club (football/youth)** club (de foot/
   des jeunes) (m)
**coach** car (m)
**coach station** gare routière (f)
**coast** côte (f)
**coat** manteau (m)
**coffee** café (m)
**coke, cola** coca (m)
**cold** froid
**cold (illness)** rhume (m)
to have a **cold** être enrhumé
**colour** couleur (f)
**comb** peigne (m)
to **come** venir
to **come back** revenir
to **come down** descendre
to **come in** entrer
**comedy** comédie (f)
**comfortable** confortable
**comic strip/book** bande dessinée (f)
**company** entreprise (f), société (f)
**compartment** compartiment (m)
**competition** concours (m)
to **complain** se plaindre
**completely** complètement, tout à fait
**complicated** compliqué
**compulsory** obligatoire
**computer** ordinateur (m)
**computer room** salle d'informatique/
   de technologie (f)
**computer scientist** informaticien(ne)
   (m/f)
**computing** informatique (f)
**concert** concert (m)
**congratulations!** félicitations!
**connection (train)** correspondance (f)
**cook, chef** cuisinier/-ière (m/f)
to **cook (to bake)** faire cuire (au four)
**cooked** cuit
**cooker (gas/electric)** cuisinière
   (à gaz/électrique) (f)
**cooking** cuisine (f)
**cool** frais/fraîche
**corkscrew** tire-bouchon (m)
**corner** coin (m)
to **correct** corriger
**corridor** couloir (m)
**cost** coût (m)
to **cost** coûter
**cotton** coton (m)
**cough** toux (f)
to **cough** tousser
**council housing** HLM (habitation à
   loyer modéré) (f)

**counter** comptoir (m)
**country** pays (m)
(in the) **country** (à la) campagne (f)
**countryside (scenery)** paysage (m)
**course** stage (m), études (f pl)
**cousin** cousin(e) (m/f)
**cow** vache (f)
**crab** crabe (m)
**cream (suntan)** crème (solaire) (f)
**crisps** chips (f pl)
**croissant** croissant (m)
**cross** croix (f)
to **cross** traverser
**crossroads** carrefour (m)
**crossword** mots croisés (m pl)
**cruise** croisière (f)
to **cry** pleurer
**cucumber** concombre (m)
**cup** tasse (f)
**cupboard** placard (m)
**curly (hair)** frisé, bouclé
**cursor** curseur (m)
**curtain** rideau (m)
**customer** client(e) (m/f)
**customs** douane (f)
to **cut, to cut off (phone)** couper
**cute** mignon(ne)
**cycling** cyclisme (m), vélo (m)
**cyclist** cycliste (m)

## D

**dad** papa (m)
**daft** stupide, idiot
to **dance** danser
**dangerous** dangereux/-euse
**dark** sombre, foncé **(colour)**
**date of birth** date de naissance (f)
**daughter** fille (f)
**day** jour (m), journée (f)
all **day** toute la journée
the **day after tomorrow** après-demain
the **day before yesterday** avant-hier
**day off** jour de congé (m)
**dead** mort
**dear** cher/chère
**death** mort (f)
**deep** profond
**definitely** certainement
**delay** retard (m)
to **delete** effacer
**delicatessen** charcuterie (f)
**delicious** délicieux/-ieuse
**delighted** ravi, enchanté **(to meet)**
**Denmark, Danish** Danemark (m),
   danois(e)
**dentist** dentiste (m/f)
**department (in store)** rayon (m)
**department store** grand magasin (m)
**departure** départ (m)
it **depends** ça depend
**designer** dessinateur/-trice (m/f)
**desk** bureau (m)
**destination** destination (f)
to **destroy** détruire
**detective film** film policier (m)
**detention** retenue (f)
**diary** agenda (m)
**dictionary** dictionnaire (m)
to **die** mourir
**diet (healthy)** alimentation (f) (saine)
**difficult** difficile, pénible
**dining room** salle à manger (f)
**dinner** dîner (m)
to have **dinner** dîner
**director** directeur/-trice (m/f)
**dirty** sale
**disadvantage** désavantage (m),
   inconvénient (m)
to **disappear** disparaître
**disappointed** déçu
**disco** discothèque (f), boîte (f)
to **discover** découvrir
to **discuss** discuter
**disgusting** dégoûtant
**dish (of the day)** plat (du jour) (m)
**dishwasher** lave-vaisselle (m)
**distant** lointain

**district** quartier (m), arrondissement **(of large city)** (m)
to **disturb** déranger
**diving (scuba)** plongée sous-marine (f)
**divorced** divorcé
**DIY** bricolage (m)
to **do** faire
**doctor** docteur (m), médecin (m)
**documentary** documentaire (m)
**dog** chien(ne) (m/f)
**doll** poupée (f)
**don't care!** bof!
**don't mention it** de rien
(front) **door** porte (d'entrée) (f)
**doorbell** sonnette (f)
**dormitory** dortoir (m)
**double bass** contrebasse (f)
**double bed** grand lit (m)
to **download** télécharger
**downstairs** en bas
**drama** art dramatique (m)
**draw (in sport)** match nul (m)
to **draw** dessiner
**drawer** tiroir (m)
**dream** rêve (m)
**dress** robe (f)
**dressing gown** robe de chambre (f)
**drink** boisson (f)
to **drink** boire
(non-) **drinking water** eau (non) potable (f)
to **drive** conduire, rouler
**driver** automobiliste (m/f),
**drums** batterie (f)
**dry** sec/sèche
**duck** canard (m)
**during** pendant
**dustbin** poubelle (f)
**duvet** couette (f)
**DVD (player)** (lecteur) DVD (m)

**E**

**each, each one** chaque, chacun(e)
**ear** oreille (f)
**early** de bonne heure, tôt
**earrings** boucles d'oreilles (f pl)
**earth** terre (f)
**earthquake** tremblement de terre (m)
**east** est (m)
**Easter** Pâques (f)
**easy** facile
to **eat** manger
**education** enseignement (m)
**egg (boiled/Easter)** œuf (m) (à la coque/de Pâques)
**elder, eldest, first born** aîné
**electric** électrique
**electrician** électricien(ne) (m/f)
**electronic** électronique
**elephant** éléphant (m)
**e-mail** e-mail (m)
**emergency services** les urgences (f pl)
(bank) **employee** employé(e) (m/f) (de banque)
**empty** vide
**end** fin (f)
at the **end of** au bout de
to **end** (se) terminer
**engaged** fiancé, occupé **(on the phone)**
**engine** moteur (m)
**engineer** ingénieur (m)
**England, English** Angleterre (f), anglais(e)
**English Channel** Manche (f)
to **enjoy oneself** s'amuser
**enjoy your meal** bon appétit
**enjoy your stay** bon séjour
**enjoyable** agréable
**enough** assez (de)
that's **enough** ça suffit
to **enter** entrer
**entertainment, things to do** distractions (f pl)
**entrance** entrée (f)
**envelope** enveloppe (f)
**environment** environnement (m)
**equal** égal
**equipment** équipement (m)

to **escape** s'échapper
**especially** surtout
**essential** essentiel(le)
**euro** euro (m)
**Europe, European** Europe (f), européen(ne)
**European Union** UE (Union européenne) (f)
**even (if)** même (si)
**evening** soir (m), soirée (f)
the **evening** le soir
**event** événement (m)
**every** tout
**every day** tous les jours
**everybody** tout le monde
**everywhere** partout
**exam** examen (m)
**example** exemple (m)
**except (for)** sauf, à part
**exceptional** exceptionnel(le)
(school) **exchange** échange (m) (scolaire)
**exciting** passionnant
to **excuse** excuser
**excuse me** excuse(z)-moi
**executive** cadre (m)
**exercise** exercice (m)
**exercise book** cahier (m)
**exhaust fumes** gaz d'échappement (m pl)
**exhibition** exposition (f)
to **exist** exister
**exit (emergency)** sortie (f) (de secours)
**expensive** cher/chère
**experiment** expérience (f)
to **explain** expliquer
**explanation** explication (f)
**extra charge** supplément (m)
**extreme** extrême
**eye(s)** œil (m) (yeux)

**F**

**face** figure (f), visage (m)
in **fact** en fait
**factory** usine (f)
to **fail** échouer (à …), rater (un examen)
**fair** fête (f), foire (f)
**fair (just)** juste
to **fall** tomber
to **fall in love (with)** tomber amoureux (de)
**false** faux/fausse
**family** famille (f)
**famous** célèbre
**fanatical about, fan of** fana(tique) de
**fantastic** fantastique
**far (from)** loin (de)
**far away, distant** lointain
**fare** tarif (m)
**farm** ferme (f)
**farmer** fermier/-ière (m/f), agriculteur/-trice (m/f)
**fascinating** passionnant
**fashion** mode (f)
**fashionable** à la mode
**fast** rapide
**fat** gras(se), gros(se) (adj); matières grasses (f pl)
**father** père (m)
**father-in-law** beau-père (m)
**fault** faute (f)
**favourite** favori(te), préféré
**feast** fête (f)
to be **fed up** en avoir marre (de)
to **feed (pets)** donner à manger à
to **feel** (se) sentir
to **feel better** aller mieux
to **feel like (doing sth.)** avoir envie (de faire qq ch)
**feeling** sentiment (m)
**felt tip pen** feutre (m)
**festival** fête (f), festival (m)
to have a **fever** avoir de la fièvre
a **few** quelques
**field** champ (m)
**figure (number)** chiffre (m)
**file** classeur (m), dossier (m)
to **fill (in)** remplir
**finally** finalement

to **find** trouver
it's **fine (weather)** il fait beau
**finger** doigt (m)
to **finish** finir, (se) terminer
**fire** feu (m), incendie (m)
**fire brigade** pompiers (m pl)
**firefighter** pompier (m)
**firework display** feu d'artifice (m)
**firm** entreprise (f)
**first** premier/-ière
**first name** prénom (m)
**first of all** d'abord
**fish (goldfish)** poisson (rouge) (m)
**fish shop** poissonnerie (f)
to go **fishing** aller à la pêche
**fishing rod** canne à pêche (f)
**fit** en forme
**fizzy (of drink)** gazeux/-euse
**flag** drapeau (m)
**flat (to live in)** appartement (m)
**flat (not hilly)** plat
**flight** vol (m)
**flood** inondation (f)
**floor** plancher (m)
**floor (storey) (1st/2nd/upper, etc.)** étage (m) (1er/2e/supérieur, etc.)
**florist** fleuriste (m/f)
**flour** farine (f)
**flower** fleur (f)
**flu** grippe (f)
**fluently** couramment
**flute** flûte (f)
**fly** mouche (f)
to **fly** voler
**fog** brouillard (m)
**folder, file** dossier (m)
to **follow** suivre
**food** alimentation (f), nourriture (f), provisions (f pl)
**foolish** idiot
(on) **foot** (à) pied (m)
**football** football (m)
**football boots** chaussures de foot (f pl)
**footpath** chemin (m), allée (f)
**for** pour
**for (time)** depuis, pendant
**for example** par exemple
**for the moment** pour l'instant
it is **forbidden** il est interdit, défense de (+ infin.)
**foreigner** étranger/-ère (m/f)
**forest** forêt (f), bois (m)
to **forget** oublier
**fork** fourchette (f)
**form** fiche (f), formulaire (m)
**form (fitness)** forme (f)
**former** ancien(ne)
**formerly** autrefois
**fortnight** quinzaine (f), quinze jours (m pl)
**fountain** fontaine (f)
**France, French** France (f), français(e)
**frankly** franchement
**free** gratuit **(no charge)**, libre **(not busy)**
**free time** loisirs (m pl), temps libre (m)
to **freeze** geler
**fresh** frais/fraîche
**Friday** vendredi (m)
**fridge** frigo (frigidaire) (m)
**friend** ami(e) (m/f), copain/copine (m/f)
**friendly** amical, sympa, sympathique
to be **frightened (of)** avoir peur (de)
**frightening** effrayant
**frog** grenouille (f)
**from** de, de la part de **(a person)**, à partir de **(starting from)**, depuis **(time)**
at the **front** à l'avant
in **front of** devant
**frost** gel (m), gelée (f)
**fruit** fruit (m)
**full** complet, plein **(not food)**, j'ai assez mangé **(have eaten enough)**
**full board** pension complète (f)
**fun** amusant, drôle, marrant
**funny** comique, drôle, rigolo; bizarre **(strange)**

# Anglais–français

**furious** furieux/-ieuse
**furnished** meublé
**(piece of) furniture** meuble (m)
**further to** suite à
**(in the) future** (à l')avenir (m)

## G

**game (card/board/video)** jeu (de cartes/de société/vidéo) (m)
**games console** console de jeu (f)
**games room** salle de jeux (f)
**garage, repair workshop** garage (m)
**garden** jardin (m)
**gardening** jardinage (m)
**garlic** ail (m)
**gate** barrière (f), grille (de sécurité) (f)
**in general, generally** en général, généralement
**generous** généreux/-euse
**gentle** doux/douce
**geography** géographie (f)
**Germany, German** Allemagne (f), allemand(e)
**to get** devenir **(become)**, recevoir **(receive)**, obtenir **(obtain)**
**to get a suntan** (se) bronzer
**to get angry** se fâcher, se mettre en colère
**to get by** se débrouiller
**to get changed** se changer
**to get dressed** s'habiller
**to get off** descendre
**to get on (with)** s'entendre (avec)
**it gets on my nerves** ça m'énerve
**to get on/in** monter sur/dans
**to get to know** faire la connaissance de
**to get up** se lever
**to get used to** s'habituer à
**gifted, talented** doué
**ginger (hair)** roux
**girl** fille (f)
**girlfriend** petite amie/copine (f)
**gîte** gîte (m)
**to give** donner, offrir **(presents)**
**to give back** rendre
**glad(ly)** content, avec plaisir
**glass (drink, material)** verre (m)
**glasses (sunglasses)** lunettes (f pl) (de soleil)
**global warming** réchauffement de la terre (m)
**glove** gant (m)
**to go** aller
**to go along (in a car)** rouler
**to go away** s'en aller
**to go back** retourner
**to go back (home/school)** rentrer
**to go down** descendre
**to go for a walk** faire une promenade, se promener
**to go in** entrer
**to go out** sortir
**to go shopping** faire les magasins **(e.g. clothes)**, faire les courses **(e.g. food)**
**to go to bed** se coucher
**to go to sleep** s'endormir
**to go up, to climb** monter
**goal** but (m)
**gold** (en) or (m)
**good** bon(ne) (adj.), bien (adv.)
**to be good weather** faire beau
**good at …** fort en …
**good evening** bonsoir
**good idea** bonne idée
**good luck** bonne chance
**good night** bonne nuit
**good value** avantageux/-euse, d'un bon rapport qualité-prix
**goodbye** au revoir
**goose** oie (f)
**grandchild** petit(e)-enfant (m/f)
**granddaughter** petite-fille (f)
**grandfather** grand-père (m), Papy (m)
**grandmother** grand-mère (f), Mamie (f)
**grandparents** grands-parents (m pl)
**grandson** petit-fils (m)
**grape** raisin (m)
**grapefruit** pamplemousse (m)

**grass** herbe (f)
**grateful** reconnaissant
**great** extra, formidable, génial, super
**Great Britain, British** Grande-Bretagne (f), britannique
**Greece, Greek** Grèce (f), grec/grecque
**green** vert
**greenhouse effect** effet de serre (m)
**grey** gris
**grocer** épicier/-ière (m/f)
**grocer's shop** épicerie (f)
**ground** terre (f)
**ground floor** rez-de-chaussée (m)
**group (band)** groupe (m), bande (f) **(friends)**
**to grow (plants)** cultiver
**to guess** deviner
**guest** invité(e) (m/f)
**guilty** coupable
**guinea pig** cobaye (m), cochon d'Inde (m)
**guitar** guitare (électrique) (f)
**gymnasium** gymnase (m)
**gymnastics** gymnastique (f)

## H

**hair** cheveux (m pl)
**hairbrush** brosse à cheveux (f)
**hairdresser** coiffeur/-euse (m/f)
**hairdryer** sèche-cheveux (m)
**half** demi, moitié (f)
**half-board** demi-pension (f)
**half-brother** demi-frère (m)
**half-sister** demi-sœur (f)
**half-time (sport)** mi-temps (f)
**hall (entrance)** vestibule (m)
**ham** jambon (m)
**hand** main (f)
**happiness** bonheur (m)
**happy** content, heureux/-euse
**Happy Birthday** Bon anniversaire
**Happy Christmas** Joyeux Noël
**Happy New Year** Bonne année
**Happy Saint's Day** Bonne fête
**harbour** port (m)
**hard** difficile, dur
**hardworking** travailleur/-euse
**hat** chapeau (m)
**to hate** détester
**to have** avoir
**to have (tea/breakfast)** prendre (le goûter/le petit déjeuner)
**to have a break** faire une pause
**have a good holiday** bonnes vacances
**have a good journey/trip** bon voyage
**to have a lie in** faire la grasse matinée
**to have to (must)** devoir
**head** tête (f)
**headache** mal à la tête (m)
**headteacher** directeur/-trice (m/f)
**health (in good/bad health)** santé (en bonne/mauvaise santé) (f)
**healthy** sain, en bonne santé
**to hear** entendre
**heart** cœur (m)
**heat** chaleur (f)
**to heat** chauffer
**heating (central)** chauffage (central) (m)
**heavy (weight)** lourd
**height** hauteur (f), taille (f) **(size)**
**helicopter** hélicoptère (m)
**hello, good day** bonjour, allô **(on phone)**
**helmet** casque (m)
**help** aide (f), secours (m)
**help!** au secours!
**to help** aider
**helping hand** coup de main (m)
**helping (portion)** portion (f)
**hen** poule (f)
**here** ici
**here you are** voici
**hi** salut
**to hide** cacher
**high** haut
**high school (technical)** lycée (technique) (m)

**high speed train** TGV (train à grande vitesse) (m)
**hike** randonnée (f)
**hill** colline (f)
**to hire** louer
**historical** historique
**history** histoire (f)
**a hit (song)** tube (m)
**to hit** frapper
**hobby** passe-temps (m)
**hockey** hockey (m)
**to hold** tenir
**hole in the ozone layer** trou d'ozone (m)
**holiday** vacances (f pl), jour férié (m) **(public)**
**Holland, Dutch** Hollande (f), hollandais(e)
**home (at/going)** à la maison, chez moi
**home page** page d'accueil (f)
**homework** devoirs (m pl)
**honest** honnête
**honey** miel (m)
**hooded top** pull à capuche (m)
**hooligan** voyou (m)
**to hoover** passer l'aspirateur
**to hope** espérer
**horror film** film d'horreur (m)
**horse-riding** équitation (f)
**horse(s)** cheval (pl chevaux) (m)
**hospital** hôpital (m)
**hospitality** hospitalité (f)
**hot** chaud; piquant, épicé **(spicy)**
**hot chocolate** chocolat chaud (m)
**hotel** hôtel (m)
**hour** heure (f)
**house (detached/semi/terraced)** maison (individuelle/jumelée/mitoyenne) (f)
**housewife/househusband** femme/homme au foyer (f/m)
**to do housework** faire le ménage
**how?** comment?
**how much/many?** combien (de)?
**how much is it?** c'est combien? ça fait combien?
**however** cependant, pourtant
**huge** énorme
**humour** humour (m)
**hunger** faim (f)
**to be hungry** avoir faim, être affamé
**to hurry** se dépêcher
**in a hurry** pressé
**to hurt (e.g. my arm hurts)** faire mal
**husband** mari (m)
**hyperlink** lien hypertexte (m)
**hypermarket** hypermarché (m)

## I

**i.e.** c'est-à-dire
**ICT** informatique (f)
**ice (black)** verglas (m)
**ice rink** patinoire (f)
**ice, ice cream** glace (f)
**to ice-skate** faire du patinage/du patin à glace
**ice-skating** patinage (à glace) (m)
**icon** icône (f)
**idea** idée (f)
**identity** identité (f)
**identity card** carte/pièce d'identité (f)
**if** si
**ill** malade
**illness** maladie (f)
**immediately** immédiatement, tout de suite
**immigrant** immigré(e) (m/f)
**impolite** impoli
**important** important
**impossible** impossible
**to improve** améliorer
**in** dans, en
**included, including** (y) compris, inclus
**to increase** augmenter
**India, Indian** Inde (f), indien(ne)
**industrial** industriel(le)
**industry** industrie (f)

cent soixante et un **161**

# Anglais–français

**information (office)** (bureau des) renseignements (m pl)
**inhabitant** habitant (m)
**inline skates** rollers (m pl)
to do **inline skating** faire du roller
**insect** insecte (m)
**inside** à l'intérieur, dedans
**inspector** inspecteur/-trice (m/f)
**instead of** au lieu de
**instructor** moniteur/-trice (m/f)
**instrument** instrument (m)
to **intend** avoir l'intention de, compter
**interest** intérêt (m)
it doesn't **interest me** ça ne me dit rien
to be **interested in** s'intéresser à
**interesting** intéressant
**interview** interview (f), entretien (m) **(job)**
**iPod™** iPod ™ (m)
**Ireland, Irish (Northern)** Irlande (f), irlandais(e) (du Nord)
to **iron** faire du repassage
**island** île (f)
**Italy, Italian** Italie (f), italien(ne)

## J

**jacket** veste (f), veston (m), blouson (m) **(casual)**
**jam** confiture (f)
**Japan, Japanese** Japon (m), japonais(e)
**jar** pot (m)
**jealous** jaloux/-ouse
**jeans** jean (m)
**jewel, piece of jewellery** bijou (m)
**jeweller's** bijouterie (f)
**Jewish** juif/-ive
**job** emploi (m), (petit) boulot (m)
**journalist** journaliste (m/f)
**journey (return)** voyage (m) (de retour), trajet (m) **(short)**
**juice (fruit/orange)** jus (de fruit/ d'orange) (m)
to **jump** sauter
**jumper** pull, pullover (m)

## K

to **keep** garder
**key** clé, clef (f), touche (f) **(of keyboard)**
**keyboard** clavier (m)
**keyring** porte-clés (m)
**kick** coup de pied (m)
to **kill** tuer
**kilometre** kilomètre (m)
**kind** aimable, gentil(le)
**kind regards** bien à vous, cordialement
**kiosk** kiosque (m)
to **kiss** embrasser, faire la bise
**kitchen** cuisine (f)
**knee** genou (m)
**knife** couteau (m)
**knitting** tricot (m)
to **knock** frapper
to **know** connaître **(a person)**; savoir **(a fact)**

## L

**laboratory** laboratoire (m)
**ladder** échelle (f)
**lady** dame (f)
**lake** lac (m)
**lamb** agneau (m)
**lamp** lampe (f)
to **land** atterrir
**landscape** paysage (m)
(cycle) **lane** piste (cyclable) (f)
bus **lane** couloir d'autobus (m)
(foreign) **language** langue (f) (étrangère)
**laptop** portable (m)
**last** dernier/-ière
to **last** durer
at **last** enfin, finalement
**late** en retard
**later** plus tard
to **laugh (it makes me laugh)** rire (ça me fait rire)
**law** loi (f)
**lawn** pelouse (f)
**lawyer** avocat (m)

**lazy** paresseux/-euse
to **lead** mener
**leaf (of paper)** feuille (f) (de papier)
**leaflet** brochure (f), dépliant (m)
**league** ligue (f)
to **learn** apprendre
the **least** le moins
to **leave (an object/behind)** laisser
to **leave (place)** quitter
to **leave (go away)** partir
(on the) **left** (à) gauche
**left luggage (locker)** consigne (f) (automatique)
**leg** jambe (f)
**leisure activities** loisirs (m pl), passe-temps (m pl)
**leisure centre** centre de loisirs (m)
**lemon** citron (m)
**lemonade** limonade (f)
to **lend** prêter
**less** moins
**less (than)** moins (que/de)
**lesson** cours (m), leçon (f)
to **let** permettre **(allow)**, louer **(rent out)**
**letter** lettre (f)
**letter box** boîte aux lettres (f)
**lettuce** laitue (f), salade (f)
**level** niveau (m)
**level crossing** passage à niveau (m)
**library** bibliothèque (f), CDI (centre de documentation et d'information) (m) **(school)**
**life** vie (f)
**lift** ascenseur (m)
to **light** allumer
**light** lumière (f)
**light** clair **(colour)**, léger **(weight/ wind)**
**lightning** éclair (m)
**like (as)** comme
to **like (to)** aimer
I **like it (very much)** ça me plaît (beaucoup)
**likeable** aimable
**line** ligne (f)
to **line up** mettre en ligne, faire la queue
**lion** lion (m)
**lip** lèvre (f)
**lipstick** rouge à lèvres (m)
**list** liste (f)
to **listen (to)** écouter
**little** petit
a **little** un peu (de)
to **live** habiter, loger, vivre **(be alive)**
**lively** animé, vif/vive
**living room** salle de séjour (f)
to **load** charger
**located** situé
**locked** fermé à clef
**London** Londres
**long** long(ue)
a **long time** longtemps
to **look after** s'occuper de
to **look at** regarder
to **look for** chercher
to **look forward to** attendre avec impatience
to **look like** ressembler à
**lorry** camion (m), poids lourd (m)
to **lose** perdre
**lost** perdu
**lost property office** bureau des objets trouvés (m)
a **lot (of)** beaucoup (de), plein de
**lounge** salon (m)
**lousy** nul(le)
to **love** aimer
**love, in love with** amour (m), amoureux/-euse de
**low** bas(se)
**luck** chance (f)
**luggage** bagages (m pl)
**lunch** déjeuner (m)
to have **lunch** déjeuner
**lunch break** pause de midi (f), pause déjeuner (f)

## M

**mad** fou/folle
**madam** madame (f)
**magazine** magazine (m), revue (f)
**magical** magique
**magnificent** magnifique
**mail (e-mail)** courrier (électronique) (m), (e-mail (m))
**main** principal
**main course** plat principal (m)
**main road** route nationale (f)
**majority** plupart (f), majorité (f)
**make (brand)** marque (f)
**make-up** maquillage (m)
**man** homme (m)
to **manage** se débrouiller **(get by)**, diriger **(company)**
**manager** cadre (m), gérant (m)
**manner (way)** manière (f)
**map** carte (f), plan (de la ville) (m)
**mark (out of 20)** note (f) (sur 20)
**market** marché (m)
**marketing** marketing (m)
**marmalade** confiture d'oranges (f)
**marriage** mariage (m)
**married** marié
to get **married** se marier
to **marry** épouser
**marvellous** merveilleux/-euse
**mashed potato** purée (f)
**match** match (m)
**material (fabric)** tissu (m)
**maths** maths, mathématiques (f pl)
it doesn't **matter** ça ne fait rien
**maybe** peut-être
**mayor** maire (m)
**meal** repas (m)
to **mean** vouloir dire
to **measure** mesurer
**meat** viande (f)
**mechanic** mécanicien(ne) (m/f)
**medication** médicament (m)
**Mediterranean Sea** mer Méditerranée (f)
**medium** moyen(ne)
**medium height/length** de taille/ longueur moyenne
to **meet** rencontrer **(by chance)**, se retrouver **(by intention)**, aller chercher **(pick up, fetch)**
**meeting** réunion (f), rencontre (f) **(casual)**, rendez-vous (m) **(at a place)**
**menu** carte (f)
**menu (fixed price/of the day)** menu (à prix fixe/du jour) (m)
**message** message (m)
**metro** métro (m)
**midday** midi (m)
**middle** centre (m), milieu (m)
in the **middle of** au milieu de, en train de (faire)
**midnight** minuit (m)
**mild** doux/douce
**milk** lait (m)
**mind** esprit (m)
I don't **mind** ça m'est égal
**mine** à moi
**mineral water** eau minérale (f)
**minus** moins
**minute** minute (f)
**mirror** glace (f), miroir (m)
**miss** mademoiselle (f)
to **miss** manquer, rater
**mistake** erreur (f), faute (f)
**mixed** mixte
**mobile phone** portable (m)
**model** mannequin (m) **(fashion)**, maquette (f) **(structure)**
**modern** moderne
**modern languages** langues vivantes (f pl)
**moment** instant (m)
at the **moment** en ce moment
**Monday** lundi (m)
(pocket) **money** argent (m) (de poche)
**monkey** singe (m)
**month** mois (m)

# Anglais–français

**mood (in a good/bad mood)** humeur (f) (de bonne/mauvaise humeur)
**moped** vélomoteur (m), mobylette (f)
**more** plus (de), encore (de)
**more (than)** plus (que)
**more or less** à peu près
(in the) **morning** (le) matin (m)
**Morocco, Moroccan** Maroc (m), marocain(e)
**mosque** mosquée (f)
the **most** le plus
**mother** mère (f)
**mother-in-law** belle-mère (f)
**motor** moteur (m)
**motorbike** moto (f)
**motorcyclist** motocycliste (m/f)
**motorway** autoroute (f)
**mountain** montagne (f)
**mountain bike** VTT (vélo tout terrain) (m)
**mountaineering** alpinisme (m)
**mouse** souris (f)
**mouse click** clic (m)
**mouth** bouche (f)
to **move** bouger, rouler **(traffic)**
to **move house** déménager
**MP3 player** lecteur MP3 (m)
**Mrs** madame (f)
**much, many** beaucoup (de)
**mum** maman (f)
**museum** musée (m)
**mushroom** champignon (m)
**music (classical/folk/pop)** musique (classique/folklorique/pop) (f)
**musician** musicien(ne) (m/f)
**Muslim** musulman
**mussel** moule (f)
**must (to have to)** devoir
**mustard** moutarde (f)
**mysterious** mystérieux/-ieuse

**N**

**narrow** étroit
**nasty** méchant, vilain
**naughty** méchant
**near (to)** près de
**nearby** près d'ici
it is **necessary to** il faut, il est nécessaire de
**neck** cou (m)
**necklace** collier (m)
to **need** avoir besoin de, il (me/etc.) faut
**neighbour** voisin(e) (m/f)
**neighbourhood** quartier (m)
**neither** non plus
**neither … nor …** ne … ni … ni …
**nephew** neveu (m)
the **Netherlands** Pays-Bas (m pl)
**network** réseau (m)
**never** (ne …) jamais
**never mind** tant pis
**new** nouveau/nouvel/nouvelle, neuf/neuve
**New Year** nouvel an (m)
**New Year's Day** jour de l'An (m)
**New Year's Eve** Saint-Sylvestre (f)
**news** informations (f pl), nouvelles (f pl), actualités (f pl)
**newsagent's and bookshop** maison de la presse (f)
**newspaper(s)** journal (journaux) (m)
**newspaper stand** kiosque à journaux (m)
**next** ensuite, puis, prochain (adj.)
the **next day** le lendemain (m)
**next year** l'année prochaine (f)
**next to** à côté de
**nice** agréable, gentil(le), sympa
**niece** nièce (f)
(at) **night** (la) nuit (f)
**nightclub** boîte de nuit (f)
**no** non, (ne …) pas de
**nobody** (ne …) personne
**no doubt** sans doute
**no more** ne … plus
**no one** (ne …) personne
**noise** bruit (m)
**noisy** bruyant

**north** nord (m)
**North America** Amérique du Nord (f)
**nose** nez (m)
**not** pas
**not any longer** ne … plus
**not at all** pas du tout
**not much** pas grand-chose
**not until** pas avant
**not yet** pas encore
**note** note (f), billet (m) **(bank)**, mot (m) **(message)**
**notebook** carnet (m)
**nothing** (ne …) rien
**notice** affiche (f), panneau (m)
to **notice** remarquer
**novel** roman (m)
**now** maintenant
**now and again** de temps en temps
**number** numéro (m), nombre (m) (de), chiffre (m)
**nurse** infirmier/-ière (m/f)
**nursery school** maternelle (f)
**nut (walnut)** noix (f)

**O**

to **obey** obéir
**object** objet (m)
**obviously** évidemment
**occupied** occupé
**of** de
**of course** bien entendu, bien sûr
to **offer** offrir
**office** bureau (m)
**often** souvent
**oil** huile (f), pétrole (m)
**OK (agreeing)** d'accord
**old** âgé, vieux/vieil/vieille/vieux, ancien/ne; avoir 16 ans
**(to be 16 years old)**
**old-fashioned** démodé
**omelette** omelette (f)
**on** sur
**on every side** de tous côtés
**on one hand/on the other hand** d'un côté/d'un autre côté
**on special offer** en réclame, en promotion
**on the phone** à l'appareil (m)
**on the other hand** par contre
**on the other side** de l'autre côté
**on the way** en route
**on time** à l'heure
**one more time** encore une fois
**onion** oignon (m)
**online** en ligne
**only** ne … que, seulement
**only child** enfant unique (m/f)
**open** ouvert
to **open** (s')ouvrir
**open (without obligation to buy)** entrée libre
in the **open air** en plein air
**opening (times)** (heures d') ouverture (f)
**opinion** avis (m), opinion (f)
in my **opinion** à mon avis (m)
**opinion poll** sondage (m)
**opposite** en face (de)
**or** ou
**orange** orange (f) **(fruit)**; orange (inv.) **(colour)**
**orchestra** orchestre (m)
to **order** commander **(food, etc.)**
in **order to** pour (+ infin.)
**organisation** organisation (f), organisme (m)
**other** autre
**otherwise** autrement
**outdoors** en plein air
**outing** excursion (f)
**outside** (à l')extérieur (m), (en) dehors (de), en plein air
(microwave) **oven** four (à micro-ondes) (m)
**over** par-dessus
**over there** là-bas
**overcast (weather)** couvert, gris
**overloaded** surchargé
**own** (adj.) propre

**oyster** huître (f)
**ozone layer** couche d'ozone (f)

**P**

to **pack** faire les valises
**packet** paquet (m)
**pain** douleur (f)
to be in **pain** avoir mal
it's a **pain in the neck** c'est casse-pieds
**painting** peinture (f)
**pair** paire (f)
**palace** palais (m)
**pale** pâle
**pan** casserole (f)
**pancake** crêpe (f)
**pancake restaurant/stall** crêperie (f)
**paper** papier (m)
**parcel** colis (m), paquet (m)
**parents** parents (m pl)
**park** jardin public (m), parc (m), espace vert (m)
**partner** partenaire (m/f)
**part-time** à temps partiel
**party** fête (f), surprise-partie (f), soirée (f)
to **pass (exam)** réussir, être reçu
to **pass by, to go** passer
**passenger** passager (m), voyageur (m)
**passport** passeport (m)
**password** mot de passe (m)
to go **past** passer
(in the) **past** (dans le) passé (m)
**pasta** pâtes (f pl), nouilles (f pl)
**pastime** passe-temps (m)
**pâté** pâté (m)
**patient (in hospital)** malade (m/f)
**patient** (adj.) patient
**pavement** trottoir (m)
**paw** patte (f)
to **pay (for)** payer
to **pay attention** faire attention
**PE** EPS (éducation physique et sportive) (f)
**peace** paix (f)
**peaceful** paisible, tranquille
**peach** pêche (f)
**pear** poire (f)
**peas** petits pois (m pl)
**pedestrian** piéton(ne) (m/f)/(adj.)
**pen** stylo (m), bic (m)
**pencil** crayon (m)
**penfriend** correspondant(e) (m/f)
**people** gens (m pl), peuple (m)
**pepper** poivre (m)
**perfect** parfait
**perfume** parfum (m)
**perfume shop/department** parfumerie (f)
**perhaps** peut-être
**person** personne (f), être humain (m)
**personality** personnalité (f)
**petrol station** station-service (f)
to **phone** téléphoner
**photo(graph)** photo (f)
**photocopy** photocopie (f)
**photographer** photographe (m/f)
**photography** photographie (f)
**physical activity** activité physique (f)
**physics** physique (f)
**piano** piano (m)
**picnic** pique-nique (m)
**picture** image(f), tableau (m)
**pie** tarte (f)
**piece** morceau (m)
**piece of paper** feuille de papier (f)
**piece of written work** copie (f)
(ear) **piercing** piercing (m) (à l'oreille)
**pile** tas (m)
**pilot** pilote (m/f)
**pineapple** ananas (m)
**pink** rose
that's a **pity** c'est dommage (m)
**place** endroit (m), lieu (m)
to **place** poser
**plan** projet (m)
**planned** prévu
**plant** plante (f)

**plaster** sparadrap (m) **(sticking)**; plâtre (m) **(cast)**
**plastic** (en) plastique (m)
**plate** assiette (f)
**platform** quai (m)
**play (drama)** pièce (f)
to **play (sport/instrument)** jouer à/de
**player (person)** joueur/-euse (m/f)
**playground** cour (f)
**pleasant** agréable
**please** s'il te/vous plaît
**pleased** content
(with) **pleasure** (avec) plaisir (m)
**plum** prune (f)
**plumber** plombier/-ière (m/f)
**pocket** poche (f)
to **point out** indiquer
**Poland, Polish** Pologne (f), polonais(e)
**police** police (f)
**police officer** agent de police (m/f), policier/-ière (m/f)
**police station** commissariat (de police) (m), gendarmerie (f)
**polite** poli
**polluted** pollué
**poor** pauvre
**pop (music)** pop (m/f)
**pork** porc (m)
**pork butcher's** charcuterie (f)
**port** port (m), gare maritime (f)
**Portugal, Portuguese** Portugal (m), portugais(e)
to **post** mettre à la poste, poster
**post (office)** poste (f)
**postcard** carte postale (f)
**postcode** code postal (m)
**poster** affiche (f), poster (m)
**postman** facteur (m)
**pot** pot (m)
**potato (boiled)** pomme de terre (f) (à l'eau)
**pound** livre sterling (f)
**poverty** pauvreté (f)
**powder** poudre (f)
**practical** pratique
**prawn** crevette (f)
**precious** précieux/-ieuse
to **prefer** préférer
**preference** préférence (f)
to **prepare** préparer
**present** cadeau (m) **(gift)**, présent (m) **(now)**
to **press** appuyer, pousser
the **press** presse (f)
**pretty** joli
to **prevent** empêcher
**price** prix (m) (d'entrée) **(admission)**; tarif (m) (réduit) **(reduced)**
to **print** imprimer
**printer** imprimante (f)
**prison** prison (f)
**private** privé
**prize** prix (m)
**problem** problème (m)
**programme** programme (m) **(events)**, émission (f) **(TV)**
**programmer (computer)** programmeur/-euse (m/f)
**progress** progrès (m)
**project** projet (m), dossier (m) **(school)**
to **promise** promettre
to **protect** protéger
**proud** fier/fière
**public** public/-ique, municipal
**public holiday** jour férié (m)
**public transport** transports en commun (m pl)
to **pull** tirer
**pupil** élève (m/f)
**purchase** achat (m)
**purple** violet(te); pourpre
**purse** porte-monnaie (m)
to **push** pousser
to **put (down)** poser
to **put (on)** mettre, s'habiller en **(clothes)**
to **put back** remettre
to **put down (again)** reposer

to **put money aside** mettre de l'argent de côté
to **put on make-up** se maquiller
to **put up with** supporter
**pyjamas** pyjama (m)

## Q

**quarter** quart (m)
**question** question (f)
to **queue** faire la queue
**quick(ly)** rapide(ment), vite
**quiet** calme, tranquille
to be **quiet** se taire
**quite** assez
**quite a lot of** pas mal de
TV **quiz show** jeu télévisé (m)

## R

**rabbit** lapin (m)
**race** course (f)
**racquet** raquette (f)
(on the) **radio** (à la) radio (f)
**railway** chemin de fer (m)
**rain** pluie (f)
to **rain** pleuvoir
**raincoat** imper(méable) (m)
**rainy** pluvieux
**raisin** raisin (sec) (m)
**rap** rap (m)
**rarely** rarement
**raspberry** framboise (f)
**rather** plutôt
**raw** cru
**RE** éducation/instruction religieuse (f)
to **read** lire
**reading** lecture (f)
**ready** prêt
**ready-cooked meal** plat cuisiné (m)
**real** réel(le)
**really** franchement, vraiment
**reason** raison (f)
**receipt** reçu (m)
to **receive** recevoir
**recent** récent
**recently** récemment
**reception** réception (f)
**receptionist** réceptionniste (m/f), hôtesse d'accueil (f)
**recipe** recette (f)
to **recommend** recommander
to **record** enregistrer
**recorder (wind instrument)** flûte à bec (f)
**recyclable** recyclable
to **recycle** recycler
**recycling centre** centre de recyclage (m)
**red** rouge
**red (hair)** roux/rousse
**referee** arbitre (m)
**refugee** réfugié (m)
to **refund** rembourser
**refunded** (être) remboursé
**region** région (f)
to **regret** regretter
**regular** régulier/-ière
**relatives** parents (m pl)
to **relax** (se) détendre, se relaxer
**religion** religion (f)
**religious** religieux/-ieuse
to **rely on** compter sur
to **remember** se rappeler, se souvenir de
to **remove** enlever
**renewable** renouvelable
**rent** loyer (m)
to **rent** louer
**repair** réparation (f)
to **repair** réparer
to **repeat** répéter
to **replace** remplacer
**reply** réponse (f)
to **reply** répondre
to **research** rechercher
to **resemble** ressembler à
**reservation** réservation (f)
to **reserve** réserver
**resident** habitant (m)
**responsible** responsable

**rest** reste (m) **(remainder)**, repos (m)
to **rest** (se) reposer
**restaurant** restaurant (m)
**result** résultat (m)
to **retake a year (school)** redoubler
**retired** à la retraite
**return** aller-retour (m) **(ticket)**, retour (m) **(journey)**
to **return** rentrer, revenir, retourner
to **revise** réviser
**rewarding** enrichissant
**rice** riz (m)
**rich** riche
(go for a) **ride (bike)** (faire une) promenade (f) à vélo
to **ride (horse)** monter à cheval
**ridiculous** ridicule
**right** bon(ne), correct
(on the) **right** (à) droite (f)
to be **right** avoir raison
**ring** anneau (m), bague (f)
to **ring** sonner
**risk** risque (m)
**river** rivière (f) **(small)**, fleuve (m) **(large)**
**road** route (f), rue (f) **(street)**
**road map** carte routière (f)
**roadworks** travaux (m pl)
**roast** rôti
**rock (musical)** rock (m)
**rock climbing** escalade (f)
**roller skates** patins à roulettes (m pl)
**romantic film** film romantique (m)
**roof** toit (m)
**room** place (f) **(space)**; pièce (f), chambre (f) (double/de famille/familiale) **(in building)**
**rose** rose (f)
**roughly** à peu près
**round** rond
**roundabout** rond-point (m) **(traffic)**; manège (m) **(fair)**
**route (bus, etc.)** ligne (f) (d'autobus, etc.)
to **rub out** effacer
**rubbish** déchets (m pl), ordures (f pl),
it was **rubbish** c'était nul
**rucksack** sac à dos (m)
**rude** impoli
**rugby** rugby (m)
**rule, ruler** règle (f)
**rules, regulations** règlement (m)
to **run** courir
**running** course(f) **(sport)**
**rush hour** heures d'affluence/de pointe (f pl)
**Russia, Russian** Russie (f), russe

## S

**sad** triste
**safari park** réserve (f)
to **safeguard** sauvegarder
**safety** sécurité (f)
to **sail** faire de la voile
**sailing** voile (f)
**salad** salade (f)
**salami type sausage** saucisson (m)
**sale** vente (f)
**sales** soldes (m pl)
**salmon** saumon (m)
**salt** sel (m)
**same** même
all the **same** quand même
at the **same time** à la fois, en même temps
**sand** sable (m)
**sandal** sandale (f)
**sandwich** sandwich (m)
**sanitary towels** serviettes hygiéniques (f pl)
**sardine** sardine (f)
**Saturday** samedi (m)
**sauce** sauce (f)
**sausage** saucisse (f)
to **save** sauvegarder, sauver
to **save (money)** faire des économies (f pl), économiser
**sax(ophone)** saxo(phone) (m)
to **say** dire

**scarf** écharpe (f), foulard (m)
**scary** effrayant
**scenery** paysage (m)
**school (primary/nursery/private)** école (f) (primaire/maternelle/privée)
**school (secondary 11–15 approx.)** collège (m), CES (collège d'enseignement secondaire)
**school (secondary 16–19 approx.)** lycée (m)
**school (year/uniform)** (année/uniforme) scolaire
**school bus** car de ramassage (m)
**school hall** grande salle (f)
**school report** bulletin scolaire (m)
**schoolbag** cartable (m)
**science** sciences (f pl)
**science-fiction (film)** (film de) science-fiction (f)
**scientist** scientifique (m/f), homme/femme de science (m/f)
**scissors** ciseaux (m pl)
**scooter** scooter (m), mobylette (f)
to **score (a goal)** marquer (un but)
**Scotland, Scottish** Écosse (f), écossais(e)
**scout** scout (m)
**screen** écran (m)
**sea** mer (f)
**seafood** fruits de mer (m pl)
**seasickness** mal de mer (m)
**seaside** bord de la mer (m)
**seaside resort** station balnéaire (f)
**season** saison (f)
**seat** place (f), siège (m)
**seat belt** ceinture de sécurité (f)
**second** deuxième, seconde
**secretary** secrétaire (m/f)
to **see** voir
**see you** à plus tard
**see you later** à tout à l'heure
**see you soon** à bientôt
**see you tomorrow** à demain
to **seem (like)** paraître, sembler
to **seize** saisir
**self-service** libre-service (m), self (m) **(restaurant)**
to **sell** vendre
**seller** marchand(e) (m/f)
to **send** envoyer
**sensational** sensass, sensationnel(le)
**sense of humour** sens de l'humour (m)
**sentence** phrase (f)
**separated** séparé
**serial (TV)** feuilleton (m)
(police) **series** série (f) (policière)
**serious** grave, sérieux/-ieuse
to **serve** servir
**service (not) included** service (non) compris
at your **service** à votre service
to **set off** se mettre en route
**several** plusieurs
**severe** sévère
**sewing** couture (f)
**sewing machine** machine à coudre (f)
**shade** ombre (f)
**shadow** ombre (f)
to **shake hands** serrer la main
that's a **shame** (c'est) dommage (m)
**shampoo** shampooing (m)
**shape** forme (f)
to **share** partager
**sheep** mouton (m)
**shelf** étagère (f), rayon (m)
to **shine** briller
**shirt** chemise (f)
**shoe** chaussure (f)
**shop** magasin (m), boutique (f), commerce (m)
**shop assistant** vendeur/-euse (m/f)
**shopkeeper** commerçant (m)
**shopping** courses (f pl)
**shopping centre** centre commercial (m)
**shopping trolley** chariot (m)
**short** court
**shorts** short (m), culotte (f)
**shoulder** épaule (f)

to **shout, to scream** crier
**show** spectacle (m)
to **show** indiquer, montrer
**shower** douche (f)
to have a **shower** se doucher
**shower (rain)** averse (f)
**showers/toilets block** bloc sanitaire (m)
**showing (at cinema)** séance (f)
**shutter** volet (m)
**shuttle (bus)** navette (f)
**shy** timide
**side** bord (m), côté (m)
at the **side of** au bord de
**sideboard** buffet (m)
**sign** signe (m), panneau (m)
to **sign** signer
**silent** silencieux/-ieuse
**silently** silencieusement
**silk** soie (f)
**silly** bête, stupide
**silver** argent (m)
**similar** semblable
**since** depuis
**since (because)** puisque
to **sing** chanter
**singer** chanteur/-euse (m/f)
**single (person)** célibataire (adj.) (n m/f)
**single (ticket)** aller simple (m)
**single-parent** monoparental
**sir/Mr** monsieur
**sister** sœur (f)
**sister-in-law** belle-sœur (f)
to **sit down** s'asseoir
**situated** situé
to be **situated** se trouver, être situé
in the **sixth form (in school)** en première, en terminale
**sixth form college** lycée (m)
**size** taille (f), pointure (f) **(shoes)**
to **skate** faire du patin
**skateboard** planche à roulettes (f)
**skateboarding** skate (m)
**skating** patinage (m)
to **ski** faire du ski (m)
**skiing** ski (m)
**ski instructor** moniteur/-trice de ski (m/f)
**ski resort** station de ski (f)
**skin** peau (f)
**skinny** maigre, mince
**skirt** jupe (f)
**sky** ciel (m)
to **sleep** dormir
**sleep (to be sleepy)** sommeil (m) (avoir sommeil)
**sleeping bag** sac de couchage (m)
**slice** tranche (f), rondelle (f) **(round)**
**slim** mince
**slow(ly)** lent(ement)
**small** petit
**smart** élégant, chic
**smell** odeur (f)
to **smell** sentir
to **smile** sourire
to **smoke** fumer
**snack** casse-croûte (m)
**snack bar** buffet (m), snack (m)
**snail** escargot (m)
**snake** serpent (m)
**snooker** snooker (m), billard (m)
**snow** neige (f)
to **snow** neiger
**snowboarding** le snowboard (m)
**so** donc **(therefore)**, alors **(well)**
**so (tall, etc.)** si, tellement
**soap** savon (m), feuilleton (m) **(TV serial)**
**social worker** assistant social (m)
**sock** chaussette (f)
**socket** prise (f) (de courant)
**sofa** canapé (m)
**soldier** militaire, soldat (m)
**some** du/de la/de l'/des, quelques
**somehow (or other)** d'une façon ou d'une autre
**someone** quelqu'un
**something** quelque chose

**sometimes** parfois, quelquefois
**somewhere** quelque part
**son** fils (m)
(pop) **song** chanson (f) (pop)
**soon** bientôt
have a **sore throat** avoir mal à la gorge
**sorry** désolé, excusez-moi, pardon
to be **sorry** regretter
**sort, kind** espèce (f)
**so-so** comme ci comme ça
**sound** son (m)
**soup** soupe (f), potage (m)
**south** sud (m)
**South America** Amérique du Sud (f)
the **south of France** Midi (m)
**souvenir** souvenir (m)
**space** espace (m)
**spaghetti** spaghettis (m pl)
**Spain, Spanish** Espagne (f), espagnol(e)
to **speak** parler
**special offer** offre spéciale (f), réclame (f), promotion (f)
**speciality** spécialité (f)
**spectator** spectateur (m)
**speed** vitesse (f)
to **spend (money)** dépenser
to **spend (time doing sth)** passer (le temps à faire qch)
**spicy** épicé
**spinach** épinards (m pl)
in **spite of** malgré
to **spoil** gâcher
**spoon** cuillère (f), cuiller (f)
to do **sport** pratiquer un sport
**sport (winter/water)** sport (m) (d'hiver/nautique)
**sports centre** centre sportif (m)
**sports equipment** articles de sport (m pl)
**sports ground** terrain de sport (m)
**sports shirt** maillot de sport (m)
**sporty** sportif/-ive
(in) **spring** (au) printemps (m)
**sprouts** choux de Bruxelles (m pl)
**square (shape)** carré (m)
(market) **square** place (f) (du marché)
**stadium** stade (m)
**staff room** salle des professeurs (f)
**stair** marche (f)
**staircase** escalier (m)
**stamp** timbre (m)
to **stand up** se lever
(to be) **standing** (être) debout
**star** étoile (f) **(in sky)**, vedette (f), star (f) **(celebrity)**
**start** début (m)
to **start** commencer **(begin)**; démarrer **(car)**
**starter** entrée (f), hors-d'oeuvre (m)
**state** état (m)
**station** gare (f) **(train)**, station (f) (de métro) **(underground)**
**stationer's** papeterie (f)
**stay** séjour (m)
to **stay** rester, loger
**steak** bifteck (m)
to **steal** voler
**stepbrother** demi-frère (m)
**stepfather** beau-père (m)
**stepmother** belle-mère (f)
**stepsister** demi-sœur (f)
to **stick** coller
**still** encore, toujours
**sting** piqûre (f)
**stomach** ventre (m), estomac (m)
**stomach ache** mal à l'estomac
**stone** pierre (f)
(bus) **stop** arrêt (m) de bus
to **stop** (s')arrêter, cesser de **(doing sth)**
**storey (see floor)** étage (m)
**storm** tempête (f)
**stormy** orageux/-euse
**story** histoire (f)
**straight (ahead)** (tout) droit
**straight (hair)** raide
**straight away** tout de suite
**strange** étrange
**stranger** étranger/-ère (m/f)

# Glossaire

## Anglais–français

strawberry fraise (f)
street rue (f)
strict sévère
striped rayé
strong fort
student étudiant(e) (m/f)
studies études (f pl)
study bureau (m) **(room)**, étude (f) **(work period)**
to study étudier, faire des études
to study for an exam préparer un examen
stuff affaires (f pl)
stupid idiot, stupide, bête
subject sujet (m)
school subject **(option/core)** matière (f) (facultative/obligatoire)
subtitled sous-titré
suburb banlieue (f)
to succeed réussir à, être reçu
success succès (m)
suddenly soudain, tout à coup
sugar sucre (m)
to suggest proposer, suggérer
suit **(men's)** complet (m)
suitcase valise (f)
sum calcul (m), somme (f) **(total)**
(in) summer (en) été (m)
summer camp colonie de vacances (f), camp d'ado (m) **(teenage camp)**
summit sommet (m)
sun soleil (m)
to sunbathe prendre un bain de soleil
sunburn coup de soleil (m)
Sunday dimanche (m)
sunny ensoleillé
sunny interval éclaircie (f)
supermarket supermarché (m)
to supervise surveiller
supplement supplément (m)
sure sûr, certain
to surf (the internet) surfer (sur Internet)
surfboard planche de surf (f)
to go surfing faire du surf (m)
surgery cabinet (m)
surname nom (de famille) (m)
to surprise surprendre
surprising étonnant
surrounded (by) entouré (de)
survey enquête (f), sondage (m)
sweater pull (m), pullover (m)
sweatshirt sweat(shirt) (m)
sweet sucré (adj)
sweets bonbons (m pl), sucreries (f pl)
sweet shop confiserie (f)
to swim nager, se baigner
swimming natation (f)
swimming pool (open air) piscine (f) (en plein air)
swimsuit maillot de bain (m)
to switch on allumer
Switzerland, Swiss Suisse (f), suisse

## T

table table (f)
table tennis tennis de table (m)
tablecloth nappe (f)
tablet (medication) comprimé (m)
to take prendre
to take (an exam) passer
to take off (plane) décoller
to take part participer
takeaway meal repas à emporter (m)
to talk parler
talkative bavard
tall grand, haut
tap robinet (m)
tart tarte (f)
taste goût (m)
to taste (good/bad) avoir bon/mauvais goût
to taste (try) déguster, goûter à
tattoo tatouage (m)
tax taxe (f)
taxi taxi (m)
taxi stand station de taxis (f)
tea goûter (m) **(afternoon snack)**; thé (m) **(drink)**

to teach enseigner
teacher professeur (m), instituteur/ -trice (m/f) **(primary school)**
team équipe (f)
technical college collège/lycée technique (m)
technician technicien(ne) (m/f)
technological technologique
technology technologie (f)
teenager/adolescent ado, adolescent(e) (m/f)
telephone téléphone (m)
television télévision (f), téléviseur (m) **(TV set)**
to tell raconter
temperature température (f)
to have a temperature avoir de la fièvre (f)
tennis tennis (m)
tent tente (f)
term trimestre (m)
terrace terrasse (f)
terrible affreux/-euse, terrible
test contrôle (m), épreuve (f)
text texte (m); texto (m) **(on a mobile phone)**
to text envoyer un SMS/texto
to thank remercier
thank you merci
that ça, cela
that is to say c'est-à-dire
theatre théâtre (m)
theft vol (m)
theme thème (m)
theme park parc d'attractions (m)
then alors, ensuite, puis, à ce moment-là
there y, là, voilà **(there you are)**
there is/are il y a
thermometer thermomètre (m)
thick épais(se)
thief voleur (m)
thin mince, maigre
thing chose (f)
things affaires (f pl)
to think penser, réfléchir; croire **(believe)**
third troisième
to be thirsty avoir soif (f)
to threaten menacer
thriller roman/film à suspense (m)
throat gorge (f)
through par, à travers
to throw (away) lancer, jeter
thunder tonnerre (m)
thunderstorm orage (m)
Thursday jeudi (m)
ticket billet (m)
ticket inspector contrôleur (m)
ticket office guichet (m)
to tidy up ranger
tie cravate (f)
tiger tigre (m)
tight étroit, serré
till caisse (f)
time fois (f) **(occasion)**, heure (f) **(clock)**, temps (m) **(to do something)**
from time to time de temps en temps
one more time une fois de plus, encore une fois
timetable emploi du temps (m), horaire (m)
tin boîte (f)
tin opener ouvre-boîte (m)
tip astuce (f) **(suggestion)**; pourboire (m) **(money)**
tired fatigué
tiring fatigant
to à, en, pour **(in order to)**
toast pain grillé, toast (m)
toasted sandwich (with cheese and ham) croque-monsieur (m)
toaster grille-pain (m)
tobacco, tobacconist/stamp seller tabac (m), bureau de tabac (m)
today aujourd'hui
together ensemble
toilet paper papier hygiénique (m)
toilets toilettes (f pl), WC (m pl)
tomato tomate (f)
tomorrow demain

too (much) trop
too bad tant pis
tooth dent (f)
to have toothache avoir mal aux dents
toothbrush brosse à dents (f)
toothpaste dentifrice (m)
top sommet (m) **(hill, mountain)**; haut (m) **(clothing, page, wall, ladder)**
at the top en haut, au sommet
topic sujet (m)
tortoise tortue (f)
touch screen écran tactile (m)
tour tour (m), visite (guidée) (f)
to go on tour faire une tournée (f)
tourism tourisme (m)
tourist touriste (m/f)
tourist boat on Seine bateau-mouche (m)
tourist information office bureau d'accueil/des renseignements (m), office de tourisme (m), syndicat d'initiative (m)
touristy touristique
towards vers
towel serviette (f)
tower tour (f)
town ville (f)
town centre centre-ville (m)
town hall hôtel de ville (m), mairie (f)
toy jouet (m)
track piste (f)
tracksuit jogging (m), survêtement (m)
traffic circulation (f)
traffic jam embouteillage (m), bouchon (m)
traffic lights feux (m pl)
tragic tragique
train (transport) train (m)
to train (sport/music) s'entraîner, s'exercer
trainers baskets (m/f pl), tennis (f pl)
training course stage (m), formation (f)
tram tramway (m)
to translate traduire
transport café relais routier (m)
to travel voyager
travel agent's agence de voyages (f)
traveller voyageur (m/f)
tray plateau (m)
tree arbre (m), sapin de Noël (m) **(Christmas)**
trip excursion (f), randonnée (f), séjour (m), sortie (f), tour (m)
trombone trombone (m)
troublesome pénible
trousers pantalon (m)
trout truite (f)
true vrai
trumpet trompette (f)
truth vérité (f)
to tell the truth à vrai dire
to try (to) essayer (de +infin)
T-shirt t-shirt (m)
tube tube (m), métro (m) **(underground)**
Tuesday mardi (m)
tuna thon (m)
Tunisia, Tunisian Tunisie (f), tunisien(ne)
turkey dinde (f)
to turn tourner
to turn off (light, etc.) éteindre
to turn on (light, etc.) allumer
TV viewer téléspectateur (m)
twin jumeau/jumelle (m/f)
twinned jumelé
type (kind) genre (m)
to type taper
tyre pneu (m)

## U

ugly laid, vilain, moche
umbrella parapluie (m)
unbelievable incroyable
uncle oncle (m)
under sous, en dessous (de)

# Anglais–français

**underground** métro (m)
**underground station** station de métro (f)
to **understand** comprendre
**unemployed** au chômage, sans travail, chômeur
**unemployment** chômage (m)
**unfit** qui n'est pas en forme
**unfortunately** malheureusement
**unhappy** malheureux/-euse, mécontent
**uniform** uniforme (m)
**uninteresting** sans intérêt
**United Kingdom** Royaume-Uni (m)
**United States** États-Unis (m pl)
**university** université (f), fac(ulté) (f)
**unknown** inconnu
to **unpack** défaire sa valise
**unpleasant** désagréable
**untidy** désordonné
**until** jusqu'à (ce que)
**up there** là-haut
**upstairs** en haut, au premier/deuxième/etc. étage
**urgent** urgent
to **use** se servir de, utiliser, employer
**useful** pratique, utile
**useless** inutile
**usually** d'habitude

**V**

**Valentine's Day** Saint-Valentin (f)
**valid** valable
to **validate (bus/rail ticket)** composter
**valley** vallée (f)
**valuable** d'une grande valeur
**van (delivery)** camionnette (f)
**vandalism** vandalisme (m)
**vanilla** vanille (f)
**varied** varié
**VAT (value added tax)** TVA (taxe sur la valeur ajoutée) (f)
**veal** veau (m)
**vegetable** légume (m)
**vegetarian** végétarien(ne) (m/f)
**vehicle** véhicule (m)
**very** très
**very near** tout près
**vet** vétérinaire (m/f)
(sea) **view** vue (f) (sur la mer)
**village** village (m)
**vinegar** vinaigre (m)
**violin** violon (m)
**visit** visite (f)
to **visit** visiter **(place)**; rendre visite à **(people)**; aller sur un site **(internet)**
**visitor** visiteur/-euse (m/f)
**vitamin** vitamine (f)
**vocabulary** vocabulaire (m)
**voice** voix (f)
**voice mail** messagerie vocale (f)
**volleyball** volley (m)
**voluntary work** travail bénévole (m)

**W**

to **wait** attendre
**waiter/waitress** serveur/-euse (m/f)
**waiting room** salle d'attente (f)
to **wake up** se réveiller
**Wales, Welsh** pays de Galles (m), gallois(e)
to **walk** marcher, promener (le chien)
to have a **walk** se promener, faire une promenade
**wall** mur (m)
**wallet** portefeuille (m)
**wallpaper** papier peint (m)
to **want (to)** vouloir, désirer
**war** guerre (f)
**war film** film de guerre (m)
**wardrobe** armoire, garde-robe (f)
to **warn** prévenir, avertir **(inform)**
to **wash** (se) laver
to **wash up** faire la vaisselle
**washbasin** lavabo (m)
**washing machine** machine à laver (f), lave-linge (m)
**wasp** guêpe (f)

to **waste** gaspiller
**watch** montre (f)
to **watch** regarder
mineral **water** eau minérale (f)
tap **water** eau du robinet (f)
to go **waterskiing** faire du ski nautique (m)
**wave (sea)** vague (f)
**wavy** ondulé
**way** façon (f), manière (f)
**way out** sortie (f)
**WC** WC (m pl)
**weak, no good (at ...)** faible (en ...)
to **wear** porter
**weather** temps (m)
**weather forecast** météo (f), prévisions météo (f pl)
the **web** Web (m)
**webmail** web-mail (m)
**website** site (Web) (m)
**wedding** mariage(m), noces (f pl)
**Wednesday** mercredi (m)
**week** semaine (f)
**weekend** week-end (m)
to **weigh** peser
**welcome** accueil (m), bienvenue (f)
**well** alors
to be **well** aller bien
**well behaved** sage
**well done!** bravo!
**well equipped** bien équipé
**well paid** bien payé
**west** ouest (m)
**wet** mouillé
**what?** qu'est-ce que? qu'est-ce qui? quoi?
**what a shame** quel dommage
**what day is it?** c'est quel jour?
**what does ... mean?** que veut dire ... ?
**what is it?** qu'est-ce que c'est?
**what is the date?** c'est quelle date?
**what's the matter?** qu'est-ce qu'il y a?
**what time is it?** quelle heure est-il?
**wheel** roue (f)
**when** quand, lorsque
**where (from)?** (d')où?
**which colour?** de quelle couleur?
**which? which one(s)?** quel(s)/quelle(s)?, lequel/laquelle/lesquel(le)s?
**whilst** pendant que
**white** blanc/blanche
**whiteboard (interactive)** tableau blanc (interactif) (m)
**who?** qui?
**why?** pourquoi?
**wide** large
**widow, widower** veuve (f), veuf (m)
**wife** épouse (f), femme (f)
**wild** sauvage
to **win** gagner, remporter (un prix) **(a prize)**
**wind** vent (m)
**window** fenêtre (f); vitre (f) **(of car)**; vitrine (f) **(of shop)**
to **windsurf** faire de la planche à voile
**windsurfing** planche à voile (f)
it's **windy** il y a du vent
**wine** vin (m)
(in) **winter** (en) hiver (m)
to **wish** vouloir, souhaiter
**with** avec
**without** sans
**witness** témoin (m)
**woman** femme (f)
**wonderful** merveilleux/-euse
**wood** bois (m)
**wool** laine (f)
**word** mot (m), parole (f)
**word processing** traitement de texte (m)
**work** travail (m), boulot (m) **(job)**
to **work** travailler
to **work (function)** marcher, fonctionner
**work experience** stage (en entreprise) (m)
**worker** ouvrier/-ière (m/f)
**workshop** atelier (m)
**world** monde (m)

**worldwide** mondial
**worried** inquiet/-iète
**worry** ennui (m), souci (m)
**worse** pire
the **worst** le pire
**wrapping (paper)** papier d'emballage (m)
to **wrap up (parcel)** emballer
to **write** écrire
**writer** écrivain(e) (m/f), auteur(e) (m/f)
**wrong** faux/fausse, incorrect, mauvais
to be **wrong** avoir tort
**wrong number** faux numéro (m)

**Y**

**year** an (m), année (f)
in **Year 7/8/9/10** en sixième/cinquième/quatrième/troisième
in **year 11/12/13** en seconde/première/terminale
**yellow** jaune
**yes** oui, si **(after negative, contradicting)**
**yesterday** hier
not **yet** pas encore
**yoghurt** yaourt (m)
**young** jeune
**youth** les jeunes (m pl), jeunesse (f)
**youth club** club/centre des jeunes (m), maison des jeunes (f)
**youth hostel** auberge de jeunesse (f)

**Z**

**zone (pedestrian)** zone (piétonne) (f)
**zoo** jardin zoologique (m), zoo (m)

## A

à (au, à la, à l', aux) in, at, to
d'  abord first, at first
absolument absolutely
un  accord agreement
d'  accord OK, agreed
l'  accueil (m) welcome
page d' ~ (f) home page
accueillant welcoming, friendly
accueillir to welcome, greet
des  achats (m pl) shopping
faire des ~ to go shopping
acheter to buy
actif/-ive active
admis admitted
un(e)  adolescent(e) teenager
s'  adonner à to devote oneself to
une  aérogare air terminal
un  aéroport airport
les  affaires (f pl) things, belongings
affectueusement yours affectionately
l'  Afrique (f) Africa
affreux/-euse terrible
l'  âge (m) age
âgé old
une  agence de publicité advertising agency
une  agence de voyages travel agency
un(e)  agent de police police officer
agité rough (sea)
agréable pleasant
agricole agricultural
aider to help
aimer to like
aîné older, oldest
ainsi que as well as
un  air appearance, look
à l'  aise relaxed, comfortable
ajouter to add
l'  alcool (m) alcohol
l'  Algérie (f) Algeria
l'  alimentation (f) food
les  aliments (m pl) foods
l'  Allemagne (f) Germany
allemand German
aller to go
~ chercher to fetch
un  aller simple single ticket
une  allergie allergy
allonger to stretch out
allumer to switch on; light
alors so
~ que whereas, while
les  Alpes (m pl) Alps
l'  ambiance (f) atmosphere
améliorer to improve
américain American
l'  Amérique du Sud (f) (South) America
un(e)  ami(e) friend
petit(e) ~ boy/girlfriend
amicalement kind regards, best wishes
amoureux/-euse (de) in love (with)
amusant entertaining
s'  amuser to enjoy oneself, have a good time
un  an year
j'ai … ans I'm … years old
ancien(ne) very old; former
anglais English
l'  Angleterre (f) England
un  animal (pl animaux) animal
un(e)  animateur/-trice presenter
animé lively
une  année year
un  anniversaire birthday
annuler to cancel
l'  Antarctique (f) Antarctic
un  appareil appliance
un  appareil (photo) camera
~ numérique digital camera
un  appartement flat, apartment
un  appel (d'urgence) (emergency) call
appeler to call
s'  appeler to be called
une  appendicite appendicitis
apporter to bring
apprécier to appreciate
apprendre to learn

après after
après-demain the day after tomorrow
un  après-midi afternoon
arabe Arabic
un  arbre tree
un tronc d' ~ tree trunk
un  arc bow
une  arche arch
un(e)  architecte architect
l'  Arctique (f) Arctic
l'  argent (m) money
~ de poche pocket money
s'  arranger to work itself out
ça m'arrange bien that suits me (fine)
un  arrêt d'autobus bus stop
arrêter to stop (sth); to arrest
s'  arrêter to stop
l'  arrivée (f) arrival
arriver to arrive
~ à to manage to
arroser to water
l'  art (m) art
un(e)  artiste artist
les  arts plastiques (m pl) arts and crafts
un  ascenseur lift
l'  Asie (f) Asia
l'  aspect (physique) (m) (physical) appearance
l'  aspirine (f) aspirin
s'  asseoir to sit down
assez quite
~ de enough
une  assiette plate
l'  astronomie (f) astronomy
un(e)  astronome astronomer
un  atelier studio
un(e)  athlète athlete
l'  athlétisme (m) athletics
atlantique Atlantic
une  attaque attack
attendre to wait (for)
dans l'  attente de looking forward to
l'  attention (f) attention
faire ~ à to watch out for, be careful of
une  attraction attraction
une  auberge de jeunesse youth hostel
augmenter to increase
aujourd'hui today
aussi also, as well
aussitôt straight away
l'  Australie (f) Australia
un  autobus bus
une  autoroute motorway
autre other
d'autre part on the other hand
autrefois formerly
il y  avait there was/were
à l'  avance in advance
avant before
avant-hier the day before yesterday
avec with
l'  avenir (m) future
une  averse shower (of rain)
aveugle blind
un  aviateur pilot
l'  aviation (f) aviation
un  avion plane
l'  aviron rowing
un  avis opinion
à mon ~ in my opinion
un  avocat lawyer
avoir to have

## B

le  badminton badminton
se  baigner to swim
baisser to lower, to go down
un  baladeur personal music player
une  baleine whale
une  balle ball
un  ballon ball
une  banane banana
une  bande dessinée cartoon strip
la  banlieue suburbs, outskirts
en ~ in the suburbs
une  banque bank

barbant boring, dull
bas(se) low
en  bas below, down
le  basket basketball
les  baskets (m/f pl) trainers
une  bataille battle
un  bateau boat
un  bâtiment building
un  bâton stick, pole
bavard talkative
bavarder to chat, to gossip
une  BD (bande dessinée) cartoon strip
beau/bel/belle beautiful
il fait ~ the weather is fine
beaucoup a lot of, many
un  beau-père stepfather, father-in-law
la  beauté beauty
belge Belgian
la  Belgique Belgium
une  belle-mère stepmother, mother-in-law
une  belle-sœur sister-in-law
un  berger shepherd
un  besoin need
avoir ~ de to need
une  bête animal
le  beurre butter
le  bi-centenaire bicentenary
une  bibliothèque library
bien fine, well
~ sûr of course
bientôt soon
à ~ see you soon
la  bière beer
un  bijou jewel
un  billet ticket, (bank) note
la  biologie biology
bizarre strange, odd
blanc/blanche white
blessé injured
un(e)  blessé(e) injured person
blesser to injure, to wound
bleu blue
le  bloc sanitaire showers/toilet block
boire to drink
le  bois wood
une  boisson drink
une  boîte tin, box
~ de conserves tin of food
~ de couleurs paintbox
un  bol bowl
bon(ne) good
de  bonne heure early
un  bonbon sweet
un  bonhomme de neige snowman
bonjour hello, good morning
un  bonnet (woollen) hat
au  bord de la mer the seaside
une  botte boot
la  bouche mouth
une ~ de métro metro entrance
un(e)  boucher/-ère butcher
une  boucherie butcher's
un  bouchon cork, stopper
une  boucle d'oreille earring
se  bouger to move
un(e)  boulanger/-ère baker
une  boulangerie baker's
la  boule ball; traditional bread dish from Chad
un  boulot job
je fais de petits ~s I do odd jobs
une  boum party
le  bout end
à l'autre ~ at the other end
une  bouteille bottle
un  bouton spot; button
un  bowling bowling alley
le  branchement électrique connection to electricity
le  bras arm
bref in short, briefly
la  Bretagne Brittany
breton(ne) Breton, from Brittany
le  Brésil Brazil
le  bricolage DIY
brillant bright
bronzer to get a suntan
une  brosse à dents toothbrush

se **brosser les dents** to clean one's teeth
le **brouillard** fog
un **bruit** noise
**brûler** to burn
la **brume** mist, fog
**brumeux/-euse** misty, foggy
**Bruxelles** Brussels
**brun** brown
une **bûche** log
un **buffet** snack bar
une **bulle** speech bubble
un **bulletin scolaire** school report
un **bureau** office
 ~ **d'accueil** reception office
 ~ **de poste** post office
un **bus** bus

**C**

**ça** that
une **cabane** hut, cabin
un **cabinet de toilette** washing area
 **avec** ~ with washing facilities
**cacher** to hide (sth)
se **cacher** to hide (self)
un **cadeau** gift, present
un **café** café; coffee
la **caféine** caffeine
un **cahier** jotter, exercise book
un **caillou** (pl **cailloux**) pebble
une **caisse** checkout; cashbox
un(e) **caissier/-ière** cashier
**calamiteux/-euse** calamitous
un(e) **camarade** friend
la **campagne** country, countryside
un **camping** campsite
 **faire du** ~ to go camping
le **Canada** Canada
**canadien(ne)** Canadian
une **cannette** can
la **canne à sucre** sugar cane
une **canne à pêche** fishing rod
une **cantine** canteen, dining hall
un **car** coach
un **caractère** character
les **Caraïbes** (f pl) the Caribbean
une **caravane** caravan
la **carie** (dental) caries, tooth decay
un **carnet** book of (metro) tickets; notebook
une **carotte** carrot
une **carrière** career
un **cartable** schoolbag
une **carte** card; menu; map
 ~ **d'adhérent** membership card
 ~ **de crédit** credit card
 ~ **postale** postcard
le **carton** cardboard
une **case** box (in diagram)
c'est **casse-pieds** it's boring
**casser** to break
une **casserole** saucepan
un **castor** beaver
une **catastrophe** disaster
une **cathédrale** cathedral
**c'est** it is
**c'est-à-dire** that is (to say)
**c'était** it was
**ce/cet/cette/ces** this, that, these, those
une **ceinture** belt
**célèbre** famous
**célébrer** to celebrate
**célibataire** single, unmarried
le **centenaire** centenary
le **centre** centre
 ~ **commercial** shopping centre
 ~ **sportif** sports centre
le **centre-ville** town centre
**cependant** however
un **cercle** circle
une **cerise** cherry
les **céréales** (f pl) cereals
**cesser** to stop, to cease
**ceux** those
une **chaise** chair
la **chaleur** heat
une **chambre** bedroom
 ~ **à deux lits** twin-bedded room
 ~ **d'hôte** bed and breakfast
un **champ** field

un(e) **champion(ne)** champion
un **championnat** championship
la **chance** luck
 **avoir de la** ~ to be lucky
un **changement** change
une **chanson** song
**chanter** to sing
un(e) **chanteur/-euse** singer
**chaque** each, every
un(e) **charcutier/-ière** pork butcher
une **charcuterie** pork butcher's, delicatessen
un **chat** cat
**châtain** chestnut (brown)
un **château** castle
**chaud** warm, hot
 **j'ai** ~ I'm hot
 **il fait** ~ it's hot
le **chauffage central** central heating
**chauffé** heated
un(e) **chauffeur/-euse (de taxi)** (taxi) driver
une **chaussure** shoe
 **les** ~**s de marche** walking shoes
un **chelem** slam
 **le Grand Chelem** Grand Slam
un **chemin** path
**cher/chère** dear, expensive
**chercher** to look for
un **cheval** (pl **chevaux**) horse
les **cheveux** (m pl) hair
une **cheville** ankle
une **chèvre** goat
**chez** at, to (someone's house)
**chic** smart
un **chien** dog
un **chiffre** number
le **Chili** Chile
la **chimie** chemistry
la **Chine** China
**chinois(e)** Chinese
des **chips** (m pl) crisps
le **chocolat** chocolate
**choisir** to choose
un **choix** choice
le **chômage** unemployment
une **chorale** choir
une **chose** thing
un **chou** cabbage
**chouette** great
le **chou-fleur** cauliflower
un(e) **chrétien(ne)** Christian
une **chute de neige** snowfall
**ci-dessous** below
un **cimetière** cemetery
en **cinquième** in the second year of high school
un **cintre** coat hanger
les **circonstances** (f pl) circumstances
la **circulation** traffic
la **cire** wax
des **ciseaux** (m pl) scissors
une **cité** city; large town; housing estate
un **citron** lemon
**civique** civic
**clair** clear, light
un **clavier** keyboard
une **clé/clef** key
un(e) **client(e)** customer
**climatisé** air-conditioned
**cliquer (sur)** to click (on)
un **cobaye** guinea pig
un **coca** Coca-Cola
un **cochon** pig
 ~ **d'Inde** guinea pig
une **cocotte** casserole dish, pot
le **cœur** heart
 **au** ~ **de** at the heart of
un **coffre-fort** safe deposit box
un(e) **coiffeur/-euse** hairdresser
un **coin** corner
un **collège** secondary school (11–15 years)
un(e) **collègue** colleague
une **colline** hill
une **colonie** colony
**coloré** coloured
**combien?** how much?
un(e) **comédien(ne)** actor (actress)
**commander** to order
aux **commandes de** at the controls of

**comme** as, for
**commencer** to begin
le **commerce** trade, business
un **commissariat de police** police station
un **compagnon** companion
**complet/complète** full
**complètement** completely
un **complexe sportif** sports centre
**compliqué** complicated
**comprendre** to understand
**compris** included
un **comptable** accountant
**compter** to count
un **comptoir** counter
un **comte** count
un **concombre** cucumber
un **concours** competition
un(e) **concurrent(e)** competitor
**conduire** to drive
le **confort** comfort
**confortable** comfortable
un **congélateur** freezer
**connaître** to know (a person or place)
se **connecter** to log on
**connu** well known
un **conseil** piece of advice
**conseiller** to advise
**conserver** to keep, to save
**construire** to build
un **conte de fées** fairy tale
un **conteneur** container
**contenir** to contain
**content** happy, pleased
le **contraire** the opposite
**contre** against
 **par** ~ on the other hand
un **contrôle** test
un **contrôleur** ticket inspector
un(e) **copain/copine** friend
**coranique** Koranic
un **corps** body
une **correspondance** change (of train), connection
un(e) **correspondant(e)** penfriend
la **Corse** Corsica
la **côte** coast
un **côté** side
 **à** ~ **de** next to
 **d'un** ~ on one hand
 **de l'autre** ~ on the other hand
le **coton** cotton wool; cotton
le **cou** neck
la **couche d'ozone** the ozone layer
se **coucher** to go to bed
un **coude** elbow
une **couleur** colour
un **coup** hit, blow
 ~ **de main** help, hand
 **donner un** ~ **de main** to help out
 ~ **de soleil** sunstroke
 **tout à** ~ suddenly
une **cour** school yard, grounds
**courir** to run
un **cours** lesson, class, course
 ~ **particulier** private lesson
une **course** race
faire des **courses** to go shopping
**court** short
un(e) **cousin(e)** cousin
un **couteau** knife
**coûter** to cost
la **couture** sewing
un **couvercle** lid
**couvert (de)** covered (with), overcast, cloudy (weather)
une **couverture** blanket
une **crèche** crib
**créer** to create
une **crème** cream
 ~ **solaire** suntan cream
une **crêpe** pancake
une **crêperie** pancake restaurant
les **crevettes** (f pl) prawns, shrimps
**crier** to shout
un **cristal** crystal
**croire** to think, to believe
une **croisée** crossing
une **cuillère** spoon

la **cuisine** kitchen; cooking
   **faire la ~** to do the cooking
un(e) **cuisinier/-ière** cook
une **cuisse** thigh
   **cultiver** to cultivate, to grow
la **culture** farming, growing
   **curieux/-euse** curious
le **cyclisme** cycling
un(e) **cycliste** cyclist

**D**

   **dangereux/-euse** dangerous
   **dans** in
la **danse** dance
   **danser**
un **dauphin** dolphin
   **de** of, from
   **débarrasser** to clear away
   **~ la table** to clear the table
se **débarrasser de** to get rid of
se **débrouiller** to cope, to manage
le **début** beginning
   **décevant** disappointing
   **décharger** to discharge
les **déchets** (m pl) rubbish
   **déchiffrer** to decipher, to decode
le **déchiffrement** decoding, deciphering
   **déconnecter** to disconnect, to log off
le **décor** decoration
   **découragé** dispirited, discouraged
   **découvrir** to discover
   **décrire** to describe
   **déçu** disappointed
une **défense** tusk (of an elephant)
un **défi** challenge
un **déguisement** disguise; costume, fancy dress
   **dehors** outside
   **en ~ de** outside (of), apart from
   **déjà** already
le **déjeuner** lunch
   **petit ~** breakfast
   **déjeuner** to have lunch
   **délicieux/-euse** delicious
   **demain** tomorrow
   **déménager** to move house
   **demi** half
un **demi-frère** half-brother; stepbrother
une **demi-heure** half an hour
une **demi-journée** half-day
un(e) **demi-pensionnaire** pupil who has lunch at school
une **demi-sœur** half-sister; stepsister
une **dent** tooth
   **dentaire** dental
le **dentifrice** toothpaste
un(e) **dentiste** dentist
un **département** administrative area of France (like a county); department
se **dépêcher** to hurry
ça **dépend (de)** it depends (on)
   **dépenser** to spend (money)
un **dépliant** leaflet
   **depuis** since, for
   **déranger** to disturb
un(e) **dermatologue** skin specialist
   **dernier/-ière** latest, last
   **derrière** behind
   **dès que** as soon as
   **descendre** to go down
une **descente** descent
un **désert** desert
   **désolé** sorry
un **dessin animé** cartoon
un(e) **dessinateur/-trice** illustrator
   **dessiner** to draw
au- **dessous de** below
   **dessus** on it
au- **dessus de** above
se **détendre** to relax
   **détester** to hate
   **détruire** to destroy
   **deuxième** second
   **devant** in front of
   **devenir** to become
   **deviner** to guess
une **devise** motto

   **devoir** to have to, 'must'
les **devoirs** (m pl) homework
   **difficile** difficult
   **dimanche** Sunday
le **dîner** dinner
   **dire** to say
   **diriger** to direct someone to
   **discuter** to discuss
   **disparaître** to disappear
la **disparition** disappearance
se **disputer** to argue
   **distribuer** to give out, to deliver
   **divers** varied, different
   **diviser** to divide
un **docteur** doctor
un **doigt** finger
un **doigt de pied** toe
un **dôme** dome
   **donner** to give
   **dont** of whom
   **dormir** to sleep
un **dortoir** dormitory
le **dos** back
un **dossier** file
   **doucement** quietly, gently
une **douche** shower
se **doucher** to have a shower
   **doux/douce** gentle; quiet
un **drap** sheet
le **drapeau** flag
   **droit** right
le **droit** law
à **droite** on the right
   **drôle** funny
   **drôlement** strangely
   **dur** hard
   **durer** to last

**E**

l' **eau** (f) water
   **~ (non-) potable** (non-)drinking water
   **~ minérale** mineral water
   **écarté** remote, isolated
en **échange de** in exchange for
s' **échapper** to escape
les **échecs** (m pl) chess
une **éclaircie** sunny period
   **éclairé** illuminated
s' **éclairer** to light up
une **école** school
   **~ maternelle** nursery school
   **~ primaire** primary school
   **~ publique** state school
   **~ privée** private school
   **~ secondaire** secondary school
l' **écologie** (f) ecology
   **économe** thrifty, careful with money
   **écossais(e)** Scottish
l' **Écosse** (f) Scotland
   **écouter** to listen to
les **écouteurs** (m pl) headphones
un **écran** screen
   **écrire** to write
   **comment ça s'écrit** how is that spelt
l' **écriture** (f) writing
   **Édimbourg** Edinburgh
   **éducatif/-ive** educational
l' **éducation physique et sportive (EPS)** (f) physical education
un **effet** effect
   **en ~** in fact
   **l'~ de serre** greenhouse effect
   **les effets spéciaux** special effects
   **efficace** effective, efficient
   **égoïste** selfish
une **église** church
les **égouts** (m pl) sewers
un(e) **électricien(ne)** electrician
l' **électricité** (f) electricity
l' **électroménager** (m) household appliances
un **éléphant** elephant
un(e) **élève** pupil
une **émission** broadcast
   **emménager** to move in (house)
   **emmener** to take

   **émouvant** moving, touching
   **empêcher** to prevent
un **emplacement** place (on a campsite)
un **emploi** job
   **~ du temps** timetable
un(e) **employé(e)** employee
   **~ de bureau** office worker
   **empoisonner** to poison
   **emporter** to take (away)
   **en** in; of it/them
   **encore** again; more; another
   **endommagé** damaged
s' **endormir** to go to sleep
un **endroit** place
   **énerver** to annoy
   **ça m'énerve** it really gets on my nerves
s' **énerver** to get excited, to get worked up
l' **enfance** (f) childhood
un(e) **enfant** child
   **enfin** at last, finally
   **enlever** to take off
s' **ennuyer** to be bored
   **ennuyeux/-euse** boring
   **énormément** greatly
une **enquête** inquiry; investigation, survey
   **enseigner** to teach
   **ensemble** together
   **ensoleillé** sunny
   **ensuite** next
s' **entendre (avec)** to get on (with)
   **entier/-ière** entire, whole
   **entouré de** surrounded by
un **entracte** interval
s' **entraider** to help one another
l' **entraînement** (m) training
s' **entraîner** to train
un(e) **entraîneur/-euse** trainer, coach
   **entre** between
une **entrée** (f) entrance; entry fee
une **entreprise** company, business
   **entrer (dans)** to go in
à l' **envers** upside down
avoir **envie de** to wish, to want
   **environ** about, around
l' **environnement** (m) environment
   **envoyer** to send
une **épaule** shoulder
   **épicé** spicy
une **épicerie** grocer's
une **époque** time, period
l' **EPS (éducation physique et sportive)** (f) PE
   **épouvantable** dreadful
   **épuisé** exhausted
l' **équateur** (m) equator
l' **équilibre** (m) balance
   **équilibré** balanced
une **équipe** team
   **équipé** equipped
l' **équitation** (f) horse riding
   **faire de l' ~** to go horse riding
l' **érable** maple
   **le sirop d' ~** maple syrup
une **erreur** mistake
l' **escalade** (f) climbing
un **escalier** staircase
des **escargots** (m pl) snails
l' **escrime** (f) fencing
l' **espace** (f) space
l' **Espagne** (f) Spain
   **espagnol(e)** Spanish
une **espèce** species
   **espérer** to hope
l' **esprit** (m) mind, attitude
   **~ d'équipe** team spirit
   **essayer** to try
l' **est** (m) east
à l' **est (de)** (to the) east (of)
l' **estomac** (m) stomach
   **et** and
un **étage** storey
un **étalage** stall, display
un **état** state, condition
les **États-Unis** (m pl) United States
l' **été** (m) summer
   **éteindre** to turn out/off
   **étendu** spread out, extensive

# Français–anglais


une **étoile** star
**étonnant** amazing
**étonné** astonished
**étonner** to surprise
**étrange** strange
à l' **étranger** abroad
**être** to be
les **études** (f pl) studies
**faire des ~ de ...** to study ...
**étudier** to study
un **euro** euro
l' **Europe** (f) Europe
un(e) **Européen(ne)** European
un **événement** event
**éviter** to avoid
une **expérience** experience
**~ scientifique** scientific experiment
**expliquer** to explain
un(e) **explorateur/-trice** explorer
une **exposition** exhibition
**exprès** on purpose
s' **exprimer** to express oneself
un **extrait** extract

**F**

**face à face** face to face
en **face de** opposite
se **fâcher** to get angry
**facile** easy
**facilement** easily
les **facilités** (f pl) facilities, equipment
un(e) **facteur/-trice** postal worker
**facultatif/-ive** optional
la **faim** hunger
**j'ai ~** I'm hungry
**faire** to do; to make
une **famille** family
**~ nombreuse** large family
**toute la ~** the whole family
**fana de** mad about
**fantaisie** novelty
**fantôme** ghost
un **fast-food** fast-food restaurant
**fatigant** tiring
**fatigué** tired
il **faut** you need; it is necessary
une **faute** fault
un **fauteuil** armchair
**faux/fausse** false
**favori(te)** favourite
une **fée** fairy
**un conte de fées** fairy tale
**féerique** fairylike
une **femme** woman; wife
une **fenêtre** window
le **fer** iron
**un ~ à lisser** hair straighteners
une **ferme** farm
**fermé** closed
**fermer** to close; to turn off
**~ à clé/clef** to lock
la **fermeture** closing
**~ annuelle: janvier** closed for the holidays in January
un(e) **fermier/-ière** farmer
**fêter** to celebrate
un **feu** fire
**~ d'artifice** firework display
une **feuille** leaf; sheet of paper; page
un **feuilleton** soap (TV)
les **fibres** (m pl) fibre (dietary)
un **fichier** file (computer)
**fidèle** faithful
la **fièvre** fever
**avoir de la ~** to have a (high) temperature
une **fille** girl; daughter
un **film** film
un **fils** son
la **fin** end
**finalement** finally
**finir** to finish
la **Finlande** Finland
une **fleur** flower
un **fleuve** river flowing into the sea
une **fois** time
**la première ~** the first time
le **fond** bottom, back


**au ~** basically
le **foot(ball)** football
un **footballeur** footballer
une **forêt** forest
un **forfait** package, all-inclusive price
la **formation** training
la **forme** fitness, shape
**en ~** fit
un **formulaire** form
**fort** strong, well-built
**je suis ~ en ...** I'm good at ...
un **forum** forum, discussion group
**fou/folle** mad
un **four** oven
**~ à micro-ondes** microwave (oven)
une **fourchette** fork
les **frais** (m) costs
**frais (fraîche)** fresh
**français** French
la **France** France
**francophone** French-speaking
**frapper** to knock
un **frère** brother
un **frigo** fridge
un **frigidaire** refrigerator
les **fringues** (f pl) clothes (slang)
**frisé** curly
un **frisson** shiver
les **frites** (f pl) chips
**froid** cold
**j'ai ~** I'm cold
**il fait ~** it's cold
le **fromage** cheese
une **frontière** border, frontier
**fumer** to smoke
un **funiculaire** funicular (railway)
le **fuseau horaire** time zone
le **futur** future

**G**

**gagner** to win
une **galerie** gallery
**Galles, le pays de ~** Wales
un **garage** garage
**garanti** guaranteed
un **garçon** boy
**garder** to look after, to keep
un **gardien** warden
une **gare** station
**~ routière** bus station
un **gâteau** cake
à **gauche** on the left
le **gaz** gas
**gazeux/-euse** fizzy, gassy
**géant** huge
un **gendarme** armed policeman
en **général** generally, usually
**généralement** normally
**généreux/-euse** generous
**génial** brilliant
le **genou** knee
un **genre** kind, type
les **gens** (m pl) people
**gentil(le)** nice, kind
**gentiment** kindly
la **géographie** geography
une **gerbille** gerbil
un **gîte** holiday home
la **glace** ice; ice cream; mirror
**glisser** to slip, to slide
les **glucides** (m pl) carbohydrates
le **golf** golf
la **gorge** throat
un **goût** taste
un **gouvernement** government
**grand** large; tall; great
un **grand huit** roller-coaster
**grandir** to grow, to grow up
une **grand-mère** grandmother
un **grand-parent** grandparent
un **grand-père** grandfather
**gras(se)** fat, fatty
**gratuitement** free of charge
**grave** serious
une **gravure** engraving
la **Grèce** Greece
**grec/grecque** Greek
une **grève** strike


**grignoter** to nibble, to snack
**gris** grey
**gros(se)** big
une **grotte** cave
la **Guadeloupe** Guadeloupe
la **Guyane** Guyana
une **guerre** war
**la Deuxième Guerre mondiale** the Second World War
une **guirlande** garland
une **guitare** guitar
un **gymnase** gym(nasium)
la **gymnastique** gymnastics

**H**

s' **habiller** to get dressed
un **habitant** inhabitant
**habiter** to live (in)
une **habitude** habit, custom
**d' ~** normally
s' **habituer** to get used to
l' **haltérophilie** (f) weightlifting
un **hamburger** hamburger
un **hamster** hamster
le **handball** handball
**handicapé** handicapped, disabled
les **haricots (verts)** (m pl) (green) beans
**haut** high
**en ~** up, at the top
un **haut** top (clothing)
la **hauteur** height
l' **hébreu** Hebrew
un **hélicoptère** helicopter
un **héros** hero
**hésiter** to hesitate
l' **heure** (f) hour; the time
**de bonne ~** early
**heureux/-euse** happy
**hier** yesterday
l' **hindi** Hindi (language)
une **histoire** story
l' **histoire** (f) history
l' **hiver** (m) winter
le **hockey** hockey
**hollandais** Dutch
un **homme** man
un **hôpital** hospital
l' **horaire** (m) timetable
des **horaires** (m pl) (working) hours
les **horaires d'ouverture** (m pl) opening hours
l' **horreur** (f) horror
**j'ai ~ de** I hate
un **hot-dog** hot dog
un **hôtel** hotel
une **hôtesse de l'air** air hostess
l' **huile** (f) oil
**~ d'olive** olive oil
l' **humour** (f) humour
**le sens de l' ~** sense of humour
**humide** humid

**I**

**ici** here
d' **ici** from now, from here
une **idée** idea
**idiot** stupid
**il y a** there is, there are
une **île** island
une **image** picture
**immédiatement** immediately
un **immeuble** block of flats
l' **imparfait** (m) imperfect tense
avec **impatience** impatiently
un **imper(méable)** raincoat
n' **importe où** anywhere
**impressionnant** impressive
une **imprimante** printer
**inclus** included
**inconnu** unknown
un **inconvénient** disadvantage
**incroyable** unbelievable
**indéfiniment** indefinitely
**indiquer** to show, to indicate
**indispensable** necessary
**indisponible** unavailable
un **individu** individual
**individuel(le)** individual

# Glossaire

## Français–anglais

individuellement individually
une industrie industry
industriel(le) industrial
un(e) infirmier/-ière nurse
une influence influence
l' informatique (f) computer studies, ICT
les initiales (f pl) initials
une inondation flood
inoubliable unforgettable
inquiet/inquiète worried, anxious
s' inquiéter to worry, to be anxious
s' inscrire à to enrol in, to sign up for
insonorisé soundproofed
un inspecteur (de police) (police) inspector
s' installer to settle
un(e) instituteur/-trice primary school teacher
l' instruction civique (f) citizenship
l' instruction religieuse (f) religious education
insupportable unbearable
j'ai l' intention de I intend to
interactif/-ive interactive
interdire to forbid
intéressant interesting
s' intéresser à to be interested in
l' intérêt (m) interest
à l' intérieur (m) inside
un internat boarding school
(sur) Internet (on the) internet
une interview interview
inutile useless
un inventaire inventory
un inventeur inventor
inverser to reverse
irlandais Irish
l' Irlande (f) Ireland
l' Italie (f) Italy
italien(ne) Italian
l' ivoire (m) ivory

### J

jamais never; ever
la jambe leg
le jambon ham
le Japon Japan
japonais Japanese
un jardin garden
le jardinage gardening
jaune yellow
un jean pair of jeans
un jet jet, gush
~ d'eau fountain
jeter to throw
un jeton counter; token
un jeu game
~ vidéo video game
~ de société board game
jeudi Thursday
jeune young
les Jeux Olympiques (JO) Olympic Games
un job job
un jogging tracksuit
le jogging jogging
faire du ~ to go jogging
joli pretty
jouer to play
un(e) joueur/-euse player
un jour day
~ férié public holiday
un journal (pl journaux) newspaper, journal
le journalisme journalism
un(e) journaliste journalist
une journée day
le judo judo
les jumeaux/jumelles twins
les jumelles (f pl) binoculars
une jupe skirt

### K

le karaté karate
un kilomètre kilometre
un kiosque kiosk

### L

là(-bas) (over) there
par ~ that way

un laboratoire laboratory
~ de langues language lab(oratory)
un labyrinthe maze
un lac lake
un lagon lagoon
laisser to leave
~ tomber to drop
le lait milk
laitier/-ière milk, dairy
une lampe (de poche) torch
une langue language
~ maternelle native language
~ vivante modern language
un lapin rabbit
le latin Latin
un lavabo washbasin
laver to wash
se laver to get washed
un lave-vaisselle dishwasher
le lèche-vitrine window shopping
une leçon lesson
un lecteur DVD DVD player
la lecture reading
la légende legend; key (to diagram)
léger/-ère light
un légume vegetable
lent slow
lentement slowly
les lentilles (f pl) (contact) lenses
une lettre letter
leur(s) their; to them
lever to raise
se lever to get up
une lèvre lip
la liberté freedom
libre free
un lien bond, link
lier to bind, to link
un lieu place
avoir lieu to take place
un lièvre hare
en ligne online
une limite limit
~ d'âge age limit
la limonade lemonade
lire to read
une liste list
un lit bed
un grand ~ double bed
un livre book
un(e) locataire tenant
le logement accommodation
loger to stay
loin (de) far (from)
lointain distant, far away
les loisirs (m pl) leisure
Londres London
long(ue) long
la loterie lottery
louer to hire
un loup wolf
la lumière light
lundi Monday
des lunettes (f pl) glasses
la lutte wrestling
un lycée senior school (15+)

### M

mâcher to chew
un machin thing(ummy)
une machine à laver washing machine
un magasin shop
grand ~ department store
magique magic
un magazine magazine
magnifique splendid
maigrir to lose weight
un maillot top, vest
~ de bain swimming costume
la main hand
maintenant now
mais but
le maïs maize
une maison house
à la ~ at home
un maître master
une majorité majority

mal badly
avoir ~ to have a pain
j'ai mal au/à la/à l'/aux … I have a sore …
pas mal not bad
malade ill
un(e) malade ill person, patient
une maladie disease
malgré in spite of
malheureusement unfortunately
la Manche English Channel
le mandarin Mandarin Chinese (language)
manger to eat
une manifestation event, demonstration
manquer to miss, to be missing
un manteau coat
une maquette model, sketch
un(e) maquilleur/-euse make-up artist
un marché market
marcher to work (machine); to walk
mardi Tuesday
la marée tide
~ noire oil slick
la margarine margarine
une marge margin
un mari husband
un mariage wedding
se marier to get married
la marine navy
le Maroc Morocco
une marque brand name
marrant funny
marron brown
la Martinique Martinique
masqué masked
les math(ématiques) (f pl) math(ematics)
une matière school subject; material
les matières grasses (f pl) fat, fat content
un matin morning
une matinée morning
mauvais bad
il fait ~ the weather is bad
la mayonnaise mayonnaise
un(e) mécanicien(ne) mechanic
une médaille medal
un médecin doctor
la médecine medicine
un médicament medication, drugs
une méduse jellyfish
meilleur better, best
un(e) membre member
même same
une mémoire memory
menacer to threaten
le menton chin
un menu menu
la mer sea
mercredi Wednesday
une mère mother
la méridienne meridian line
merveilleux/-euse marvellous
un message message
le métal metal
la météo weather forecast
météorologique weather, meteorological
une méthode method
un métier career, trade
le métro the underground system, metro
mettre to put
~ à côté to put aside
se ~ à to start to
meublé furnished
le Mexique Mexico
le Midi South of France
mieux better, best
au milieu de in the middle of
un millier thousand
mince slim, thin
les minéraux (m pl) minerals
minuit midnight
une minute minute
une mise en scène production (of a play, etc.)
mixte mixed
moche ugly, awful
la mode fashion
le mode de vie way of life

**modéré** moderate
**modérément** in moderation
**moderne** modern
un **moineau** sparrow
**moins** less, minus
**au ~** at least
**moins cher/chère** cheaper
un **mois** month
la **moitié** half
un **moment** moment
**en ce ~** just now, at the moment
le **monde** world
**mondial** of the world
la **monnaie** small change
une **montagne** mountain
**monter** to go up
une **montgolfière** hot-air balloon
**montrer** to show
un **monument** sight, monument
se **moquer de** to make fun of
le **moral** morale
**ça me donne le ~** it cheers me up
**je n'ai pas le ~** I'm feeling down
un **morceau** piece
**mort** dead
la **mort** death
une **mosquée** mosque
un **mot** word
un **moteur de recherche** search engine
une **motoneige** snowmobile
**mourir** to die
un **mouvement** movement
un **moyen** means
**moyen** average
en **moyenne** on average
le **Moyen Âge** Middle Ages
le **Moyen Orient** Middle East
un **mur** wall
un **musée** museum
un(e) **musicien(ne)** musician
la **musique** music
**~ classique** classical music
**musulman** Muslim
**mystérieux/-euse** mysterious

**N**

la **nage dos** backstroke
la **nage libre** freestyle swimming
la **naissance** birth
**naître** to be born
une **nappe** tablecloth
la **natation** swimming
la **nature** nature
**naturel(le)** natural
**naufragé** shipwrecked
**nautique** nautical, water
une **navette** shuttle bus
**ne … jamais** never
**ne … pas** not
**ne … personne** no one, nobody
**ne … plus de** no more, none left
**ne … rien** nothing
il **neige** it's snowing
la **neige** snow
**neiger** to snow
**neigeux/-euse** snowy
**n'est-ce pas?** isn't that so?, don't you think?
**nettoyer** to clean
**neuf/neuve** (brand) new
le **nez** nose
**nocturne** nocturnal
**Noël** Christmas
**noir** black
un **nom** name
un **nombre** number
**nombreux/-euse** numerous
**non** no
le **nord** north
le **nord-est** north-east
**normalement** normally
la **Norvège** Norway
**norvégien(ne)** Norwegian
une **note** mark
se **nourrir (de)** to eat
la **nourriture** food
**nouveau/nouvel/nouvelle** new
un **nuage** cloud

**nuageux/-euse** cloudy
une **nuit** night
**la ~** at night
**nul(le)** hopeless, no good
**je suis ~ en …** I'm no good at …
**numérique** digital
un **numéro** number
un **nymphéa** water lily

**O**

un **objectif** objective
**obligatoire** obligatory
**obligé de** obliged to, have to
un **observatoire** observatory
s' **occuper de** to be busy with
un **océan** ocean
une **odeur** smell
un **œil** (pl **yeux**) eye
un **œuf** egg
une **œuvre (d'art)** work (of art)
l' **office de tourisme** (m) tourist office
un **oiseau** bird
un **oncle** uncle
l' **or** (m) gold
un **orage** storm
**orageux/-euse** stormy, thundery
une **orange** orange
une **orangeade** orange drink
un **orchestre** orchestra, band
un **ordinateur** computer
un **organisme** organisation
**~ humanitaire** charity
l' **oreille** (f) ear
**originaire de** (originally) from
d' **origine** (originally) from
**ou** or
**où?** where?
**oublier** to forget
l' **ouest** (m) west
**oui** yes
un **ouragan** hurricane
un **ours** bear
un **outil** tool
d' **outre-mer** overseas
**ouvert** open
l' **ouverture** (f) opening
**les heures d' ~** (f pl) opening hours
**les horaires d' ~** (m pl) opening hours
un **ouvre-boîte** tin opener
**ouvrir** to open
l' **oxygène** (m) oxygen

**P**

le **Pacifique** Pacific
c'est la **pagaille** it's a shambles
le **pain** bread, loaf
**~ au chocolat** chocolate-filled bread roll
une **paire** pair
un **palais** palace
**pâlir** to go pale
un **panda** panda
un **panier** basket
en **panne** out of order, broken down
un **panneau** sign
un **pantalon** pair of trousers
le **papier** paper
un **papillon** butterfly
**Pâques** Easter
un **paquet** packet, parcel
**par** by
**~ contre** on the other hand
**~ exemple** for example
**~ là** that way
un **parachute** parachute
**parallèle** parallel
le **parapente** paragliding
**faire du ~** to go paragliding
un **parc** park
**~ d'attractions** theme park
**parce que** because
**pareil(le)** the same
un **parent** parent; relation
**paresseux/-euse** lazy
**parfait** perfect
**parfois** sometimes

**parisien(ne)** Parisian
un **parking** car park
**parler** to talk, to speak
**parmi** amongst
une **part** part
**d'autre ~** on the other hand
**partager** to share
un(e) **partenaire** partner
**participer (à)** to take part (in)
une **partie** part
à **partir de** starting from
**partir** to leave
**pas** not
un **passage** crossing
un **passager** passenger
le **passé** past
**passer** to spend (time)
un **passe-temps** hobby, pastime
une **passion** passion
**passionnant** exciting
**passionné (par)** really interested (in)
une **pastille** pastille, lozenge
une **patate douce** sweet potato
le **pâté** meat paste, pâté
les **pâtes** (f pl) pasta
le **patinage (sur glace)** (ice) skating
**~ à roulettes** roller skating
une **patinoire** skating rink
une **paume** palm
la **pause(-déjeuner)** (lunch) break
**pauvre** poor
un **pavillon** house, pavilion
**payant** with payment
**payer** to pay (for)
un **pays** country
les **Pays-Bas** (m pl) the Netherlands, Holland
le **pays de Galles** Wales
un **paysage** landscape, scenery
la **peau** skin
une **pêche** peach
**pêcher** to fish
un **pêcheur** fisherman
un **peintre** painter
la **peinture** painting
une **pelouse** lawn
une **peluche** soft toy
une **pelure** peel, piece of peel
**pendant** during
**pénible** tiresome
**penser** to think
une **pente** slope
**perdre** to lose
un **père** father
**permettre** to allow
un **perroquet** parrot
un **personnage** character
la **personnalité** personality
ne … **personne** no one, nobody
une **personne** person
**peser** to weigh
le **petit déjeuner** breakfast
un(e) **petit** small, little
un(e) **petit(e) ami(e)** boy/girlfriend
les **petits-enfants** (m pl) grandchildren
les **petits pois** (m pl) peas
le **pétrole** oil
un **peu** a little, rather
**peut-être** perhaps
une **pharmacie** chemist's
un(e) **pharmacien(ne)** chemist
un **phoque** seal
une **photo** photo
un(e) **photographe** photographer
la **physique** physics
**physique** physical
**physiquement** physically
un **piano** piano
un **pichet** jug, carafe
une **pièce** piece; room; play; coin
un **pied** foot
**à ~** on foot
la **pierre** stone
une **pile** battery
**pile ou face** heads or tails
un(e) **pilote** pilot
un **pique-nique** picnic
une **piqûre d'insecte** insect bite

# Français–anglais

une **piscine** swimming pool
une **piste** track, ski run
   ~ **cyclable** cycle track
un **pistolet** pistol, gun
une **pizza** pizza
une **place** seat; square
   **sur** ~ there
un **placement** work placement
un **plafond** ceiling
une **plage** beach
le **plaisir** pleasure
   **ça me fait** ~ I enjoy it
un **plan** map
une **planche** board
   ~ **de surf** surfboard
la **planche à voile** windsurfing
une **planète** planet
une **plante** plant
le **plastique** plastic
   **plat** flat
un **plat** dish
une **platine-laser** CD player
   **plein** full
   **en** ~ **air** in the open air
   **en** ~ **centre** right in the middle
   **pleuvoir** to rain
   **plier** to fold
un **plombage** filling
   **plomber** to fill (a tooth)
un **plombier** plumber
la **plongée** diving
   **plonger** to dive
la **pluie** rain
la **plupart** most
   **la** ~ **du temps** most of the time
   **pour la** ~ mostly, for the most part
ne **plus** no longer
   **plusieurs** several
   **plutôt** rather
   **pluvieux** rainy
une **poche** pocket
un **poêle** stove
une **poêle** frying pan
un **poème** poem
un **poignet** wrist
le **point de départ** starting point
une **poire** pear
un **poisson** fish
   ~ **rouge** goldfish
   **polluer** to pollute
la **Pologne** Poland
la **police** police
la **Polynésie** Polynesia
une **pomme** apple
une **pomme de terre** potato
des **pommes frites** (f pl) chips
un **pompier** fireman
un **pont** bridge
   **populaire** popular
une **population** population
le **porc** pork
un **port** port
un **portable** mobile phone, laptop
une **porte** door
un **porte-clefs** key ring
un **porte-monnaie** purse
à la **portée** within reach
un **portefeuille** wallet
   **porter** to wear; to carry
un **portrait-robot** Photofit picture
   **poser une question** to ask a question
la **poste** post-office
   **par la** ~ by post
l'eau **potable** (f) drinking water
la **poterie** pottery
une **poubelle** dustbin
un **pouce** thumb
le **poulet** chicken
   **pour** for
un **pourcentage** percentage
   **pourquoi?** why?
   **pourpre** purple
   **pourtant** however
   **pouvoir** to be able; can
une **praline** (filled) chocolate
   **pratique** practical
   **pratiquer** to practise
   **préférer** to prefer

   **premier/-ière** first
   **prendre** to take
   ~ **un bain** to have a bath
un **prénom** Christian/first name
   **préparatoire** preparatory
   **près de** near
le **présent** present
   **à** ~ just now, at present
se **présenter** to introduce oneself
   **presque** nearly, almost
   **pressé** in a hurry
   **prêt** ready
   **prêter** to lend
les **prévisions météorologiques** (f pl)
   weather forecast
   **prévoir** to predict, to forecast
une **prime** bonus
une **princesse** princess
   **principal** (m pl **principaux**) main
une **principauté** principality
le **printemps** spring
une **prise d'électricité** electric socket
une **prison** prison
   **privé** private
le **prix** price
un **problème** problem
   **prochain** next
   **proche** near
se **produire** to take place
un **produit** product
   **produits laitiers** (m pl) dairy products
un **professeur** teacher
une **profession** profession
   **professionnel(le)** professional
   **profiter de** to take advantage of
   **profond** deep
un **programmeur** programmer
le **progrès** progress
   **faire des** ~ to make progress
un **projet** project
une **promenade** a walk; trip
   **faire une** ~ to go for a walk
se **promener** to go for a walk
la **prononciation** pronunciation
à **propos de** about
   **proposer** to suggest
   **propre** own
un(e) **propriétaire** owner
une **propriété** property
se **protéger** to protect oneself
la **protéine** protein
une **province** province
   **provoquer** to cause
avec **prudence** carefully
un **pseudo(nyme)** pseudonym,
   nickname, assumed name
la **psychologie** psychology
la **publicité** advertising
   **public/-que** public
   **puis** then
   **puissant** powerful
un **pull** pullover, jumper
les **Pyrénées** (f pl) Pyrenees

## Q

   **quand** when
   **quand même** all the same
un **quart** quarter
   **... heure(s) moins le** ~ quarter
   to ...
un **quartier** quarter, part (of a town)
en **quatrième** in the third year of high
   school/Year 9
   **que** than; as; what?
   **quel(le)** which, what
   **quelque chose** something
   **quelquefois** sometimes
   **quelqu'un** someone
une **question** question
une **queue** tail; queue
   **faire la** ~ to queue
   **qui** who, which
une **quiche** quiche
   **quinze jours** a fortnight
   **quitter** to leave

## R

   **raconter** to talk about

une **radio** radio
   **à la** ~ on the radio
le **rafting** white-water rafting
la **rage** rabies
   **raide** steep; stiff; straight
les **raisins** (m pl) grapes
une **raison** reason
une **randonnée** hike, long walk
un **randonneur** hiker
   **ranger** to tidy up
   **rapide** quick, fast
   **rapidement** quickly
une **raquette de tennis** tennis racquet
   **rarement** rarely
un **rassemblement** gathering
la **RATP (Régie Autonome des**
   **Transports Parisiens)**
   Paris transport authority
un **rayon** department; range
les **rayons de soleil** (m pl) sun's rays
une **réaction** reaction
   **réagir** to react
   **récemment** recently
la **réception** reception
   **recevoir** to receive
le **réchauffement de la planète** global
   warming
(se) **réchauffer** to warm up
   **rechercher** to look for
les **recherches** (f pl) research
une **récompense** reward
se **réconcilier** to make (it) up
   **reconnaître** to recognise
la **récré(ation)** break
le **recyclage** recycling
   **recycler** to recycle
   **réduire** to reduce
   **réfléchir** to reflect
un **réfugié** refugee
un **regard** glance, look
   **regarder** to watch, to look at
un **régime** diet
une **région** region
une **règle** rule
le **règlement** rules
   **regner** to reign
je **regrette** I'm sorry
   **régulier/-ière** regular
   **régulièrement** regularly
   **rejeter** to give off; to throw out
   **religieux/-ieuse** religious
   **remarquer** to notice
   **rembourser** to reimburse
la **remise en forme** fitness
   **un centre de** ~ fitness centre
une **remontée mécanique** ski lift
   **remplacer** to replace
   **remplir** to fill (in), to complete
une **rencontre** meeting
   **faire de nouvelles rencontres**
   to meet new people
   **rencontrer** to meet
un **rendez-vous** appointment, date
   **rendre** to make; to give back
les **renseignements** (m pl) information
se **renseigner** to get information
la **rentrée** return to school
   **rentrer** to return, to go home
   **réparer** to repair
un **repas** meal
   **répéter** to repeat, to rehearse
   **répondre** to reply
une **réponse** reply
se **reposer** to rest
un(e) **représentant(e)** representative
   **répugnant** disgusting
le **RER (Réseau Express Régional)** fast
   train service in Paris and its suburbs
un **réseau** network
une **réservation** booking
   **respirer** to breathe
se **ressembler** to look alike
un **restaurant** restaurant
   **rester** to stay
en **retard** late
se **retrouver** to meet
une **réunion** meeting
   **réussir** to succeed

**en revanche** on the other hand
**un rêve** dream
**se réveiller** to wake up
**revenir** to return, to come back
**au revoir** goodbye
**une revue** magazine
**le rez-de-chaussée** ground floor
**un rhume** cold
**riche** rich
**ne rien** nothing, not anything
**rigolo(te)** funny
**rire** to laugh
**une rive** river bank
**une rivière** river
**le riz** rice
**une robe** dress
**un robinet** tap
**un rocher** rock
**rocheux/-euse** rocky
**un roi** king
**un rôle** role
**le roller** rollerskating
　　　**faire du ~** to go rollerskating
**rond** round
**rose** pink
**rouge** red
**rougir** to blush, to go red
**rouler** to drive, to move (vehicle)
**une route** road
**roux/rousse** red (haired)
**un royaume** kingdom
**le Royaume-Uni** United Kingdom
**une rue** street
　　　**~ piétonne** pedestrian street
**le rugby** rugby
**russe** Russian
**la Russie** Russia

**S**

**un sac** bag
　　　**~ à dos** rucksack
　　　**~ en plastique** plastic bag
**saisir** to seize
**une saison** season
**la salade** salad
**une salle** room
　　　**~ de bains** bathroom
　　　**~ de classe** classroom
　　　**~ à manger** dining room
　　　**~ de séjour** living room
**un salon** lounge
　　　**~ de jardin** garden furniture
**Salut!** Hello! Hi!
**samedi** Saturday
**un sandwich** sandwich
**sans** without
**la santé** health
**un sapeur-pompier** firefighter
**un sapin** fir (tree)
　　　**~ de Noël** Christmas tree
**sauf** except
**un saut** jump
**le saut à ski** ski jumping
**sauter** to jump; to skip
**sauvage** wild, natural
**sauvegarder** to save (computer file), to safeguard
**sauver** to save
**savoir** to know
**le savon** soap
**un scaphandre autonome** aqualung
**les sciences** (f pl) science
　　　**les ~ économiques** economics
**scientifique** scientific
**scolaire** to do with school
**la sculpture** sculpture
**une séance** session, showing (of film), performance
**sec/sèche** dry
**un sèche-cheveux** hair dryer
**sécher** to dry
**la sécheresse** drought; dryness
**en seconde** in the fifth year of high school/Year 11
**le secours** help
**un(e) secrétaire** secretary
**la sécurité** safety
**un séjour** stay

**selon** according to
**une semaine** week
**le Sénégal** Senegal
**un sens** meaning; direction; sense
　　　**~ de l'humour** sense of humour
**sensass** fantastic, great
**sensationnel(le)** fantastic
**un sentiment** feeling
**se sentir** to feel
**une série** series
**sérieux/-euse** serious
**un serpent** snake
**un(e) serveur/-euse** waiter
**Servez-vous!** Help yourself!
**une serviette** towel
**se servir de** to use
**seul** alone, only
**seulement** only
**le shampooing** shampoo
**si** if
**un siècle** century
**un siège** seat
**un signe** sign
**s'il vous plaît** please
**silencieusement** silently
**silencieux/-euse** silent
**simplement** simply
**un simulateur de vol** flight simulator
**le sirop** fruit drink
　　　**~ d'érable** maple syrup
**un site (Web)** (web)site
**une situation** situation
**situé** situated
**la sixième** the first year of high school/Year 7
**un skate** skateboard
　　　**faire du ~** to go skateboarding
**le ski** skiing
　　　**faire du ~** to go skiing
　　　**~ alpin** downhill skiing
　　　**~ de fond** cross-country skiing
**une sœur** sister
**la soif** thirst
　　　**j'ai ~** I'm thirsty
**soigner** to care for, to look after
**soigneusement** carefully
**prendre soin de** to take care of
**(le) soir** (in the) evening(s)
**un soldat** soldier
**le soleil** sun
**le solstice d'hiver** winter solstice
**une solution** solution
**sombre** dark
**une somme** sum
**le sommet** top
　　　**au ~ de** on/at the top of
**un son** sound
**sonner** to ring
**un sorcier** wizard
**une sorcière** witch
**la sortie** exit
**sortir** to go out
**une soucoupe** saucer
**soudain** suddenly
**souhaiter** to wish
**souligné** underlined
**soupçonner** to suspect
**le souper** supper
**un sourcil** eyebrow
**une souris** mouse
**sous** under
**un sous-marin** submarine
**le sous-sol** basement
**souterrain** underground
**un souvenir** souvenir
**souvent** often
**le snowboard** snowboarding
　　　**faire du ~** to go snowboarding
**le sparadrap** sticking plaster
**un sport** sport
**sportif/-ive** sporty
**un stade** stadium
**un stage** course
　　　**un ~ en entreprise** work experience
**une station-service** petrol station
**une statue** statue
**le steak** steak

**le succès** success
**le sucre** sugar
**sucré** sweet, sugary
**les sucreries** (f pl) sweet things
**le sud** south
**la Suède** Sweden
**suffisant** enough
**la Suisse** Switzerland
**la suite** sequel
**à la suite de** following
**suivre** to follow
**un sujet** subject
**super** great
**un supermarché** supermarket
**supporter** to tolerate
**sur** on
**le surf** surfing
**surfer sur Internet** to surf the (inter)net
**surtout** above all, especially
**survoler** to fly over
**un sweat** sweatshirt
**un symbole** symbol
**sympa(thique)** nice
**le syndicat d'initiative** tourist office
**un système** sytem

**T**

**un tabac (bureau de ~)** tobacconist's
**une table** table
**un tableau** table
**une taille** size
　　　**de ~ moyenne** medium sized
**un talon** heel
**tandis que** whereas
**tant de** so much, so many
**une tante** aunt
**taper** to type
**un tapis** carpet
**une tapisserie** tapestry
**tard** late
　　　**plus ~** later
**tarder** to be late, to delay
**un tarif** charge; price list
　　　**~ unique** flat-rate fare
**une tasse** cup
**un taxi** taxi
**le Tchad** Chad
**tchater** to chat (online)
**un(e) technicien(ne)** technician
**technique** technical
**la technologie** technology
**télécharger** to download
**le téléphone** telephone
**(à) la télé(vision)** (on) TV/television
**le témoignage** evidence
**un témoin** witness
**la température** temperature
**une tempête** storm
**le temps** weather; time
　　　**à ~** on time
　　　**de ~ en ~** from time to time
　　　**quel ~ fait-il?** what's the weather like?
**tenir** to hold
**le tennis** tennis
**une tente** tent
**la terminale** last year at high school
**un terminus** end of line
**un terrain** ground, pitch
**la terre** earth
**la tête** head
**un TGV (train à grande vitesse)** high speed train
**le thé** tea
　　　**~ au citron** lemon tea
**un théâtre** theatre
　　　**faire du ~** to do drama
**un thème** theme
**un ticket** ticket (for metro/bus)
**tigré** striped
　　　**un chat ~** tabby cat
**un timbre** stamp
**timide** shy
**le tir** shooting
**le tir à l'arc** archery
**un tire-bouchon** corkscrew
**un titre** title, heading

# Français–anglais

les **toilettes** (f pl) toilets
un **toit** roof
une **tomate** tomato
un **tombeau** tomb
**tomber** to fall
les **tongs** (f pl) flip-flops
une **tortue** tortoise
**tôt** early
une **touche** (on keyboard)
**toujours** always
la **tour Eiffel** Eiffel Tower
une **tour** tower
un **tour** trip, excursion, turn
à ~ **de rôle** in turn
le **tourisme** tourism
un(e) **touriste** tourist
**tourner** to turn, to spin
un **tournoi** tournament
**tousser** to cough
**tout** all, every, everything
**tous les jours** every day
~ **à coup** suddenly
~ **le monde** everybody
~ **de suite** immediately, at once
la **toux** cough
les **traces** (f pl) tracks
un **train** train
en ~ **de (faire)** while (doing)
**traiter** to treat
un **traiteur** delicatessen
un **trajet** journey
le **trampoline** trampolining
un **tramway** tram, streetcar
**tranquille** quiet, calm
**transformer (en)** to change (into)
le **travail** work
**travailler** to work
**traverser** to cross
un **tremblement de terre** earthquake
**très** very
les **tribunes** grandstand
un **tricot** jumper
le **tricot** knitting
**faire du** ~ to knit
**tricoter** to knit
**trier** to sort
**triste** sad, unhappy
une **trompette** trumpet
**trop** too (much)
~ **de …** too much …, too many …
un **trou** hole
**trouver** to find

se **trouver** to be situated
les **truquages** (m pl) special effects
un **t-shirt** T-shirt
un **tube** tube; hit song
**tuer** to kill

## U

un **uniforme** uniform
**unique** only
**uniquement** only
l' **univers** (m) universe
une **université** university
d' **urgence** emergency
une **usine** factory
**utiliser** to use

## V

les **vacances** (f pl) holiday(s)
un **vaccin** vaccine
un **vaisseau** vessel
la **vaisselle** dishes
**faire la** ~ to do the washing up
une **valise** suitcase
un **vampire** vampire
une **vedette** star, TV personality
**végétarien(ne)** vegetarian
la **végétation** vegetation
un **vélo** bike
**faire du** ~ to go cycling
un(e) **vendeur/-euse** sales/shop assistant
**vendre** to sell
**vendredi** Friday
**venir** to come
le **vent** wind
**il y a du** ~ it's windy
le **ventre** stomach
**vérifier** to check
un **verre** glass (tumbler, etc.)
le **verre** glass (material)
**vers** towards; around
**vert** green
les **vêtements** (m pl) clothes
un(e) **vétérinaire** vet
la **viande** meat
un(e) **victime** victim
une **victoire** victory
**vide** empty
une **vidéo** video
en ~ on video
**vider** to empty
une **vie** life
**vieux/vieil/vieille** old

**vif/vive** bright
un **village** village
une **ville** town
le **vin** wine
un **violon** violin
un **visage** face
les **vitamines** (f pl) vitamins
**vite** quickly
la **vitesse** speed
à **toute** ~ at top speed
**vivre** to live
**voici** here (is/are)
**les** ~ here they are
une **voie** track, platform
en ~ **de disparition** becoming extinct
une **voie ferrée** railway line
**voilà** here/there (is/are)
**le** ~ there it is
la **voile** sailing
**voir** to see
un(e) **voisin(e)** neighbour
une **voiture** car
une **voix** voice
un **vol** flight
**voler** to steal; to fly
un(e) **voleur/voleuse** thief, crook
le **volley** volleyball
**vouloir** to want, to wish
à **volonté** as much as you wish
un **voyage** journey
**voyager** to travel
une **voyelle** vowel
**vrai** true
**vraiment** really
un **VTT (vélo tout terrain)** mountain bike
une **vue** view

## W

un **WC** toilet
un **week-end** weekend

## Y

**y** there
**il y a** there is, there are; ago
un **yaourt** yoghurt
les **yeux** (m pl) eyes

## Z

une **zone piétonne** pedestrian area